ATAQUE

A LOS ESTADOS UNIDOS DE

AMÉRICA

JOHN HAGEE

BETANIA

Betania es un sello de Editorial Caribe, Inc.

© 2001 Editorial Caribe, Inc.
Una división de Thomas Nelson, Inc.
Nashville, TN-Miami, FL, EE.UU.
www.caribebetania.com

Título en inglés: *Attack on America:*
New York, Jerusalem, and the Role of Terrorism in the Last Days
© 2001 por John C. Hagee
Publicado por Thomas Nelson, Inc.

A menos que se señale lo contrario, todas las citas bíblicas
son tomadas de la Versión Reina-Valera 1960
© 1960 Sociedades Bíblicas Unidas en América Latina.
Usadas con permiso.

Traductor: Guillermo Cabrera Leyva

ISBN: 0-88113-655-7

que hace imposible decir quién está en ella y por qué razón. Hace dieciocho meses se dio en el Congreso el testimonio de que en el territorio estadounidense ahora opera todo el espectro de grupos terroristas islámicos y del Medio Oriente, entre ellos Hamas, Hezbolá y Al-Qaeda, la organización dirigida por Osama bin Laden. Por más de una década nuestros líderes políticos han estado tan temerosos de ofender a un grupo étnico que han puesto en peligro a todos los estadounidenses. Es hora de que, antes de toda decisión política, nuestros líderes políticos empiecen a preguntarse: «¿Qué es lo mejor para Estados Unidos?»

¿Por qué sucedió este ataque?

Sucedió porque nuestros enemigos creen que a Estados Unidos le faltan agallas para ganar. Comprometimos en Vietnam nuestras fuerzas militares durante doce años y no pudimos, incluso con nuestros inmensos recursos militares, derrotar a una nación del tamaño de Vermont. Hablando sencillamente, los políticos estadounidenses no estuvieron comprometidos con la victoria.

Douglas MacArthur, el gran general de la Segunda Guerra Mundial, lo manifestó muy bien cuando se enfrentó a un conjunto de sesiones del Congreso después de ser relevado del mando en Corea. «En la guerra)dijo MacArthur), no hay sustituto para la victoria».[2]

Piense en esto. EE.UU. tiene el poder para aplastar a los terroristas del mundo, pero no tenemos la disposición de hacerlo. Los terroristas del mundo tienen la disposición de aplastarnos, pero no tienen el poder... ¡todavía!

Hace algunos años, cuando estaba en Washington, hablé con Benjamin Netanyahu, entonces primer ministro de Israel. Clarificó que Irán estaba desarrollando misiles de largo alcance que alcanzarían al litoral oriental de Estados Unidos, toda Europa y, por supuesto, Jerusalén.

A Irán le están ayudando enormemente científicos rusos que se quedaron desempleados al terminar la Guerra Fría. Ellos están dando a Irán la tecnología para lanzar un misil nuclear con el sistema dirigido de gran tecnología necesario para dar en un blanco exacto. Irán ha tenido desde hace algún tiempo la capacidad de lanzar cohetes, pero solo Estados Unidos y Rusia han tenido la capacidad de hacerlos dar en el blanco.

Según fuentes de inteligencia israelíes, en poco tiempo Irán, una fanática sociedad antiestadounidense, tendrá el poder de lanzar misiles nucleares sobre Estados Unidos; estos misiles harían parecer insignificante el ataque sobre el World Trade Center y el Pentágono. Repito: Gústele o no, la Tercera Guerra Mundial ya comenzó. O Estados Unidos acaba ahora con los terroristas y los estados terroristas, o permite que un reino del terror sin fin continúe hasta que haya diezmado a nuestra sociedad.

Como teólogo veo el lado espiritual de toda actividad política y económica. Si usted cree que Dios está en control del mundo y que todos los asuntos de los hombres están en manos de Dios, debería buscar las razones de que Él permitiera que algo pasara.

¿Por qué permitió Dios que esto sucediera?

Déjeme darle el mensaje de Dios a la antigua nación israelita, mensaje que se puede aplicar directamente al sorpresivo ataque sobre Estados Unidos.

Acontecerá que si oyeres atentamente la voz de Jehová tu Dios [...] también Jehová tu Dios te exaltará sobre todas las naciones de la tierra. [...] Pero acontecerá, si no oyeres la voz de Jehová tu Dios [...] que vendrán sobre ti todas estas maldiciones [...] hasta que seas destruido, y perezcas pronto a causa de la maldad de tus obras por las cuales me habrás dejado. [...] Jehová traerá contra ti una nación de lejos, del extremo de la tierra, que vuele como águila. [...] Pondrá sitio a todas tus ciudades, hasta que caigan tus muros altos y fortificados en que tú confías (Deuteronomio 28.1-2,15,20,49,52).

San Pablo escribió a los gálatas: «No os engañéis; Dios no puede ser burlado: pues todo lo que el hombre sembrare, eso también segará» (6.7).

Dicho en pocas palabras, ¡Estados Unidos se ha burlado de Dios!

El primer mandamiento dice: «No tendrás dioses ajenos delante de mí» (Éxodo 20.3). Sin embargo, como nación hemos aceptado el satanismo dentro de los militares con la aprobación y el conocimiento del Congreso estadounidense. Nos hemos burlado abiertamente de Dios.

Jesucristo, el Hijo de Dios, fue burlado en la ciudad de Nueva York al presentársele en teatros como un homosexual practicante en la obra *Corpus Christi.*

La virgen María, la madre de Jesús, fue pintada como una obra de «arte» financiada con dinero de impuestos y presentada a los ciudadanos de la ciudad de Nueva York cubierta con excremento de elefante. Nos hemos burlado de Dios y nos hemos expuesto voluntariamente a juicio.

La Biblia describe de esta manera la condición recaída de los israelitas: «Aunque adoraban al SEÑOR, servían también a sus propios dioses» (2 Reyes 17.33 NVI). Eso describe perfectamente a los EE.UU.

Hemos abandonado los diez mandamientos de Jehová Dios, que declaran: «no harás...», y nos hemos inclinado ante el altar del humanismo secular, que afirma: «No hay bien absoluto ni mal absoluto».

El humanismo secular ha llenado nuestras prisiones, nuestros centros de rehabilitación de drogadictos, nuestras cortes de divorcio, nuestros refugios para esposas maltratadas, nuestros centros de crisis por violación, y nuestros hospitales mentales. El humanismo secular ha quitado la necesidad de un Salvador porque si no hay pecado, no hay mal. Ha llenado los bares de solteros y la lista de invitados a los programas de entrevistas llamados «talk shows» de las cadenas de televisión.

El Dios de la Biblia, Jehová Dios, siempre ha estado en guerra con los dioses del paganismo. ¿Por qué cree usted que Él envió diez plagas a Egipto? Esta fue la versión divina de «trae algo al colegio y habla de eso» para los hijos de Israel, que demostró el poder de Dios sobre todos los dioses paganos de Egipto.

Los egipcios adoraban a la cobra. Este símbolo del poder egipcio estaba en la corona y en el cetro del faraón. Moisés llegó ante el faraón y le dijo: «Deja ir a mi pueblo». Entonces lanzó al suelo su vara, la que se convirtió en serpiente.

Janes y Jambres, dos hechiceros, entraron a la cámara real y, usando poderes demoníacos, produjeron dos serpientes. Al instante la serpiente de Moisés devoró a las otras dos, enviando olas de desconcierto teológico a la comunidad ocultista de Egipto. El mensaje fue claro: el Dios de los hebreos es un Dios de poder.

El Señor convirtió después el Nilo en sangre. ¿Por qué? Porque este río proporcionaba el agua para la vida y la alimentación. Los egipcios adoraban al dios Hapi, quien proveía agua fresca. Dios le dijo a Moisés que metiera su vara en el río, y este se convirtió en sangre. El mensaje fue otra vez que el Dios de los hebreos era un Dios de poder.

Cada plaga que Dios envió sobre Egipto estaba destinada específicamente a aplastar a uno de sus dioses paganos y a demostrar a la simiente de Abraham que el Dios del cielo era todopoderoso.

Consideremos cuatro dioses del paganismo histórico y preguntémonos si los estadounidenses no han adorado suntuosamente ante altares paganos y se han expuesto a sí mismos al juicio de Dios.

Baco, el dios del vino, promete consuelo, alegría y excitación. Veinte millones de estadounidenses adoran ante el altar de Baco como alcohólicos. Millones más de nuestros jóvenes consumen cocaína o heroína en la absurda búsqueda de éxtasis. La adoración del dios pagano Baco esclaviza millones de estadounidenses que se inclinan a diario ante su altar.

Mamón es el dios pagano del dinero. En Estados Unidos sacrificamos nuestros matrimonios y nuestros hijos ante el altar de Mamón en la loca búsqueda de dinero. Destruimos nuestra salud persiguiendo una fortuna y luego gastamos una fortuna tratando de recuperar nuestra salud. ¡Qué disparate!

El dinero es el dios de EE.UU. Nuestras catedrales son bancos. Pase a través de las puertas sobre pisos de mármol, siéntese en lujosas sillas del más fino material y prepárese a entrar a'la presencia del banquero con la cabeza ligeramente sumida en adoración ante el maestro del dinero.

Venus y Cupido son los dioses del amor en el paganismo clásico, no del amor bíblico de *pacto* sino del amor *de conveniencia*. El amor de pacto da; el de conveniencia toma. El amor de pacto entrega un anillo; el de conveniencia ofrece enfermedades sexuales. El amor de pacto es divino; el de conveniencia es lujuria. El amor de pacto es la base de todo matrimonio; el amor de conveniencia es la base de todo acto de adulterio, fornicación y pornografía. Si Dios condenara a muerte esta semana a todo habitante de Estados Unidos que profesa ser cristiano pero que ha cometido adulterio, fornicación, ha visto un programa pornográfico por televisión o ha leído un libro pornográfico, no habría suficientes cementerios para enterrarlos.

San Pablo advirtió a los corintios: «¿No sabéis que los injustos no heredarán el reino de Dios? No erréis; ni los fornicarios, ni los idólatras, ni los adúlteros, ni los afeminados, ni los que se echan con varones, ni los ladrones, ni los avaros, ni los borrachos, ni los maldicientes, ni los estafadores, heredarán el reino de Dios» (1 Corintios 6.9-10).

El cuarto dios del paganismo que consideraremos es Minerva, quien tienta al hombre a creer que nuestra sabiduría es suficiente, que ya no necesitamos la sabiduría de Dios. Esta es la idolatría intelectual.

1 Samuel 15.23 hace la asombrosa declaración de que la obstinación es pecado de idolatría. La pregunta que se debe hacer es: ¿Quién es alguien obstinado? Un obstinado es alguien que no cambia su manera de pensar ni siquiera ante la presencia de la verdad. Un obstinado oye la verdad absoluta de la Palabra de Dios y no cambia su opinión en contra. ¿Por qué? Porque sus opiniones son más grandes que las de Dios. Tales personas adoran ante el altar de Minerva; Dios no es su Padre.

Esto es muy doloroso pero es muy claro: EE.UU. se ha inclinado por décadas ante los altares del paganismo. La tragedia de las torres gemelas en Nueva York es un juicio muy fuerte enviado para hacernos volver al Dios de Abraham, Isaac y Jacob.

Los Estados Unidos han cometido todos los pecados de Sodoma y Gomorra; y del mismo modo que el juicio de Dios llegó sobre esas ciudades, ahora ese juicio está cayendo sobre Estados Unidos. Este juicio no terminará de ningún modo si no hay un día nacional de arrepentimiento.

¿Sucederá de nuevo?

¡Por supuesto!

Este ataque ocurrirá de nuevo porque Osama bin Laden aun anda suelto y es solo uno de los líderes descarados de una cadena mundial de terroristas dedicados a la destrucción de EE.UU. Es asombroso que cuando los noticieros más importantes de los medios masivos de comunicación se quieren comunicar con bin Laden, lo pueden localizar en veinticuatro horas. Sin embargo, nuestras agencias de inteligencia no logran encontrar a este maestro del terrorismo después de meses de andar buscándolo. ¡Tal vez deberían contratar a la CNN para que les ayude!

Si bin Laden es capturado, otros líderes igualmente despreciables y carismáticos tomarán su lugar, porque en esta cadena mundial de terroristas participan radicales de Irán, Irak y Libia, y palestinos que siguen a Yasser Arafat. Por eso bailaban en las calles y repartían caramelos a los niños al enterarse de los ataques sobre Nueva York y el Pentágono, en celebración del día del terror en EE.UU.

«Aquí la gente se regocija por el sufrimiento estadounidense» dijo Emad Salameh, un taxista de veintinueve años en Gaza. «Helicópteros apaches, tanques y toda clase de armas destructoras han matado niños y mujeres palestinos. [...] Los palestinos han llorado y sufrido, y ahora es el momento de que los estadounidenses lloren y sufran».[3]

«Esta es una venganza de Alá», dijo Khaled Saada de veinticinco años de edad, propietario de un antiguo almacén.[4]

Estos son los seguidores de Yasser Arafat.

Muchos en Estados Unidos se preguntan: «¿Por qué Arafat donó sangre al pueblo de Nueva York si él es enemigo de EE.UU?» La respuesta es muy simple: propaganda.

Quienes recuerdan la historia sabrán que cuando la Cruz Roja recibió la alerta de que los nazis de Hitler estaban masacrando judíos en los campos de concentración alemanes, los líderes de agencias humanitarias fueron a investigar. Cuando llegaron al supuesto campo de muerte encontraron una orquesta dando un concierto, mesas cubiertas con hermosos manteles, un centro de mesa con flores frescas, y una cena de cinco platos para los prisioneros judíos. Los funcionarios de la Cruz Roja se convencieron por este descarado acto de propaganda que las acusaciones de crueldad nazi hacia los judíos eran sumamente exageradas.

Deberíamos ver de la misma manera la propagandística donación de sangre de Arafat. Después de todo, fue él quien dijo: «El objetivo de nuestra lucha es el fin de Israel, y allí no puede haber compromiso».[5]

Fue Arafat quien dijo: «Para nosotros la paz significa la destrucción de Israel».[6]

También fue Arafat quien dijo: «La guerra santa musulmana seguirá. [...] Ustedes deben entender que nuestra batalla principal es Jerusalén. [...] Esa no es la capital de ellos. Es nuestra capital».[7]

Fue Arafat quien dijo: «Juro por Alá [...] que el pueblo palestino está preparado para sacrificar el último niño y la última niña para que la bandera palestina ondee en los muros, las iglesias y las mezquitas de Jerusalén».[8]

Ese es el verdadero Yasser Arafat. Es un terrorista que en sus manos tiene más sangre judía que ninguna otra persona desde la época de Hitler.

Aunque Arafat es un terrorista que se retrata a sí mismo como un amigo de Estados Unidos, Osama bin Laden es nuestro acérrimo enemigo. Es un extremista islámico que odia a los EE.UU. debido a nuestra presencia en Arabia Saudita, el lugar de nacimiento del Islam y patria chica de bin Laden. El padre de bin Laden fue uno de los hombres más ricos del Oriente Medio, y bin Laden tiene un odio profundamente arraigado contra la familia real de Arabia Saudita.

Al-Qaeda, la organización de bin Laden, quiere que EE.UU. salga de Arabia Saudita y de todos los países islámicos. Al-Qaeda está bien financiada y puede contratar los expertos más excelentes del mundo en cada área del terrorismo.

Bin Laden tiene muchos amigos en el gobierno de Irak, Irán y otras naciones de la OPEP que controlan flujo de petróleo hacia Occidente. EE.UU. ha tratado a bin Laden con guantes de seda porque no quiere ofender a estas naciones de la OPEP. Los EE.UU. admiten que bin Laden hizo explotar dos de nuestras embajadas en África y organizó el ataque sobre el *USS Cole*. Sin embargo, no hemos podido llevarlo ante la justicia. La dependencia que Estados Unidos tiene del petróleo extranjero ha influido en nuestra política exterior y ha dado a nuestros enemigos la fuerza para atacar Nueva York y Washington. Estos enemigos creen que pueden esconderse tras un escudo de naciones productoras de petróleo, ante quienes EE.UU. debe inclinarse para poder mantener nuestra economía.

Las naciones del Oriente Medio que apoyan el terrorismo han mantenido muy hábilmente a un individuo al frente de la cadena terrorista internacional. Esto ha dado a los políticos estadounidenses la excusa para decir: «No sabemos quién es el enemigo», porque el individuo, bin Laden, está moviéndose constantemente de nación en nación.

Las huellas digitales de bin Laden no solo están en Afganistán; él también tiene vínculos en Irán, Irak, Siria y Libia, el núcleo de las naciones de la OPEP. ¿Están los EE.UU. y la comunidad de naciones preparados para declarar la guerra a estos países productores de petróleo?

Estos ataques en la profecía

Muchas personas andan diciendo que esta época de terror en Nueva York y en la capital de nuestra nación será el fin del terror. ¡No es así! Este es solo el principio.

Los discípulos de Cristo se le acercaron mientras Él estaba sentado en el Monte de los Olivos y le preguntaron: «Dinos, ¿cuándo serán estas cosas, y qué señal habrá de tu venida, y del fin del siglo?» (Mateo 24.3).

Jesús respondió: «Mirad que nadie os engañe. Porque vendrán muchos en mi nombre, diciendo: Yo soy el Cristo; y a muchos engañarán. Y oiréis de guerras y rumores de guerras; mirad que no os turbéis, porque es necesario que todo esto acontezca; pero aún no es el fin. Porque se levantará nación contra nación, y reino contra reino; y habrá pestes y hambres y terremotos en diferentes lugares. Y todo esto será *principio de dolores*» (vv. 4-8, énfasis añadido).

San Pablo escribió en 1 Tesalonicenses: «Cuando digan: Paz y seguridad, entonces vendrá sobre ellos destrucción repentina, como los dolores a la mujer encinta, y no escaparán» (5.3).

Este versículo describe una época de destrucción repentina, y la compara con una mujer embarazada en medio del parto. Hay dos realidades que conoce toda mujer que ha tenido un bebé. Primera, cuando empiezan los dolores de parto, estos no cesan hasta que nace el bebé. Segunda, los dolores de parto se presentan cada vez con más frecuencia y se vuelven más intensos hasta que nace el bebé, el cual en este caso es el reino milenial de Cristo.

Haciendo una conexión entre los pensamientos de Jesús y de Pablo, obtenemos este mensaje: Cuando los hombres hablen de «paz y seguridad» está a punto de empezar un ciclo de violencia que no se detendrá hasta que el Príncipe de paz regrese a la tierra. Este ciclo de violencia se presentará cada vez más rápido y se volverá más intenso hasta la batalla de Armagedón.

La batalla por Jerusalén que hemos estado observando por televisión en los últimos once meses se ha extendido súbitamente a los EE.UU. Esto no se debe a nuestro apoyo a Israel sino a que Osama bin Laden y sus secuaces se ven como el puño de Dios y ven a los EE.UU. como el Gran Satanás.

¿Adónde en la profecía está llevando este ataque sobre el World

Trade Center y el Pentágono a EE.UU. y al mundo? En el futuro inmediato veremos que Rusia formará una coalición de naciones árabes para enviar un vigoroso ataque sobre Israel. Esta es la guerra de Ezequiel 38 y 39.

Después de esa guerra profética, el anticristo hará su aparición y ofrecerá a Israel y a las naciones del mundo un acuerdo de paz de siete años, el cual se romperá a los tres años y medio.

Antes de que el anticristo aparezca, la Iglesia de Jesucristo será arrebatada de la tierra (2 Tesalonicenses 2.3-10).

Este es el «principio de dolores», y el ciclo de violencia crecerá hasta envolver al mundo. Jesús dijo: «Cuando estas cosas comiencen a suceder, erguíos y levantad vuestra cabeza, porque vuestra redención está cerca» (Lucas 21.28).

La batalla por Jerusalén, y la batalla por el corazón y el alma de los EE.UU., es una lucha entre la luz y las tinieblas. Es una batalla entre el bien y el mal. Usted está viendo en la pantalla de su televisor una guerra en la tierra llevada a cabo por hombres manejados por los poderes de la luz y de las tinieblas.

En el centro de esta gran batalla mundial está una pequeña propiedad inmobiliaria: una parcela de menos de veinte hectáreas dentro de la ciudad de Jerusalén. Este pedazo de terreno es el polvorín mundial, el cual según una leyenda provocó el primer asesinato registrado en la historia.

Sitio web de Campañas para Familias Trabajadoras (http://www.campaignforfamilies.org/), ingresado el 12 de septiembre del 2001.

Segunda Parte

La batalla por Jerusalén

Dos

Lo fundamental de la batalla actual

> Jerusalén es hoy día un dispositivo sin botón de
> seguridad, una pistola cargada en una disputa de
> póker, un vehículo sin chofer que va hacia una curva
> cerrada. Ningún otro asunto en toda la agenda de paz
> del Oriente Medio presagia el potencial de tanta
> destrucción como el futuro estatus de la ciudad.
>
> *John L. Lyons, «Jerusalem: Besieges by the Sacred»*[1]

> Jerusalén es el alma misma que une y fortalece la
> nación [de Israel] en su totalidad.
>
> *Natan Sharansky, diplomático israelí.*[2]

Un texto antiguo registra el debate de unos sabios judíos sobre el porqué Caín mató a su hermano Abel. Al identificar lo que movió a Caín a matar, los sabios esperan descubrir la raíz de la violencia humana sobre la tierra.

Según uno de los sabios, Abel nació con una hermana gemela, por lo que los dos hermanos pelearon por una mujer. Otro sabio dijo que los hermanos convinieron en dividir todo lo que existe en el mundo, de manera que uno de ellos reclamó las ropas de su hermano y le ordenó desnudarse, mientras el otro reclamaba la tierra debajo de los pies de su hermano y le ordenó que volase.

Un tercer sabio estuvo de acuerdo en que los hermanos decidieron dividir el mundo. Pero entonces, dijo, uno reclamó la tierra donde se construiría el templo, el otro insistió en que el lugar era suyo, por lo que Caín se levantó y mató a su hermano.

La historia del homicidio comenzó, expuso el rabino, en un argumento sobre quién sería el dueño de Jerusalén. Específicamente, comenzó con un argumento sobre el Templo del Monte.[3]

Cadena de eventos

A mediados de julio de 2000, el Primer Ministro israelí Ehud Barak y el líder palestino Yasser Arafat se reunieron en la cabaña presidencial de la montaña Catoctin en Camp David. El presidente norteamericano Bill Clinton los había invitado a la reunión y ante ellos colocaron una copia del acuerdo de paz que había estado en proceso de elaboración por años.

Los israelíes habían hecho notables concesiones. Cederían casi toda la Ribera Occidental ocupada en la guerra de 1967, incluyendo el tan estratégico Valle del Jordán. Establecerían patrullas conjuntas con fuerzas de seguridad palestinas. Reconocerían el derecho de los refugiados palestinos a regresar al «Estado de Palestina» y aceptarían cierto número de refugiados dentro de Israel.

A su vez, los palestinos «desmilitarizarían» su territorio y permitirían a los israelíes mantener tres batallones reforzados y otras fuerzas en la Ribera Occidental dentro de los recintos militares. Los israelíes también operarían tres estaciones de primeros avisos y tres unidades de defensa antiaérea en la Ribera Occidental hasta mayo de 2007, o hasta que se llegara a algún acuerdo de paz entre Israel y otros enemigos árabes.[4]

Entonces, el Presidente Clinton formuló una espinosa pregunta: «¿Y qué de Jerusalén?»

Barak estaba dispuesto a hacer concesiones nunca antes consideradas por un Primer Ministro israelí. Si bien él no quería dividir la ciudad, estaba dispuesto a considerar la idea de un intercambio de vecindarios: cambiar vecindarios palestinos por vecindarios israelíes. Cuando Clinton expuso la idea a Arafat, el líder palestino se puso furioso. Además, él y su delegación se indignaron ante una casual sugerencia que había hecho Barak: a cambio de otorgar a los palestinos el control inmediato del Templo del Monte, los israelíes podrían construir una pequeña sinagoga en la esquina nordeste del santo lugar.

Arafat, un terrorista internacional cuyas manos están manchadas con un río de sangre de las venas de mujeres y niños inocentes, un maleante tan repugnante que no se le permitió entrar en los EE.UU. hasta hace poco, miró a Clinton lleno de ira y dijo: «Estos argumentos son explosivos y desatarán fuegos masivos en la región… ¿Quiere usted que inicie una nueva era de conflicto religioso en la región?»[5]

Las palabras de Arafat fueron proféticas pero solo porque encendieron la mecha que tradujo las tensiones en violencia.

Los temperamentos no se refrenan en otoño

A fines de septiembre de 2000, Ariel Sharón, el héroe militar israelí y general retirado de setenta y dos años de edad, planeó una visita al *Har Habayit* (término hebreo para Templo del Monte), el sitio más sagrado en Israel. Antes de coordinar el viaje para el día antes a Rosh Hashanah, Sharón habló con la policía y los servicios de seguridad de Israel, quienes aprobaron la visita. Shlomo Ben-Ami, ministro de asuntos exteriores, habló con Jibril Rajub, jefe de la seguridad Palestina, quien prometió que «no habría problema» con la visita de Sharón al lugar sagrado, actualmente administrado por los musulmanes.[6] Rajub dijo también a Ben-Ami que en tanto Sharón no entrara en las mezquitas, no habría «razón para sentirse preocupados».

Pero aún antes de que Sharón entrara en su vehículo aquel fresco día de finales de septiembre, la violencia islámica proyectó su sombra amenazante sobre el anticipado recorrido. A principios de mes, los oficiales de la seguridad israelí habían notado un marcado aumento en los ataques violentos de los palestinos contra las fuerzas de seguridad de Israel y los civiles en el área de Netzarim.[7]

Miércoles 27 de septiembre

El miércoles, un soldado israelí fue muerto y otros dos resultaron heridos por una bomba detonada por control remoto a orillas del camino, en la intersección con Netzarim. Según la radio Voz de Israel, la policía palestina no ayudó a sus colegas israelíes en la persecución de los tres atacantes, pero tampoco impidió la persecución por parte de las fuerzas de seguridad israelíes.[8]

El mismo día, jóvenes activistas de la Fatah, el primer movimiento guerrillero terrorista, hicieron un llamado a sus seguidores de Jerusalén y Yesha para venir a Jerusalén a participar en una demostración para bloquear la procesión de Sharón e impedir que llegara al Templo del Monte. La organización Fatah, uno de los grupos más disciplinados y leales aliados a Yasser Arafat —jefe de la Organización para la Liberación Palestina (OLP)— pasó el día anterior a la planeada visita de Sharón distribuyendo volantes e invitando a las masas a protestar contra la visita de este y otros miembros del parlamento (la Kenésset) del partido Likud.[9]

Jueves 28 de septiembre

Había mucha tensión. El jueves, un policía palestino que formaba parte de una patrulla de seguridad conjunta en la Ribera Occidental, gritó súbitamente: «¡Allahu Akbar!» (¡Dios es más grande!) y abrió fuego a quemarropa contra su compañero israelí Yossi Tabaja, quien falleció poco después de llegar al hospital. Como resultado de esto se suspendieron las patrullas de seguridad conjuntas entre israelíes y palestinos, que se consideraban una parte importante en el proceso de paz.[10]

También el jueves y tal como se había planificado, Ariel Sharón, miembro de la Kenésset israelí, visitó el Templo del Monte con una delegación de seis miembros del partido Likud, integrada por Moshe Arens, Reuven Rivlin, Naomi Blumenthal, Joshua Marza, Gideon Ezra y Ayoub Kara. Debido a que las fuerzas de seguridad estaban preocupadas por los posibles disturbios, mil agentes de la policía escoltaron al grupo en su caminata hacia la entrada del Templo del Monte por la Puerta Occidental (*mughrabi*). En ningún momento Sharón u otro miembro del grupo entró en las mezquitas.

En el momento en que Sharón entró en el Templo del Monte, aproximadamente 150 musulmanes estaban rezando en las mezquitas, entre ellos algunos miembros del Consejo Legislativo de la Autoridad Palestina y la Kenésset árabe. Al principio los miembros de la Kenésset árabe caminaban a la par de la delegación del partido Likud, hablando y hasta bromeando con ellos. El Canal 2 de la televisión israelí captó las imágenes. Sin embargo, según el diario israelí *Ha'aretz,* tan pronto los miembros del parlamento árabe vieron las cámaras de televisión, «comenzaron a proferir insultos contra Sharón».[11]

La delegación se detuvo en el área llamada «Columnas de Salomón» y escucharon una breve descripción del sitio. Los manifestantes trataron de acercarse pero la policía lo impidió. Un joven palestino fue herido levemente y recibió atención médica.

Mientras Sharón y los demás regresaban a la Puerta Occidental, docenas de palestinos comenzaron a correr tras ellos, en un aparente intento por romper la línea policial. Cuando se iban, una muchedumbre de mil palestinos lanzó piedras a la policía. La delegación de

Sharon abandonó el sitio después de solo una hora de visita y treinta policías y cuatro palestinos terminaron con heridas leves en las refriegas.[12]

Un gran brote de violencia se extendió por todo el país veinticuatro horas más tarde, luego de escucharse declaraciones inflamatorias por parte de oficiales palestinos a través de estaciones de radio y televisión. Al medio día, cuatro horas después de la visita de Sharón al Templo del Monte, la Voz de Palestina emitió por radio una declaración de Yasser Arafat declarando la visita como «una grave acción contra los lugares sagrados musulmanes», y haciendo un llamado al mundo árabe e islámico a «actuar de inmediato y frenar esas agresiones y prácticas israelíes contra la sagrada Jerusalén».[13]

A las cuatro en punto de esa tarde, Ahmad Qurei, presidente del Consejo Legislativo Palestino, se había presentado en la estación radial asegurando a través de la Voz de Palestina que la visita «profanó» las mezquitas y que fue «una clara y flagrante expresión de los designios israelíes» contra los lugares sagrados musulmanes. En la misma radioemisión, Yasser Abed Rabbo, ministro palestino de Cultura e Información, declaró que los israelíes de ambos lados del espectro político tienen como meta «judaizar» o controlar Jerusalén.[14]

Viernes 29 de septiembre

Durante los rezos en el Templo del Monte, A'akramah Sabri, la autoridad palestina oficialmente designada como *mufti* de Jerusalén, hizo un llamado a la *jihad* o guerra santa «para eliminar a los judíos de Palestina». A la 1:00 p.m., justo después que terminaran los rezos en las mezquitas del Templo del Monte, cientos de palestinos intentaron dominar a los guardias fronterizos israelíes en la Puerta Occidental que conduce a la Plaza del Muro Occidental (el Muro de las Lamentaciones), donde los judíos devotos se entregaban a la oración antes de la fiesta de Rosh Hashanah. Muchos de ellos lanzaron piedras desde la plataforma de la mezquita a los judíos que adoraban en la plaza inferior. Cuando los amotinados irrumpieron a través de la puerta que conduce a la plaza, los guardias fronterizos israelíes entraron en el Templo del Monte y abrieron fuego con proyectiles de goma.

El general Yehuda Wilk, inspector de la policía israelí, señaló que en circunstancias normales la policía israelí nunca entra en el Templo del Monte mientras los musulmanes están rezando: «En todos los años que he sido oficial y también cuando fui jefe de policía de Jerusalén, nunca impedí ningún rezo en el Templo del Monte. Pero no puede permitirse una situación donde los musulmanes oren en el Monte y entonces ataquen a la policía y traten de apedrear a los judíos que adoran debajo».[15]

En el brote inicial de violencia, cuatro palestinos perdieron la vida y más de cien resultaron heridos en choques con la policía israelí. En el fin de semana siguiente, cincuenta y ocho palestinos fueron arrestados por lanzar piedras y bombas en Jerusalén. Sesenta policías resultaron heridos, incluyendo al comandante de la policía de Jerusalén, Yair Yirzhaki, quien sufrió una contusión al recibir una pedrada en la cabeza. El sábado, una turba de palestinos atacó la tumba de José en Nablus, quemando textos religiosos judíos y destruyendo el edificio. Un israelí de origen norteamericano, Hillel Lieberman, fue brutalmente asesinado cuando corría a la tumba en un esfuerzo por salvar los textos. El ataque ocurrió exactamente después que las tropas israelíes se retiraron del lugar debido que la Autoridad Palestina les aseguró que mantendría el orden en la zona.[16]

En la Franja de Gaza, las fuerzas de seguridad palestinas e israelíes se enfrascaron en una furiosa batalla a tiros por más de una hora a la entrada de un asentamiento judío. Un policía palestino perdió la vida en el encuentro y un padre y su hijo fueron alcanzados en el cruce de fuego. Ambos se abrazaron, Mohammed Aldura de doce años y su padre, Jamal, tratando de escudarse tras una pared. «¡El niño, el niño!», gritaba el padre, agitando su brazo en medio del humo.

El incidente, captado por televisión y divulgado el sábado por la noche a través de la televisión israelí, reveló el instante cuando el muchacho gritaba víctima del pánico y luego se desplomó en brazos de su padre al ser fatalmente herido en el abdomen. El padre, también herido, temblaba con convulsiones, viró los ojos y cayó en un estado de inconciencia. Más tarde, fue hospitalizado en Gaza y se esperaba su recuperación.[17]

Su hijo no fue tan afortunado. Pero en una conferencia de prensa el pasado noviembre, el general israelí Yomtov Samia declaró que según una investigación, el muchacho había muerto por una bala disparada desde una posición palestina.[18]

La pelea del sábado fue uno de los más sangrientos enfrentamientos entre israelíes y palestinos en los últimos tiempos. En una escueta declaración oficial, el Primer Ministro Ehud Barak dijo que Israel «estaba actuando con la máxima restricción pero tenía la determinación de preservar el orden público y proteger a sus ciudadanos».[19]

Bassem Naim, activista palestino en la Ribera Occidental, dijo: «La batalla por Jerusalén ha comenzado. ¡Con nuestra sangre y nuestras almas peleamos por ti, Jerusalén!»[20]

Las consecuencias

El 7 de octubre, el Consejo de Seguridad de las Naciones Unidas aprobó una resolución subrayando la importancia de establecer un mecanismo «para una investigación rápida y objetiva» sobre la violencia que reclamó la vida de más de cien palestinos en un período de tres semanas. Estados Unidos, un aliado de Israel, se abstuvo de votar por esta resolución, pero no la vetó, y el embajador Richard Holbrooke dijo que si el Consejo de Seguridad convenía en debatir el asunto por segunda vez, los EE.UU. vetarían cualquier resolución sobre el tema.[21]

Los israelíes no recibieron con agrado la acción americana. La extremadamente parcializada resolución no hizo nada para aplacar la violencia palestina. Me desilusionó el hecho que nuestro país no vetara la resolución. La acción no es más que una propaganda árabe encaminada a ejercer influencia en la comunidad internacional contra Israel y enseña una gran lección: la violencia paga. Provoca una pequeña trifulca, acusa a la otra nación de tácticas de bravuconería cuando ésta actúa para detener su violencia y sonríe cuando el resto del mundo culpa a la nación más fuerte.

El 12 de octubre, dos soldados de la reserva israelí fueron brutalmente asesinados por una turba palestina enfurecida, cuando los soldados tomaron un camino equivocado y entraron en la ciudad de Ramallah en la Ribera Occidental. Allí los linchó una turba enfurecida sedienta de sangre. Tuve la oportunidad de ver el video del incidente. Observé cómo tiraban el cuerpo de un hombre por la ventana, lo quemaban, lo golpeaban y la multitud enfurecida lo arrastraba mientras gritaban. Vi la ventana manchada de sangre y a hombres alzando sus brazos en celebración, con banderas flotando y una bandera en llamas... la bandera de las franjas y estrellas de los Estados Unidos de América.

Uno de esos hombres asesinados fue Vadim Norzich, de treinta y cinco años de edad, hijo de Ana e Isaí, residentes en Or Akiva. La familia Norzich huyó de Rusia a principio de los años noventa y vivían en Israel desde entonces.

Vadim se había casado con su novia Irina una semana antes de su muerte. La esposa sacó algunas fotos de la boda y las mostró a los reporteros. Allí estaba Vadim, un joven guapo y fuerte, vistiendo un *kipah* de satín blanco bajo un dosel con su novia.[22]

El mismo día los terroristas árabes atacaron el *U.S.S. Cole* cuando el buque se abastecía de combustible en un puerto de Yemen. La explosión mató a diecisiete marinos e hirió a treinta y nueve. Yemen, la nación más pobre de la península árabe, ha cooperado con los Estados Unidos en el pasado pero los dirigentes del país simpatizan con los palestinos y están enojados por el apoyo norteamericano a Israel. Para calmar a su pueblo, el presidente de Yemen, Ali Abdullah, pidió que el averiado *Cole* fuera trasladado de allí lo antes posible.[23]

En noviembre, el Secretario de Defensa de EE.UU., William Cohen, advirtió que el conflicto árabe-palestino podía salirse de control y extenderse a otros países de la región.[24]

Una descarga de la prensa incita a la violencia

Desde el comienzo de la violencia iniciada por los palestinos contra los israelíes, los palestinos han difundido constantemente por la radio serias incitaciones para que las masas árabes ataquen a los judíos y cristianos dondequiera que se encuentren. Vi un video en el que niños árabes competían montando armas de fuego como si fuera un juego. He escuchado reporteros palestinos, transmitiendo con un trasfondo de la imagen de la mezquita del Monte del Templo, proclamar: «el máximo Comité Supervisor de las Fuerzas Nacionales Árabes e Islámicas hace un llamado a las masas de nuestro pueblo para que se reúnan de inmediato en las calles y plazas públicas a fin de expresar su cólera y su fuerte oposición contra la salvaje agresión israelí y su determinación de continuar la intifada (rebelión)».

Durante el sermón del viernes, transmitido por la estación televisiva oficial de Arafat, el clérigo de una mezquita de Gaza hizo las siguientes manifestaciones:

Los judíos son judíos, sean del partido Laborista o del Likud, los judíos son judíos. Entre ellos no hay moderados ni quienes aboguen por la paz. Son todos unos mentirosos. Son ellos los que deben ser masacrados y muertos. Como dice el todopoderoso Alá: «¡Combatámoslos!... No tengan misericordia de los judíos. No tengan en cuenta de qué país provienen. Combátanlos dondequiera que estén. Dondequiera que los encuentren, mátenlos. Dondequiera que ustedes estén, maten a esos judíos y a los norteamericanos que son como ellos, y quienes están con ellos. Todos ellos están en una misma trinchera, contra los árabes y los musulmanes.[25]

Tuve la oportunidad de ver un video de ese sermón, observé la vehemencia del clérigo, vestido de blanco de pies a cabeza, vi la aprobación reflejada en los rostros de los hombres sentados con las piernas cruzadas sobre alfombras en la mezquita.

He visto videos de niños árabes, probablemente no mayores de seis o siete años de edad, adiestrados para montar rápidamente armas automáticas con los ojos vendados. He escuchado a esos niños proclamar con denuedo en sus vocecitas infantiles: «¡Si padezco de hambre, comeré la carne de mi conquistador! ¡Cuídense de mi hambre y mi ira!»

El 16 de octubre las cámaras de televisión también captaron a un joven árabe que declaró a la prensa: «Debemos recordarles que el pueblo palestino y las madres palestinas crían a sus hijos para que se conviertan en mártires».

Una de las realidades más lamentables derivadas de los días de violencia fue que muchos de los que protestaban no eran propiamente palestinos, sino árabes ciudadanos de Israel. Trece de ellos fueron muertos en los primeros días de la violencia, cuando la policía disparó contra las personas que protestaban, bloqueaban los caminos y lanzaban piedras sobre los pueblos a lo largo del norte de Israel. Hasta el levantamiento en el otoño de 2000, el veinte por ciento de los israelíes que son étnicamente árabes nunca habían participado en demostraciones, ni lanzado piedras, ni se habían identificado con los palestinos de los territorios en una manera tan pública.[26]

A principios de noviembre, tres soldados israelíes y seis palestinos murieron en batallas a tiros en la Ribera Occidental y la Franja de Gaza. Los israelíes dijeron que la lucha ya no era un levantamiento civil. «Esto no es una intifada», expresó un capitán israelí al disparar balas que marcaron con líneas rojizas el oscuro cielo durante una batalla al norte de Jerusalén. «Esto es una guerra».[27]

La verdad del asunto

Yasser Arafat quiere hacer creer al mundo que un Israel belicoso y bravucón es el culpable del último derramamiento de sangre, o que la visita al Templo del Monte aprobada y planeada por Ariel Sharon provocó el disturbio. Pero Thomas Friedman puso el dedo en la llaga en un editorial del *New York Times*:

> Las raíces de este último brote de violencia pueden rastrearse directamente hasta la conferencia de prensa del Presidente Clinton después del fracaso de la cumbre en Camp David. En esa ocasión el Sr. Clinton señaló, deliberadamente —y de manera correcta— que el Primer Ministro de Israel, Ehud Barak, había hecho compromisos sin precedente en la cumbre: más del noventa por ciento de la Ribera Occidental para un estado palestino, una solución parcial del problema de los refugiados palestinos y la soberanía palestina sobre

los barrios musulmanes y cristianos de la antigua Jerusalén; y que Yasser Arafat no había respondido en el mismo modo, ni en ninguna forma.[28]

Arafat y sus compinches no podían creerlo. La oferta de Barak era como un regalo sorpresa, más de lo que habían esperado y más de lo que nadie hubiera ofrecido jamás. Y allí estaba Clinton, sonriente y seguro, diciéndoles que Barak y los israelíes merecían una respuesta... una buena respuesta.

Friedman continúa:

> El señor Arafat tiene un dilema: hacía algunos compromisos, basados en la propuesta inicial del Sr. Barak y trataba de llevarla a cerca de un cien por ciento —y retomaba de esa manera la ventaja moral— o provocaba que los israelíes atacaran nuevamente a los palestinos, y reconquista así la ventaja moral. El señor Arafat escogió esto último.[29]

Las concesiones que hizo Barak iban encaminadas a satisfacer cada demanda hecha previamente por Arafat, pero el jefe de la OLP las rehusó de plano con la esperanza de ganar más. Se dice que los palestinos nunca pierden una oportunidad de perder una oportunidad. Debido a que las concesiones de Barak eran tan extraordinarias y totalmente inesperadas, regresó a casa a enfrentar un público y un parlamento abiertamente hostiles. Su administración se desplomó.

Este es el dilema que ahora encara Arafat: como rehusó negociar, y como Barak tiene un menguado apoyo en el gobierno israelí, hay poca esperanza de que Arafat vuelva a escuchar una oferta tan generosa. La puerta de la paz parece haberse cerrado de un tirón por la mano del propio Arafat.

El ciclo continúa. Israel ofrece una rama de olivo; los palestinos la rechazaron con ambas manos mientras gritan por piedad y apoyo mundiales. Si este último levantamiento es una guerra —y la verdad que parece, suena y huele a guerra— entonces llamémosla por el nombre de la persona totalmente responsable de la misma: Yasser Arafat.

El corazón del conflicto

Sobre mi escritorio tengo un montón de reportajes de prensa que alegan que los disturbios surgieron por la visita de Ariel Sharón al Templo del Monte. Oigamos la voz de los reporteros que otra vez han perdido de vista el panorama general:

> Oficiales israelíes alegaron ayer que los palestinos, provocados por los sermones durante los rezos del viernes, habían atacado a los devotos judíos en el Muro Occidental… Pero Hanan Ashrawi, un respetado líder palestino, dijo más tarde que eso no era cierto y que la policía israelí había invadido los terrenos del Domo de la Roca. («Baño de sangre en el Domo de la Roca», *Independent*, 30 de septiembre de 2000)

> La violencia continúa hoy por cuarto día… el problema comenzó con una visita la semana pasada del líder de la oposición israelí, Ariel Sharon, al Templo del Monte en Jerusalén, el sitio más sagrado y más debatido de la ciudad. Los palestinos alegan que la visita desató una guerra religiosa. («Violence in Jerusalem continues Between Palestinians and Israelis Over the Temple Mount» [Continúa la violencia en Jerusalén entre palestinos e israelíes por el Templo del Monte], National Public Radio, 1 de octubre de 2000)

> Para miles de jóvenes palestinos en toda la Ribera Occidental, la

Franja de Gaza y Jerusalén, fue Sharón quien los arrastró a las calles, al encabezar una delegación de legisladoreres israelíes de línea dura en un recorrido de una hora por el Templo del Monte de Jerusalén, el lugar más sagrado del judaísmo («Arab Uprising Spreads to Israel; Israel Defends Visit to Contested Site» [El levantamiento árabe llega a Israel; Israel defiende la visita al lugar en debate], *Washington Post,* 2 de octubre de 2000)

Los líderes palestinos dijeron el miércoles cuando Sharón planeaba la visita, que el líder de oposición y de línea dura deseaba mostrar mediante el recorrido la alegada soberanía israelí sobre el discutido lugar sagrado. Mientras tanto, Dalia Itziq, ministra ambiental israelí, dijo también a Radio Israel que en su opinión Sharon hizo esta visita sin buenas intenciones y que solo deseaba encender el odio y la violencia entre ambos lados étnicos. («La visita de Sharón al Templo del Monte causa violencia», Xinhua [China], 28 de septiembre de 2000)

Creo que la visita de Ariel Sharón —que había sido aprobada por las autoridades musulmanas— fue solo una excusa, una situación conveniente y pública que daría a Arafat una oportunidad de atacar y lanzar la intifada y crear terrorismo y contienda en la batalla por Jerusalén.

Pero conociendo que la situación era tan delicada, ¿por qué el general Sharón arriesgó tanto por una visita al lugar sagrado? El general dijo que su propósito era reafirmar el derecho al lugar y demostrar su firme convicción de que la antigua ciudad de Jerusalén y el Templo del Monte, capturados en 1967 cuando Jordania atacó a Israel, deben permanecer bajo la soberanía iraelí y no ser entregados en una propuesta de paz.[30]

Sharón dijo a los reporteros: «Ustedes deben entender que el pueblo judío tiene un país muy pequeño, y que eso es Israel. Y en este muy pequeño país los judíos, gracias a Dios, disfrutan del derecho y la capacidad de defenderse por sí mismos. Y vamos a mantenernos así. Toda nuestra historia está aquí. Aquí comenzamos como nación. Y nadie podrá impedir que algún judío vaya al Templo del Monte».[31]

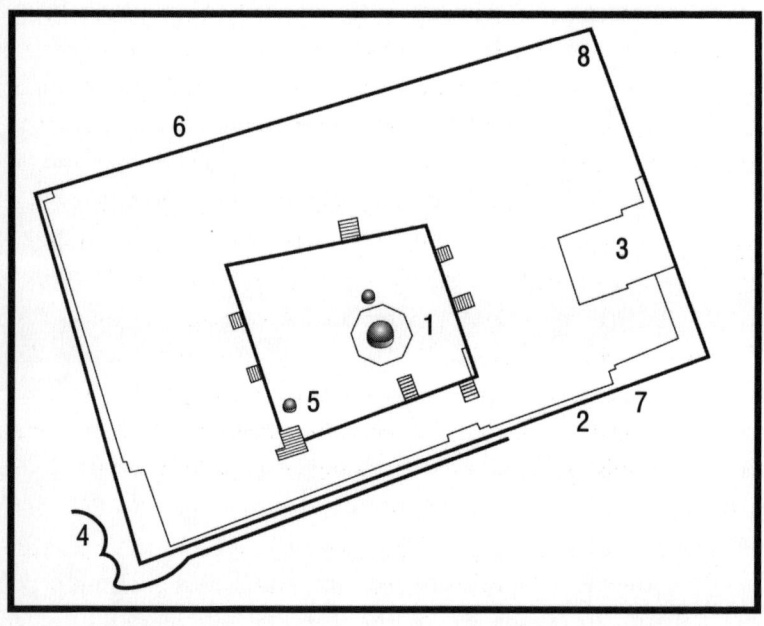

1. Domo de la Roca	5. Domo de los Espíritus
2. Muro Occidental	6. Puerta Oriental
3. Mezquita al-Aqsa	7. Puerta Mughrabi
4. Entrada al túnel del Muro Occidental	8. Columnas de Salomón

El Templo del Monte hoy día

El Templo del Monte, o *Har Habayit,* es el lugar antiguo del primer y segundo templo. Nada queda de ninguno de esos templos sino el relicario más sagrado en toda la civilización judía, el Muro Occidental. Cuando los romanos quemaron y demolieron el templo el año 70 d.C, tal como lo profetizó Jesús en Mateo 24.2, todo lo que quedó fue un muro exterior. Según el judaísmo tradicional, el templo no puede reconstruirse hasta que el Mesías venga. Los judíos religiosos consideran el Muro Occidental, o *Ha'Kotel* como su santuario más sagrado. El muro es comunmente conocido como el Muro de las Lamentaciones, adonde acude el pueblo judío para lamentar la destrución de su templo.

Cuando los jordanos capturaron la antigua ciudad de Jerusalén en 1948, a los judíos se les prohibió adorar en el muro. En junio de 1967, cuando el ejército de Israel retomó la antigua ciudad, la gente asombrada veía por televisión a los soldados israelíes orando y llorando en el Muro Occidental. El general Moshe Dayan, quien devolvió las mezquitas islámicas al control musulmán una semana después de su captura, vino al muro y dijo que los judíos habían «regresado al más sagrado de los santos lugares para no apartarse de él otra vez».[32]

Los israelíes, por otra parte, nunca le han prohibido a los musulmanes que visiten sus lugares sagrados en la cima del Templo del Monte. Inmediatamente después de la reunificación de Jerusalén en 1967, Israel aprobó la Ley de Protección de los Sitios Sagrados. Esta ley garantiza la santidad de todos los lugares sagrados y declara que puede castigarse la profanación o la falta de libertad de acceso a los mismos. Bajo la ley israelí, los cristianos y los musulmanes han administrado siempre sus lugares santos e instituciones. El principio de libre acceso a los lugares santos para todas las religiones se reafirmó en la *Ley básica: Jerusalén, la capital de Israel,* aprobada por la Kenésser israelí en julio de 1980. Conforme a estos procedimientos, desde 1967 Israel ha autorizado y permitido que los lugares santos musulmanes en el Templo del Monte sean administrados por la autoridad religiosa islámica, el Waqf.[33]

Sin embargo, la retórica de guerra ha inflamado las pasiones hasta el punto que un hombre llamado Khalil, administrador de una oficina de las Naciones Unidas en Nablus, dijo lo siguiente a un reportero: «Ellos (los judíos) tomaron nuestra tierra en 1948, tomaron nuestra tierra en 1967, nos impidieron poner comida sobre la mesa y ahora quieren quitarnos nuestra religión. ¿Qué nos queda sino pelear?»[34]

Esto es pura propaganda palestina. Arafat está dedicándose a la política del terror. Un informe de la Radio Pública Nacional (RPN) sobre la insurrección, citó a Arafat cuando habló sobre los combatientes palestinos: «Un saludo a los héroes y a los fieles por vuestra noble batalla por la dignidad; la batalla por la sagrada Jerusalén y por Palestina». El reportero de la RPN agregó que si bien los analistas políticos discrepan sobre si Arafat planificó la convulsión de violencia actual, está claro que espera derivar ventajas de ello. Yiev Aluaha, vocero de la Fatah de Arafat, dijo que los días de violencia «solo beneficiarán el proceso de paz».[35]

Al preguntársele a Sharón si los palestinos habían usado su visita al Templo del Monte como un pretexto para comenzar un estallido planificado, dijo lo siguiente:

Sí. Ellos tenían varios motivos. Deseaban obtener algunas concesiones adicionales del Primer Ministro Barak. Pero no quedó casi nada. Sin experiencia en negociaciones, creyeron que vendría a Camp David y pondría todas las concesiones sobre la mesa y que Arafat lo abrazaría, le daría las gracias, lo besaría y lo amaría, pero

Arafat tiene experiencia. De inmediato aceptó todo y comenzó a pedir más…

Quizás él [Arafat] deseaba que la guerra fuera la última fase antes de establecer un estado independiente. Nuestro servicio de inteligencia dice que [el levantamiento] fue planeado de antemano y orquestado por Arafat. Él está utilizando el tanzim, una fuerza paramilitar que responde directamente a él. Creo que hay miles de ellos, equipados por la autoridad palestina. Arafat firmó un acuerdo sobre la confiscación de sus armas, pero nunca lo puso en práctica.[36]

Mientras escribo esto en diciembre de 2000, la intifada continúa. La revista *Newsweek* informa que un doliente de cabello gris preguntó en un funeral de forma respetuosa a Marwan Barghuoti, líder del tanzim, cuando terminaría la matanza. «Estamos en el comienzo de esta intifada», respondió Barghouti, sin muestra de llanto en sus ojos y muy relajado. Continuó diciendo: «Llevamos solo dos meses. A medida que la violencia continúe en las semanas y meses por delante, los políticos de Israel comenzarán a tomarnos en serio».[37]

Hace veintiséis años, Yasser Arafat hizo su primera aparición en los Estados Unidos. Pronunció un dramático discurso ante las Naciones Unidas y le dijo a la Asamblea General que había venido «con un ramo de olivo y el fusil de libertad de los combatientes». Terminó con una advertencia: «No permitan que caiga de mis manos el ramo de olivo».[38]

Arafat está mucho más deseoso de que caiga el ramo de olivo que el fusil… y en el próximo capítulo descubrirá por qué.

Tres

Por qué Jerusalén tiene importancia

> Mas a Jerusalén he elegido para que en ella esté mi
> nombre… Porque ahora he elegido y santificado esta
> casa, para que esté en ella mi nombre para siempre; y
> mis ojos y mi corazón estarán ahí para siempre…En
> esta casa y en Jerusalén, la cual yo elegí sobre todas
> las tribus de Israel, pondré mi nombre para siempre.
>
> *2 Crónicas 6.6; 7.16; 33.7*

¡Jerusalén! No hay ciudad sobre la faz de la tierra como la Ciudad
Santa. Otras ciudades son conocidas por su gran tamaño, su clima,
su belleza o su poderío económico, pero ninguna puede compararse
a la majestuosa ciudad de Jerusalén. ¿Por qué? Porque Jerusalén es la
ciudad de Dios, la ciudad capital de la nación creada por su palabra
hablada (Génesis 12:1-3; 13: 14-15) y con la cual más tarde Él hizo
un pacto de sangre incondicional y obligatorio para siempre (Génesis 15. 8-18).

Jerusalén es la ciudad que Dios ha escogido como su habitación.
El rey David, el hombre conforme al corazón de Dios, escribió sobre
la ciudad de Dios con una santa pasión, diciendo:

> Grande es Jehová, y digno de ser en gran manera alabado
> En la ciudad de nuestro Dios, en su monte santo.
> Hermosa provincia, el gozo de toda la tierra,
> Es el monte de Sion, a los lados del norte,

La ciudad del gran Rey.
Como lo oímos, así lo hemos visto
En la ciudad de Jehová de los ejércitos, en la ciudad de nuestro
Dios;
La afirmará Dios para siempre.
Selah (Salmo 48.1-2, 8)

Jerusalén es una ciudad pequeña en muchos sentidos. Con una población aproximada de 620.000 habitantes, ciertamente no es la más populosa del mundo. Y sin embargo domina los titulares de la prensa y se conoce como la Ciudad Santa de musulmanes, cristianos y judíos.

El reclamo de los judíos por Jerusalén, sin embargo, está arraigado en tres mil años de historia. Las palabras *Jerusalén* y *Sion* se mencionan más de ochocientas veces en la Biblia judía. Y aún durante la diáspora, cuando millones de judíos se dispersaron por el mundo, la Ciudad Santa se mantuvo presente en el pensamiento del pueblo judío. En los rituales diarios, como en el de dar gracias por los alimentos, se hacía constante referencia al anhelo por Jerusalén.

No todos los judíos se dispersaron. A pesar del sufrimiento nacional, la presencia judía en Jerusalén ha permanecido constante. Nunca han abandonado la tierra. De hecho, desde 1840 los judíos son el mayor grupo étnico en Jerusalén y han conservado ininterrumpidamente una mayoría en la ciudad desde 1860.

Si bien otras naciones han conquistado la soberanía política en el área, solo los judíos han hecho de Jerusalén su ciudad capital. Le pertenece a los judíos. Aunque en Jerusalén se recibe a todas las naciones y aunque muchas de ellas la han pisoteado y masacrado a sus ciudadanos, la Ciudad de Dios se mantiene para los judíos no por un tratado o un proceso de paz, sino por *decreto divino*.

Jerusalén, mi amigo, no es simplemente otra ciudad. Dios escogió a Jerusalén como el lugar donde su nombre se adoraría por siempre. Jerusalén es un faro espiritual para todo el mundo, enviando sus rayos de esperanza a un mundo que se tambalea en desesperación. Es la ciudad cuya sola presencia: *Hay un Dios de poder y majestad.* Y de la misma manera que las colinas rodean a Jerusalén, así el Señor Dios Todopoderoso está alrededor de su pueblo. ¡Él es eterno e inconmovible!

Como cristianos, estamos orgullosos de unirnos para apoyar la continua soberanía del estado de Israel sobre la santa ciudad de Jerusalén. Apoyamos los esfuerzos de Israel para lograr una reconciliación con sus vecinos árabes, pero creemos firmemente que ni Jerusalén ni porción alguna de ella debe ser negociable en ningún proceso de paz. Jerusalén debe quedar indivisible como la eterna capital del pueblo judío.

Historia de la Ciudad Santa

Jerusalén, cuyo mismo polvo recibe adoración en las Escrituras, fue poblada primero por los cananeos en el siglo XX a.C. La más antigua referencia a la ciudad aparece en vasos de barro de Egipto.[1] Aunque solo tenía un tamaño de poco más de doce acres, la ciudad estaba naturalmente bien defendida y tenía en su base uno de los más abundantes manantiales del área. Pero cerca de mil años antes de Cristo, Jerusalén fue habitada por los jebuseos, un grupo de gente vinculada a los hititas del Antiguo Testamento.

La Biblia nos dice que David le compró una era a un jebuseo en el Monte Moriah y construyó allí un altar (2 Samuel 24.16-25). Muchos eruditos opinan que el área era un lugar santo puesto que las eras y los altares naturalmente iban juntos en ritos paganos a los dioses de las cosechas y la fertilidad. En todo caso, Gershom Gorenberg escribe:

Si Jerusalén ya no era santa, es difícil de entender por qué se levantó allí una ciudad. Está en la orilla de un desierto; el suelo es rocoso; el único manantial es de tercera categoría y las rutas comerciales cruzan al norte. Nadie vendría aquí a buscar oro, trigo o especias. Solo para mantenerse a las puertas del cielo.[2]

En la época en que David fue ungido rey de Israel en la última década del siglo 11 a.C., la nación de Israel necesitaba una fuerte capital central. David buscó un lugar entre las tribus, y en 1004 a.C. conquistó una ciudad jebusea y se sintió guiado por Dios para convertirla en capital. Hoy la llamamos *Jerusalén*. Los palestinos la llaman *al-Quds* y los israelíes *Yerushalayim*.

La pasión de David por la Ciudad Santa se revela en sus escritos:

Si me olvidare de ti, oh Jerusalén,
Pierda mi diestra su destreza.
Mi lengua se pegue a mi paladar,
Si de ti no me acordare;
Si no enalteciere a Jerusalén
Como preferente asunto de mi alegría (Salmo 137.5-6).

Como quizás recuerde, David fue un músico y también un rey guerrero. Con su derecha tocaba el arpa mientras cantaba las canciones de Israel con tal poder que los demonios del rey Saúl se silenciaban. El mensaje de David era sencillo: si se olvidaba de Jerusalén su vida no tenía significado. Si Jerusalén no era la fuente de su más profundo gozo, él sentía que no tenía necesidad de existir. El veía a Jerusalén como la Ciudad Sagrada, el lugar que Dios y el pueblo de Dios llamaban hogar.

En Jerusalén, Salomón el hijo de David, construyó su magnífico y precioso templo en el Monte Moriah, el lugar donde David había erigido su altar sobre una era y Abraham había ofrecido a su hijo Isaac como sacrificio hasta que Dios envió un ángel para salvar al niño (Génesis 22.1-19; 2 Crónicas 3.1). La tradición judía también sostiene que el Monte Moriah era el lugar donde Dios recogió el polvo para crear a Adán y donde Caín mató a Abel.[3] Incidentalmente, los musulmanes creen que fue Ismael, no Isaac, a quien Abraham estuvo a punto de matar en el Monte Moriah.

En Jerusalén, Jeremías e Isaías emitieron pensamientos que moldearon los cimientos espirituales de la mitad de la raza humana.

En Jerusalén, los babilonios destruyeron el primer templo cuando capturaron la ciudad en 587 a.C. Muchos de los judíos fueron llevados en cautividad a Babilonia, pero regresaron en 536 a.C. y comenzaron a reconstruir el templo. La estructura fue menos ornamentada que el templo de Salomón y se conoció como el templo de Zorobabel.

En el año 70 d.C. Tito envió sus tropas a Jerusalén y masacró a los judíos hasta que su sangre literalmente corría por las calles. Los romanos saquearon la ciudad por completo y destruyeron el segundo templo, que había sido terminado solo seis años antes. Los romanos continuaron masacrando a los judíos de Jerusalén. En el año 135 d.C. Adriano, un emperador romano del segundo siglo, expulsó a los judíos de Jerusalén y dispersó a los sobrevivientes de la masacre por todo el imperio romano. Muchos judíos escaparon a los puertos del Mediterráneo y allí los vendieron como esclavos.

En el año 313 d.C., Constantino, el primer emperador cristiano del imperio romano, legalizó el cristianismo y estimuló la construcción de iglesias en la Ciudad Santa. En esa época las iglesias se construían en lugares relacionados con la vida de Cristo: los supuestos lugares del nacimiento, muerte y resurrección de Jesús.

En el año 638 d.C. las fuerzas musulmanas de Omar, el segundo sucesor de Mahoma, capturaron Jerusalén de manos romanas. Aunque Omar decidió convertir la ciudad en un santuario para los musulmanes, consideró a Jesús y a los patriarcas hebreos como profetas por lo que preservó y protegió sus lugares religiosos.

La historia dice que cuando Omar entró en la ciudad, se acercó a Sofronio, el patriarca cristiano de Jerusalén y le preguntó dónde había estado el templo. Sofronio, según la leyenda, en esencia citó a Mateo 24.15: «Por tanto, cuando veáis en el lugar santo la abominación desoladora de que habló el profeta Daniel». Sin una clara respuesta, Omar ordenó limpiar el monte de escombros y construir una mezquita de madera en el extremo sur del monte.

Califa Abd al-Malik ibn Marwan construyó el Domo de la Roca entre 685 y 691 d.C. y la mayoría de la gente piensa en este magnífico edificio con cúpula dorada cuando piensan hoy día en el Templo del Monte.

En 1099 los cruzados, marchando bajo el signo de la cruz, asaltaron Jerusalén para reclamar la ciudad para Cristo. Otra vez la sangre corrió por las calles de la ciudad cuando estos mataron a más de cuarenta mil personas y prendieron fuego a las mezquitas y sinagogas. En una situación particular, se encerró en una sinagoga a 969 judíos, entre hombres, mujeres y niños, y los cruzados le prendieron fuego. Mientras los que estaban adentro gritaban al ser quemados vivos, los guerreros cruzados permanecían afuera cantando: «Cristo, te adoramos».

Historia reciente

Jerusalén quiere decir «ciudad de paz» pero ha visto más guerras, más derramamiento de sangre y más lágrimas que ninguna otra ciudad sobre la tierra. Ha sido conquistada y reconquistada treinta y ocho veces por babilonios, griegos, romanos, cruzados y otomanos; sin embargo, se mantiene hoy como testimonio de la fidelidad y propósito de Dios.

En 1947 las Naciones Unidas acordaron dividir Palestina en dos estados: uno judío y otro palestino. A la población judía, entonces de unos 600.000 habitantes, se le concedieron largas fajas de árido desierto como una reserva para absorber a los muchos refugiados judíos que esperaban para regresar. Mientras se esperaba que la población palestina de 1.3 millones aumentara de modo natural, se pretendía que los judíos recibieran a judíos de todas las nacionalidades, particularmente refugiados del holocausto. De esta manera se dividió la tierra entre los dos pueblos en partes casi iguales y se concedió más del setenta por ciento del terreno fértil a los palestinos.[4]

Pero cuando los ingleses se retiraron el 15 de mayo de 1948, cinco ejércitos árabes invadieron de inmediato para «echar a los judíos al mar». Atacaron a Israel con toda su fuerza, tratando de eliminar el estado sionista en su indefensa infancia. Cuando la pelea terminó, la pequeña Israel sobrevivió intacta (¡milagro de Dios!), pero Egipto ocupó la Franja de Gaza, y Jordania se quedó con el Margen Occidental. Los palestinos se quedaron con las manos vacías.

Los israelíes no crearon el problema de los refugiados palestinos. Eso lo hicieron los árabes. Olvidaron que cuando se comienza una guerra hay que estar preparado para vivir con las consecuencias de perder esa guerra.

De esta guerra de 1948 nació el «problema de los refugiados palestinos» que los medios informativos han usado para lavar el cerebro del mundo occidental durante los últimos cincuenta años. Los líderes árabes crearon, mantuvieron y manipularon este «problema de los refugiados» contra su propio pueblo para presentar a los judíos de Israel como despiadados. Y resultó muy eficaz.

En su libro *From Time Immemorial* [Desde tiempos inmemoriales] la historiadora Joan Peters describe detalladamente, y con una

Israel, rodeado por países árabes

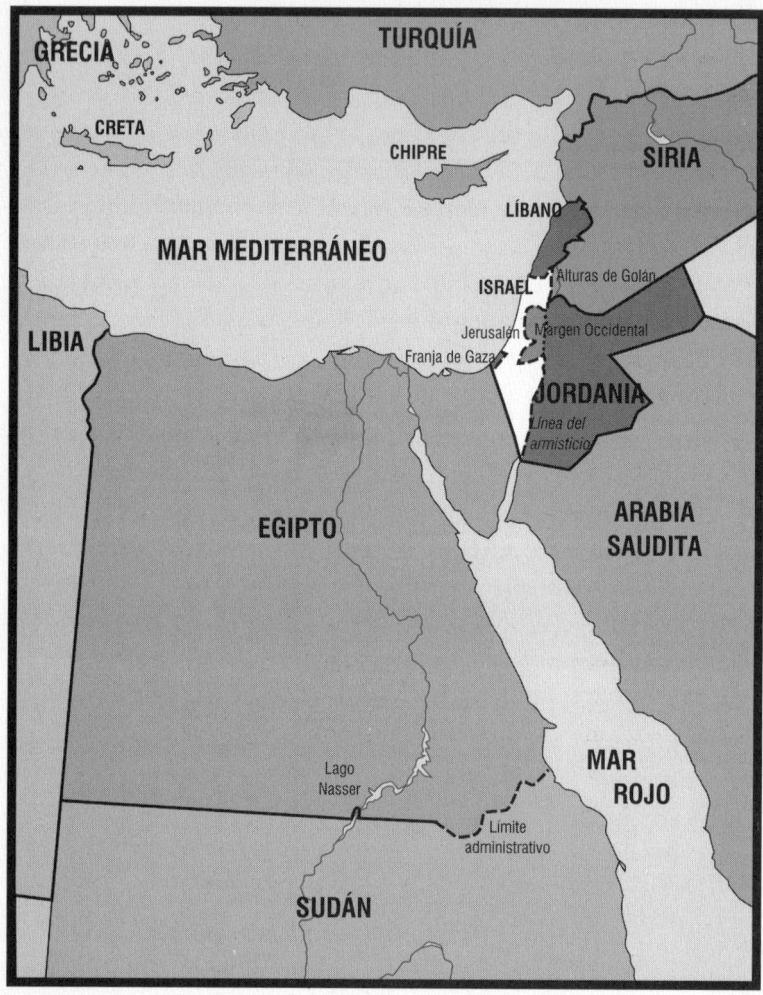

documentación irrefutable, que justo antes de empezar la guerra de 1948 los líderes árabes dijeron a los palestinos que abandonaran sus hogares. «Tan pronto echemos a los judíos al mar» —les prometieron— «ustedes pueden regresar».[5]

Para susto y sorpresa de los árabes, perdieron la guerra, y pronto cerca de 600.000 refugiados palestinos le pedían a Jordania, Irán, Irak y Siria que los dejaran inmigrar.

Pero los estados árabes no les darían la bienvenida, aún cuando tenían tierra y dinero abundante. A pesar de tener en común el idioma, la religión y la cultura, esos estados les negaron el permiso de inmigrar. ¿Por qué? Porque los refugiados se habían convertido en un pararrayos para los medios informativos mundiales para atacar a Israel. Los periódicos se quejaban: «¿Ven qué despiadados son los judíos? ¿Ven qué irrazonable es Israel? ¡Miren a los pobres árabes sin hogar!»

A.B. Yehoshua explica que los refugiados palestinos no son realmente refugiados, sino personas desplazadas:

Los judíos que huyeron o fueron expulsados por los árabes de la antigua ciudad de Jerusalén, Erzion Bloc, Atarot, Kfar Darmon o Beir Ha'arava, hacia territorio israelí, nunca fueron refugiados sino personas desplazadas que fueron inmediatamente ubicadas en la patria israelí. Sin embargo, los palestinos no califican a su gente desarraigada como personas desplazadas. Se les llama, en cambio, refugiados, aun cuando la mayoría permanece en suelo patrio palestino y vivían cuando más a 20 o 40 km de sus hogares… También hubo palestinos que huyeron o fueron expulsados de Palestina e iban a países árabes… donde no recibían la ciudadanía local y su condición seguía siendo la de refugiados. Pero durante los diecinueve años en los que los territorios palestinos del Margen Occidental o la Franja de Gaza estuvieron bajo dominio palestino, jordano y egipcio, todos estos refugiados pudieron al menos haber regresado a su

patria, convirtiéndose en personas desplazadas más que en refugiados, y reconstruir con sus manos un nuevo hogar en su suelo natal.[6]

Yehoshua insiste en que la culpa por la desdichada existencia de
los refugiados recae directamente sobre ellos mismos y los países árabes. Nada impedía que esta gente hiciera sus propios hogares en los
países árabes, sin embargo la verdad es clara: políticamente hablando son más valiosos como refugiados que como ciudadanos próspe-
ros y productivos en cualquier nación árabe.

Pocos saben que el gobierno israelí y las Naciones Unidas dispu-

sieron $150 millones para reubicar a cualquier familia árabe que deseara regresar a su hogar. Pero la Organización para la Liberación de Palestina asesinó a los que regresaron. Esa es la OLP, dirigida por Yasser Arafat, el mismo hombre que rehusó a comprometerse y abandonó las negociaciones de paz.

Desde 1948 se han librado cinco guerras brutales en Israel. Un río de sangre se ha derramado por el control de Judea y Samaria (la Margen Occidental), las Alturas de Golán y la Ciudad Santa, Jerusalén.

Quizás una de las más asombrosas victorias tuvo lugar durante la Guerra de los Seis Días en 1967. Solo la poderosa mano de Dios pudo haber preservado a Jerusalén desde su nacimiento hasta el gran momento cuando los soldados se abrieron paso en el frente jordano y rezaron juntos en el Muro Occidental. Luego de más de dos mil años, la antigua ciudad de Jerusalén fue devuelta a las manos judías a través de la victoria sobrenatural del ejército israelí.

Este giro de acontecimientos afectó al Estado de Israel. No mucho después de la guerra un rabino expresó en una reunión de miembros del gabinete ortodoxo: «El Santo nos dio la tierra a través de milagros evidentes», y por consiguiente, «nunca nos la quitará».[7]

Pero no todos los líderes israelíes eran religiosos. La mayoría eran pragmáticos y se daban cuenta que el Mesías todavía no había llegado. Los judíos aún tenían que convivir con los árabes, y los árabes todavía consideran el Templo del Monte un lugar sagrado. Casi de inmediato las autoridades religiosas judías emitieron una declaración advirtiendo a los judíos que no pisaran el Templo del Monte. Debido a que nadie sabía exactamente donde estaba el Lugar Santísimo, los judíos corrían el riesgo de entrar al sagrado lugar con las manos y pies sin limpiar. La hora para entrar en el Templo del Monte, dicen ellos, está aún en el futuro – cuando el Mesías venga y reconstruya el templo.

En el plazo de una semana, los israelíes devolvieron el control de los lugares religiosos del Islam a los musulmanes e hicieron un esfuerzo por canalizar el fervor religioso judío por el Monte hacia el Muro Occidental.

Por generaciones los israelíes han luchado por mantenerse en paz con sus vecinos árabes, respondiendo con violencia únicamente cuando se han visto amenazados. Los palestinos, sin embargo, armados con un temperamento caldeado, piedras y armas, continúan prolongando la situación y buscando la simpatía de la opinión mundial.

El proceso de paz palestino-israelí comenzó con conversaciones secretas a principios de la década de los noventa y alcanzó un momento histórico con la firma del acuerdo de paz en la Casa Blanca en septiembre de 1993. El Primer Ministro israelí Yitzhak Rabin estuvo en el Jardín Rosa de la Casa Blanca con Yasser Arafat. El presidente Bill Clinton se colocó entre los dos hombres, ansioso por anunciar que Rabin y Arafat, el día anterior, habían firmado el acuerdo del Margen Occidental. Al estampar su firma, Rabin declaró que la tierra que fluye leche y miel no debería ser la tierra que fluye sangre y lágrimas. En un discurso pronunciado solo unos días antes, Rabin había dicho:

Nosotros, los soldados que hemos regresado de la batalla con las manos teñidas de sangre; nosotros, que hemos visto a nuestros familiares y amigos morir ante nuestros ojos; nosotros que hemos asistido a sus funerales y que no podemos mirar a los ojos de sus padres; nosotros, que hemos venido de una tierra donde los padres entierran a sus hijos; nosotros, que hemos combatido contra ustedes, los palestinos, les decimos hoy en una voz alta y clara: basta de sangre y de lágrimas. Basta.

Ese fue un grito desesperado y sincero del alma de un guerrero, pero dos años más tarde, en Jerusalén, Rabin fue asesinado. Sangre y lágrimas corrieron nuevamente y los líderes del mundo acudieron a su tumba y lamentaron la muerte del hombre que había tratado de traer paz a su pueblo pero fracasó.

Desde ese momento, mientras la nación continúa luchando por la paz, Israel ha estado traspasando tierras a la Autoridad Palestina: la mayor parte de la Franja de Gaza y casi la mitad del Margen Occidental. Los israelíes han retirado importantes posiciones defensivas y han confiado en que los palestinos cumplirán su palabra de proteger los sitios religiosos y el desarme de quienes cometen actos terroristas. Por su parte, los palestinos arrestaron a varios extremistas antiisraelíes de Hamas y del Jihad islámico,

Pero todavía no se ha logrado una paz final y en el verano del 2000 todo el proceso se desintegró. ¿La piedra de tropiezo? Jerusalén y el Templo del Monte.

El Monte del Templo y su gran importancia

Así como el ombligo está en el centro del cuerpo humano,
la tierra de Israel es el ombligo del mundo ...
situada en el centro de la tierra
y Jerusalén en el centro de la tierra de Israel,
y el santuario en el centro de Jerusalén,
y el lugar santísimo en el centro del santuario,
y el arca en el centro del lugar santísimo
y la piedra de fundación antes del lugar sagrado,
porque de ella se fundó el mundo.[8]

Este texto, de antiguos escritos judíos, ofrece una clara indicación de cuán venerado es el Templo del Monte judío. Es un lugar demasiado santo para atravesarse. Fue el lugar del templo de Salomón y, más tarde, el de Herodes, el templo donde Jesús adoraba. Y lo más importante —y este es el concepto más explosivo— es el lugar desde donde el Mesías gobernará su reino desde un tercer templo.

Si las palabras pudieran causar temblores, esta última declaración provocaría un diez en la escala de Richter. Gershom Gorenberg, un judío que vive en Israel, explica el porqué:

> La disputa sobre quién es el dueño del Monte es uno de los temas más escabrosos de la política del Medio Oriente. El conflicto es intenso debido al lugar que tiene el Monte en la historia, pero aún más debido a su lugar en el futuro. Para un pequeño aunque creciente grupo de judíos de la derecha religiosa israelí, cada día desde 1967 se ha perdido la oportunidad de comenzar a construir el Tercer Templo. Para un número mucho mayor de cristianos conservadores de todas partes del mundo —y particularmente de Estados Unidos— la construcción del templo es una condición esencial para la Segunda Venida. Y para muchos musulmanes cualquier intento de destruir los santuarios de al-Aqsa es una señal de que la hora está al llegar… El Templo del Monte es potencialmente el detonador de una guerra a gran escala, y unas cuantas personas, tratando de apurar el Fin, podrían intentarlo.[9]

Cada fe representada en Jerusalén tiene su propia versión de cómo será el fin de los días. El pueblo judío mira a la Biblia y lee las Escrituras sobre cómo el Mesías gobernará desde el templo y desde Jerusalén. El profeta Malaquías escribió:

> He aquí, yo envío mi mensajero, el cual preparará el camino delante de mí; y vendrá súbitamente a su templo el Señor a quien voso-

tros buscáis, y el ángel del pacto, a quien deseáis vosotros. He aquí viene, ha dicho Jehová de los ejércitos. (3.1)

La perspectiva judía

Debido a las palabras del profeta, los judíos religiosos están convencidos de que se construirá un tercer templo. Difieren, sin embargo, en sus ideas sobre cómo el templo llegará al Templo del Monte.

Muchos judíos creen que el Mesías mismo construirá el templo y es una locura tratar de forzar el asunto. Otro grupo cree que el templo descenderá del cielo y Dios lo traerá en su mano.

Desde la destrucción del segundo templo en el 70 d.C. se han elevado oraciones judías para pedir por la reconstrucción del templo. Los judíos ortodoxos oran hoy, tres veces al día, con las siguientes palabras: «Que sea tu voluntad que el templo se reconstruya rápidamente en nuestra época».[10]

La escuela de pensamiento predominante sostiene que el deber de Israel es reconstruir el tempo lo antes posible. De acuerdo con esta línea de pensamiento, la nación ha estado pecando por omisión desde 1967, cuando Dios devolvió el Templo del Monte al dominio judío. Estas personas argumentan, con bastante razón, que ningún templo se ha construido sin la asistencia humana, y muchos señalan que los dos primeros templos de Israel se construyeron con la ayuda de los gentiles.

Los gentiles de hoy están más que dispuestos a ayudar a construir el templo. Muchos cristianos, tanto individuos como entidades corporativas, se han aliado con los que desean ver el tempo levantado sobre el monte.

Según el vocero del Instituto del Templo, Rabino Chaim Richman, desde hace años existen los planos del tercer templo. Los planos fueron sacados de la Biblia, Josefo y Middot. Bajo los auspicios del Rabino Shlomo Goren, ya se ha construido el edificio de la Corte Suprema de setenta asientos que servía de sede al Sanedrín en los tiempos bíblicos. Goren declara que su localización, contigua al Templo del Monte, es correcta para el futuro templo, que será treinta veces mayor que los templos anteriores, de acuerdo con el profeta Ezequiel.[11]

No solo se han preparado los planos sino también el personal. Según la tradición rabínica, a aquellos de la tribu sacerdotal de Leví, los *Kohanim,* se les prohibió cambiar de nombre al ser dispersados durante la diáspora. Desde hace poco se dispone de una prueba más científica para verificar el linaje sacerdotal de estos. En estudios de judíos varones descendientes de Aarón, el hermano de Moisés, se descubrió que como grupo portan una aberración única del cromosoma Y.[12] ¡Dios se la ha ingeniado para preservar a sus sacerdotes!

Pero con la preservación de los sacerdotes surge otro problema: a fin de entrar en el Lugar Santísimo y hacer sacrificio al santo Dios de Israel, un sacerdote tenía que limpiarse a través de un ritual con una mezcla que contenía las cenizas de una novilla roja perfecta. Debido a que todos los judíos se volvieron impuros durante la diáspora, la única manera de purificar a los sacerdotes y establecer un sacerdocio es mediante las cenizas de una novilla roja.

El sabio judío Maimónides enseñó que había nueve novillas rojas entre el comienzo del tabernáculo y el final del segundo templo. Cuando el décimo llegue, según Maimónides, será preparado por el Mesías.[13]

En 1997 nació una becerra roja en Kfar Hassidim, un pequeño kibbutz religioso cerca de Haifa. La becerra, nacida de un *holstein* blanco y negro, se recibió como un milagro. Comenzaron a llegar autobuses de turismo para verla, los rabinos se acercaron para consultar sobre el significado de este nacimiento y los musulmanes se pusieron alerta. Los editoriales de los periódicos de Jerusalén llamaron a la becerra «una bomba de tiempo encendida» y el *Boston Globe* publicó un reportaje bajo el título «Portent in a Pasture» [Augurio en un apacentamiento].[14] Un folleto islámico sobre el Apocalipsis que se avecina, mencionaba la «vaca roja» nacida en «lo que llaman Israel». El autor, Amin Jamal al-Din, dijo incorrectamente que cuando la becerra «alcance su pleno desarrollo en el tercer año de su vida, será sacrificada en el Templo de Salomón, y la persona que hará esto será su rey, su redentor, el anticristo».[15]

Al-Din tenía razón en su declaración de que la vaca no podía ser declarada una novilla roja kosher hasta que hubiera alcanzado los tres años de edad. Luego de unos cuantos meses a la becerra, llamada Melody, le nacieron unos pocos pelos blancos en la cola, descalificándola, por lo tanto, para el sacrificio en el templo. Pero la inesperada llegada de la becerra alentó las brasas de la pasión por el templo y el norteamericano Clyde Lott, predicador y criador de ganado de Mississippi, ha unido fuerzas desde entonces con ganaderos de Israel para crear las novillas rojas perfectas que serán necesarias para el sacrificio en el templo.

Lott dice lo siguiente: «He dedicado toda mi vida a esto. Dios lo ha puesto en mi corazón». Él se ve a sí mismo como un heredero espiritual del «justo gentil de Ashkelon» quien, según el Midrash judío, suministró a los rabinos la última novilla roja conocida durante la época del segundo templo.[16]

Al momento de escribir esto, Clyde Lott está planeando llevar hatos de ganado a Israel, supuestamente para ayudar a la producción de carne israelí, pero sin dudas para facilitar la construcción del tercer templo.

El advenimiento de la novilla roja apuntó hacia otro problema: las cenizas de la novilla roja purificarán al pueblo, pero ¿quién entre los israelíes estaba ritualmente puro y por tanto calificado para realizar el sacrificio de la novilla roja? Según las leyes de *Halacha,* cualquiera que camine sobre suelo que contenga huesos de muerto o entre en un edificio con muertos bajo su techo, es ritualmente impuro. Por consiguiente, cualquiera que haya caminado en Israel (que está repleto de cementerios), haya nacido o pase algún tiempo en un hospital, no es apto para realizar el sacrificio de la novilla roja.

Para manejar este escabroso problema, un grupo de religiosos judíos ha pedido voluntarios: mujeres embarazadas cuyos hijos descenderán de Aarón, y por ello serán parte de la clase sacerdotal. Estas mujeres vivirán en edificios especiales, elevados sobre la tierra, y cuando nazcan sus hijos, estos bebés varones serán protegidos contra toda forma de impurezas según se define en la ley judía. A los trece años tendrán edad suficiente para servir como sacerdotes. [17]

En 1997, Reuven Prager, un judío que vivía en Israel, comenzó a acuñar medios shekels de plata. Cuando el templo se levante, dice, cada judío estará obligado a contribuir una moneda de medio shekel de plata anualmente para pagar por los sacrificios y el mantenimiento del templo. Colocó un anuncio en el diario *Jerusalem Post* después de acuñar las primeras monedas y en 1998 vendió cinco mil, con un diez por ciento de ellas «regresando» a su fondo pro templo. Tres veces al año él y dos guardias de la compañía de seguridad Brinks, ambos *kohanin*, se aventuran a la ciudad para recoger los medios shekels dedicados al tercer templo, depositados en alcancías. Cuando terminan su recolección, llevan las monedas a la caja de seguridad del edificio del Jefe de Rabinos.[18]

Hoy día en Israel usted puede encontrar personas convencidas de que los judíos deben tener el país listo para recibir el templo y al Mesías. También puede encontrar personas que creen que Dios hará toda la obra.

Lo que es difícil de encontrar son personas que piensen que el Templo del Monte no tiene sentido.

La perspectiva cristiana

La mayoría de los cristianos que estudian la profecía bíblica también buscan un tercer templo donde reinará el Mesías. Discutiremos esto en detalle más adelante, pero sabemos que el Mesías no reinará en el templo hasta el reino milenial, cuando la tierra finalmente reciba a su Rey. Antes de esto, sin embargo, un falso mesías estará presente en el templo y provocará que todo el mundo lo adore y reciba su marca. Él es el anticristo y será revelado durante el período de siete años conocido como la Tribulación.

Por lo pronto sepa esto: el tercer templo será reconstruido por manos humanas y un falso mesías estará en él. Quizás sea él quien supervise y desarrolle el proyecto. Pero cuando termine el juicio final, el Señor Jesucristo reinará desde el Templo del Monte y su gloria llenará la tierra, tal como lo predijeron los profetas.

La perspectiva islámica

Quizás se sorprenda al saber que los musulmanes también tienen una escatología. Ellos llaman *la Hora* a la batalla venidera y la tradición islámica cita a Mahoma diciendo: «¡Mirad! Dios me envió con una espada, justo antes de la Hora y colocó mi sustento diario bajo la sombra de mi lanza y humillación y desprecio sobre los que se me oponen».[19]

Al igual que los primeros cristianos que creían que el Señor venía pronto, los musulmanes del séptimo siglo, cuando todavía el islam estaba en sus inicios, salieron a conquistar el mundo porque estaban convencidos de que el fin estaba cerca. Nótese la diferencia, sin embargo: los cristianos buscan ganar al mundo a través del evangelio de amor y los musulmanes buscan ganarlo con el dominio y la conquista.

El islam enseña que las guerras y la inmoralidad aumentarán en los últimos días. También sostienen que un falso mesías, conocido como *al-masih al-dajjal,* conquistará el mundo. Según la creencia islámica, este será un judío que encabezará un ejército de judíos del Oriente. Entonces Jesús regresará para derrotar al falso mesías en una batalla cerca de Jerusalén. Él matará a todos los cerdos, destruirá todas las cruces y dejará el islam como la verdadera fe del mundo. Los muertos se levantarán y todo los seres humanos que hayan vivido serán juzgados en el valle de Josafat, cerca de los muros de Jerusalén.[20]

Durante la Guerra del Golfo muchos musulmanes creyeron que la Hora estaba acercándose. Los periódicos palestinos publicaron una supuesta tradición del profeta —probablemente producida, dice Gershom Gorenberg, por los propagandistas de Saddam Hussein— que afirmaba que la Hora vendría cuando «la gente de pelo amarillo, bizantinos y francos» se unieran con los egipcios «en el páramo contra un hombre nombrado Sadim».[21] Los bizantinos y francos de pelo amarillo, por supuesto, eran los estadounidenses.

En 1999, un libro titulado *The Great Events Preceding the Appereance of the Mahdi* [Los grandes eventos que precederán a la aparición del Mahdi] (el líder musulmám del fin de los tiempos), empezó a venderse muchísimo en las librerías islámicas de Jerusalén. Otros líderes islámicos comenzaron a calcular el tiempo de la aparición del Mahdi,[22] pero la mayoría de los líderes musulmanes insiste en que el momento no puede calcularse. Los clérigos islámicos dicen: «Cualquiera que fije el momento de la aparición está diciendo una falsedad».

No obstante, al igual que los cristianos, los musulmanes buscan ciertas señales del final de los tiempos. Entre ellas está la presencia de «bizantinos que invaden Hijaz», la porción noroeste de Arabia Saudita. Los musulmanes creen que la presencia norteamericana en

Arabia Saudita cumple esta profecía. Otra profecía de los musulmanes sobre el fin de los tiempos es la presencia judía en Palestina, la cual es, en su criterio, otra señal de que la Hora se aproxima.[23]

Cuando el Mahdi aparezca, según creen, el sol saldrá por el oeste. También durante los últimos días, un hombre se levantará que al parecer será una persona piadosa que procurará recordar a Dios en todo momento. Pero en realidad será la persona más perversa sobre la tierra. Engañará a gran número de personas y las agrupará en derredor suyo, ganando el dominio sobre cinco regiones».

¿Le parece esto familiar? Este engañador aparentemente religioso suena muy parecido a la descripción bíblica del anticristo, que surgirá durante la era de la tribulación que vendrá.

«En el fin del mundo», escribe Gorenberg, «los seguidores de este trío de distintas creencias contemplarán el mismo drama pero con diferentes programas en sus manos. En uno, Jesús es el Hijo de Dios; en otro, es el profeta musulmán… Los infieles en un libreto son los verdaderos creyentes de otro».[24] La perspectiva judía sostiene que el Mesías, un hombre mortal, vendrá a manera de ujier en la edad dorada de la paz.

Nótese que Jerusalén es el escenario de estos tres eventos. En realidad, los musulmanes creen que el fin de los tiempos, el Kaaba —el lugar más sagrado en la Meca— vendrá de modo sobrenatural a Jerusalén y se plantará por sí mismo en el Templo del Monte, por supuesto.

Los musulmanes llaman al Templo del Monte *Al-Haram al-Sharif,* o el noble santuario. Según su tradición, no es solo el lugar donde Mahoma llegó en un caballo con alas antes de ascender al cielo; sino también el lugar de la segunda mezquita del mundo, construida por Adán (de Adán y Eva) luego de que este construyera la mezquita en la Meca.[25]

Dificultades de estos días

Tres importantes religiones, cada una seguida por millones de personas, y todas mirando a un pequeño pedazo de tierra para la futura culminación de su fe. ¿Acaso le sorprende que las piedras que rodean el Templo del Monte se bañen en sangre con frecuencia?

En el otoño de 1996, a fin de contribuir a la celebración de los tres mil años de fundada la ciudad de Jerusalén, los israelíes permitieron a los visitantes transitar a través de un túnel de 450 yardas que corre paralelo al Muro Occidental. El túnel no era una nueva excavación, sino una ruta que data de la época de los macabeos en el siglo tercero a.C. y que también se usó en tiempos de Herodes el Grande.

Los musulmanes reaccionaron con grandes protestas y chillidos histéricos. La prensa recogió la noticia y muy a menudo dejó la impresión de que los israelíes habían estado haciendo el túnel debajo de los sitios sagrados islámicos. Nada puede estar más lejos de la verdad, pero nunca lo sabría por los reportajes noticiosos.

La pelea se inició entre palestinos e israelíes, y antes que terminara la semana, más de setenta personas habían muerto. Se denunció fuertemente a Israel por todo el mundo.

El *Washington Post* reportó que «no debe sorprender a nadie que se desataran violentas pasiones provocadas por la acción de Israel en el terreno bajo el Domo de la Roca y la Mezquita al-Aqsa». Los comentaristas de la Radio Pública Nacional expresaron que los palestinos alegaban que «el proyecto amenaza la estabilidad de la mezquita Al Aqsa».[26]

La verdad es que los musulmanes no se sintieron tan amenazados por el túnel construido hace siglos, como por el hecho de que los judíos estuvieran visitando su lugar sagrado. «En el túnel», informa un sitio islámico en la Internet:

ellos tienen una pantalla electrónica que explica los principales elementos de la ciudad según la visión de la Biblia, sugiriendo que la ciudad es judía, incluyendo todos los edificios, los mercados y el «Templo». En ese cuadro no hay constancia de ningún lugar sagrado islámico y eso incluye la mezquita Al Aqsa, lo que refleja claramente los planes reales de destruir la mezquita al-Aqsa y construir en su lugar el «Templo».[27]

Pese a lo frenéticos que se pusieron los musulmanes respecto de los judíos y su túnel en el Muro Occidental, nadie ha dicho una palabra sobre la reciente excavación musulmana debajo del Templo del Monte. El Waqf, administrador del Templo del Monte, solicitó y recibió un permiso para abrir una salida de emergencia en la nueva mezquita construida en las Columnas de Salomón. Ellos están construyendo una tercera mezquita en el Templo del Monte. Para edificar esta estructura, excavaron un hueco de 60 metros de longitud por 25 metros de ancho. Por primera vez desde 1967, una flota de excavadoras y camiones entró a trabajar en el monte y sacaron seis mil toneladas de tierra. Alarmados por la caprichosa excavación, funcionarios israelíes de la Autoridad sobre Antigüedades investigaron y encontraron objetos de las épocas del primero y segundo templo entre la tierra desechada, tirados sin ningún respeto en el canal del Río Cedrón.[28]

Cuando tres judíos protestaron contra la construcción ilegal de la Waqf en el monte, ciento cincuenta árabes los atacaron y destruyeron los parabrisas de los carros de los judíos que protestaban. Pero la conducta islámica no es de sorprender cuando se considera que están tratando de demostrar que los judíos no tienen conexión alguna con el Templo del Monte.

En otro incidente, una residente del barrio judío fue arrestada en el Templo del Monte cuando subió a caminar en las áreas autorizadas por la ley judía. Cuando se sentó en un banco y cerró sus ojos, la policía del Waqf la acosó y la interrogó. Cuando dijo que era alumna de la Universidad Hebrea y que estudiaba el período del segundo templo, la policía árabe le respondió: «¿Cree usted realmente que existió un segundo templo? ¡Ustedes planifican destruir el domo [de la Roca] y construir el Segundo Templo!»

Los oficiales del Waqf la entregaron a un destacamento de la policía israelí de la Ciudad Vieja, donde la retuvieron y la interrogaron por cuatro horas. Durante el interrogatorio, un policía israelí le dijo que había sido acusada por el delito de «orar en el Templo del Monte». ¿Su sentencia? Se le prohibió volver al Templo del Monte y se le exigió reportarse a la policía cada dos días hasta que abandonara el país o de lo contrario se arriesgaba a pagar una multa de 4.000 shekels.[29]

El templo volverá a erigirse en el Monte Moriah

Muchos judíos ven un cuadro vívido del futuro del Templo del Monte en Isaías 2. 1-5:

Lo que vio Isaías hijo de Amoz acerca de Judá y de Jerusalén. Acontecerá en lo postrero de los tiempos, que será confirmado el monte de la casa de Jehová como cabeza de los montes, y será exaltado sobre los collados, y correrán a él todas las naciones. Y vendrán muchos pueblos, y dirán: Venid, y subamos al monte de Jehová, a la casa del Dios de Jacob; y nos enseñará sus caminos, y caminaremos por sus sendas. Porque de Sion saldrá la ley, y de Jerusalén la palabra de Jehová. Y juzgará entre las naciones, y reprenderá a muchos pueblos; y volverán sus espadas en rejas de arado, y sus lanzas en hoces; no alzará espada nación contra nación, ni se adiestrarán más para la guerra. Venid, oh casa de Jacob, y caminaremos a la luz de Jehová.

Muchos judíos modernos esperan caminar a la luz del Señor en su Templo del Monte. En la internet encontré un sitio que mantiene Gershon Salomon, un judío secular que espera seriamente la reconstrucción del templo. He aquí sus palabras:

> Ahora estamos viviendo en Israel los estimulantes y proféticos tiempos finales. Dios se mueve en medio del pueblo de Israel para redimir a la gente y la tierra de Israel, y para reconstruir su casa en el Monte Moriah en Jerusalén. Creemos que Mashiach ben David (el Mesías) está próximo a llegar. Asimismo, estos son tiempos muy críticos, que serán seguidos de problemas y acontecimientos difíciles. Un importante resultado de estos tiempos es que los preparativos para la reconstrucción del Templo y la adoración en él continúan a toda velocidad.[30]

No se equivoque, el templo se levantará otra vez sobre el Templo del Monte. Y ese hecho entraña una pregunta: ¿Se deben destruir las mezquitas musulmanas antes que el templo pueda construirse? Aunque nadie da la respuesta, existen varias posibilidades.

¿Dónde estaba el Templo originalmente?

Para reconstruir el templo, los judíos deben primero determinar exactamente dónde estaban los templos anteriores. Las Escrituras indican que el sitio para el templo fue designado por orden divina (Génesis 22.2, Éxodo 15.17; 2 Samuel 24.18; 1 Crónicas 21.18), de modo que los constructores no pueden escoger arbitrariamente el sitio que les plazca.

El Lugar Santísimo de cada uno de los templos anteriores se construyó con una piedra conocida como *Even ha-Shetiyah,* o piedra de ángulo. Debido a que fue sobre esta piedra que descansó el arca del pacto y la gloria shekiná descendió (1 Reyes 8) , partió (Ezequiel 8.4; 11:23) y prometió regresar (Ezequiel 43.1-7) no puede substituirse por otro lugar.[31]

El problema está en localizar la piedra de ángulo. El Templo del Monte ha existido a través de los siglos, pero su superficie ha cambiado y su profundidad arqueológica ha sido inexplorada debido mayormente a tensiones entre los israelíes y los musulmanes.

Una teoría coloca el templo original en la esquina sudoccidental de la plataforma del Templo del Monte, cerca de la actual mezquita al-Aqsa. El arquitecto de Tel-Aviv, Tuvia Sagiv, cooperó con una firma israelí que hace trabajos de inspección aérea infrarroja. En las fotos tomadas vio gruesas líneas subterráneas debajo del Domo de la Roca y la mezquita al sur. Él cree que el templo romano de Adriano dedicado a Júpiter estuvo una vez en esta región meridional y sería lógico asumir que el emperador romano construyó su templo sobre las ruinas de la estructura judía.[32]

La mayoría de los arqueólogos israelíes creen que el Domo de la Roca se encuentra directamente sobre las ruinas del templo de Salomón y que la roca bajo el domo es, en realidad, la piedra del ángulo.s

El arqueólogo Leen Ritmeyer cree que el cimiento, las zanjas y paredes del Lugar Santísimio son discernibles. Su opinión es la que más se sostiene y la más peligrosa. A fin de reconstruir el templo judío, el Domo de la Roca tendría que destruirse. Nadie puede imaginar que eso ocurra sin enfrascarse en una sangrienta guerra con las naciones árabes.

Otra escuela de pensamiento, sin embargo, coloca el templo original en una extensa área abierta al norte del Domo de la Roca islá-

Lugar donde se podría construir el Tercer Templo

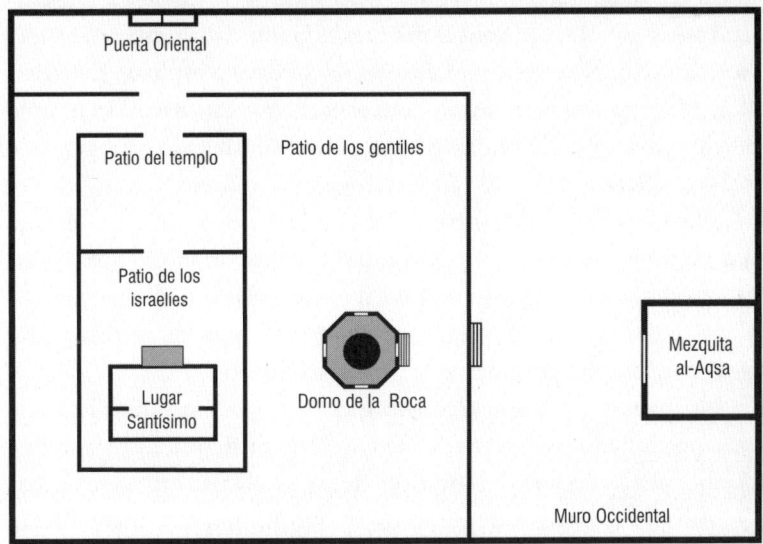

Puerta Oriental

Patio del templo

Patio de los gentiles

Patio de los israelíes

Lugar Santísimo

Domo de la Roca

Mezquita al-Aqsa

Muro Occidental

mico. Según varias fuentes, incluyendo la Biblia, el Torá Mishnah, Josefo y el Talmud, las cinco puertas del templo aparecen en línea recta opuestas a la Puerta Oriental o Dorada.

El Torá Mishnah, por ejemplo, declara que el sacerdote debe sacrificar la novilla roja (usado para purificar lo sucio, de modo que el pueblo pueda entrar al templo) sobre el Monte de los Olivos, directamente opuesto a la Puerta Oriental. Desde esta posición, el sacerdote podría mirar sobre la Puerta Oriental y a través de las cinco puertas del templo y ver el velo rodeando el Lugar Santísimo. Nada de esto sería posible a menos que el templo esté ubicado directamente opuesto a la Puerta Oriental y no situado en el centro del Templo del Monte.[33]

Asher Kauffman, Ph.D., fue el primero en proponer esta teoría. El trazó el mapa del primer y el segundo templo, con la roca bajo el actual Domo de los Espíritus marcando el Lugar Santísimo. En una ocasión escuchó del predicador americano David Lewis, quien citaba Apocalipsis 11: «Entonces me fue dada una caña semejante a una vara de medir, y se me dijo: Levántate, y mide el templo de Dios, y el altar, y a los que adoran en él. Pero el patio que está fuera del templo déjalo aparte, y no lo midas, porque ha sido entregado a los gentiles; y ellos hollarán la ciudad santa cuarenta y dos meses». (vv. 1-2)[34]

¿Puede ver el posible panorama? Por algún milagro, quizás hecho por el propio anticristo, la paz podría lograrse de modo que los judíos pudieran construir su templo al norte de las actuales mezquitas. Y los «gentiles» o árabes, estarían hollándolo por los primeros tres años y medio del período de la Tribulación.

No puedo ser dogmático sobre esto, pero creo que existe una gran posibilidad y se acomoda a la Escritura profética. Es totalmente posible que la llegada del «hombre de paz», el falso cristo, sea capaz de realizar tal milagro de diplomacia. Las naciones se maravillarán de su genio, su diplomacia y su habilidad para hacer la paz.

El tiempo lo dirá.

Cuatro

El origen de la batalla

> Dios envió diez medidas de sufrimiento sobre el mundo. Nueve de ellas cayeron sobre Jerusalén.
>
> *Proverbio hebreo[1]*

> La neblina que desciende sobre Jerusalén es un remedio para toda enfermedad pues viene de los jardines del Paraíso.
>
> *Pasaje de Hadith, los dichos del profeta Mahoma[2]s*

No sé si alguna vez ha peleado con sus hermanos, pero cada vez que mis hermanos y yo teníamos una riña mi madre venía al cuarto y quería conocer la raíz del problema. Nos decía: «Comienza por el principio», y nos veíamos forzados a explicar quien hizo qué antes de que los puños entraran en acción.

Hacer que judíos y árabes se sienten para tener una conversación tipo «volvamos al principio», no es tan sencillo. Las raíces de su lucha se remontan a más generaciones de las que podemos contar. Su antigua rivalidad comenzó en tiempos de Abraham.

Abraham, padre de árabes y judíos

Abraham, hijo de Taré, vivió hasta la edad de setenta años en su nativo país de Caldea en la ciudad de Ur, una región pagana. Allí Dios le llamó a dejar su hogar, y Abraham obedeció: «Por fe Abraham, siendo llamado, obedeció para salir al lugar que había de recibir como herencia; y salió sin saber a dónde iba». (Hebreos 11.8)

Para honrar a Abraham por su fe y obediencia, Dios envió un ángel para decirle que él sería el padre de una gran nación: «Luego vino a él palabra de Jehová, diciendo: No te heredará éste, sino un hijo tuyo será el que te heredará. Y lo llevó fuera, y le dijo: Mira ahora los cielos, y cuenta las estrellas, si las puedes contar. Y le dijo: Así será tu descendencia». (Génesis 15. 4-5)

Abraham estaba un poco más que solo sorprendido ante esta revelación porque su esposa, Sara, había ya pasado la menopausia y nunca había tenido un hijo. Sara, tratando de ayudar a Dios un poquito, le pidió a Abraham que visitara la carpa de su sirvienta egipcia, Agar, y tuviera un hijo con ella; una práctica usual en aquellos días. Y en efecto Abraham dijo: «Sara, eso me suena a la voluntad de Dios para mí. ¡No hay problema!»

Así, pues, Abraham durmió con Agar y nació Ismael. Más tarde, tal como Dios le había predicho, Sara concibió y dio a luz un bebé milagroso, Isaac, cuyo nombre significa «hijo de la risa».

Y ahí tiene la raíz del problema: el pueblo de Israel, los judíos, descienden de Isaac; los árabes, descienden de Ismael.

Isaac fue el hijo de la promesa, un milagro enviado por Dios. Ismael fue el hijo del intento de Abraham de cumplir la promesa de Dios a través de su propio esfuerzo.

Nótese lo que el ángel del Señor le dijo a Agar acerca de su hijo:

Y le dijo: Agar, sierva de Sarai, ¿de dónde vienes tú, y a dónde vas? Y ella respondió: Huyo de delante de Sarai mi señora. Y le dijo el ángel de Jehová: Vuélvete a tu señora, y ponte sumisa bajo su mano. Le dijo también el ángel de Jehová: Multiplicaré tanto tu descendencia, que no podrá ser contada a causa de la multitud. Además le dijo el ángel de Jehová: He aquí que has concebido, y darás a luz un hijo, y llamarás su nombre Ismael, porque Jehová ha oído tu aflicción. Y él será hombre fiero; su mano será contra todos, y la mano de todos contra él, y delante de todos sus hermanos habitará. (Génesis 16: 8-12)

La Nueva Versión Internacional lo dice de esta manera: «Será un hombre indómito como asno salvaje. Luchará contra todos, y todos lucharán contra él; y vivirá en conflicto con todos sus hermanos». (Génesis 16.12)

Nótese que el ángel del Señor —quien muchos eruditos bíblicos creen que era Jesús mismo— menciona que su hijo vivirá en la presencia de sus hermanos, plural. Puesto que solo tendría un hermano, Isaac, esto es un claro mensaje profético sobre la descendencia de Ismael. Y los árabes han estado viviendo en pugna con los judíos desde la época del nacimiento de Ismael.

La verdad de esa profecía está presente en un proverbio árabe que hoy día se usa con frecuencia: «Yo contra mis hermanos; yo y mis hermanos contra mis primos; yo y mis primos contra el mundo».[3]

Dios honró a Ismael. Él le prometió que sería prolífico, el padre de doce gobernantes y una gran nación. Pero en su soberanía, Dios hizo un pacto con Isaac, el hijo de la promesa. El título de la tierra prometida de Israel pasó de Abraham a Isaac y de este a Jacob.

Puede imaginarse que en la familia de Abraham hubo más que una simple competencia. Esta rivalidad sigue existiendo hoy día pero en mayor escala.

En agosto de 1929, antes de la formación del Estado de Israel, un grupo de judíos seculares fue al Muro de los Lamentos y levantaron una bandera sionista azul y blanca. Antes de retirarse, cantaron el himno nacional sionista «Hatikvah».

Al día siguiente, unos musulmanes visitaron el mismo muro en son de protesta y golpearon a los judíos que adoraban allí. El viernes siguiente, miles de musulmanes invadieron las calles de la Ciudad Vieja. Testigos oculares informaron que los jóvenes gritaban: «¡Oh judíos, la fe de Mahoma se cumple con la espada!» Con garrotes y cuchillos los musulmanes asaltaron a los judíos en la ciudad y en una hora los judíos estaban bajo ataque en todo Jerusalén. Para cuando terminaron los ataques, una semana y media después, habían muerto 133 judíos y 116 árabes.[4]

Gershom Gorenberg escribe:

> Las narraciones coinciden. Dos grupos nacionales estaban luchando por un lote de tierra. Incapaces de resolver aquel conflicto, los británicos se fueron de Palestina en 1948 y los árabes y los judíos continuaron luchando hasta que, en el último cuarto de siglo, comenzaron a entregar algunas porciones de sus sueños a cambio de cierta medida de paz, a pesar de su fragilidad. Se puede decir que el 1929 marca la fecha cuando la disputa se convirtió en guerra.[5]

El héroe israelí David Ben Gurión escribió: «No hay solución. Nosotros queremos que el país sea nuestro. Ellos quieren que el país sea suyo».[6]

Dos religiones diferentes

El conflicto entre árabes y judíos va más allá de las disputas sobre las tierras de Palestina. El conflicto es teológico. Es judaísmo contra islamismo, y la teología islámica insiste en que el islam triunfa sobre todo lo demás. Por eso es que, cuando usted visita una ciudad árabe, verá que la torre de la oración islámica es el punto más alto de la región.

Los árabes creen que Jesús, Moisés y David, y varios otros hebreos, fueron profetas; sin embargo, Mahoma fue el más grande de los profetas. Aunque los musulmanes tienen reverencia por la Biblia, incluyendo el Torá, los Salmos y los Evangelios, sostienen que el Quran (el Corán) es la palabra verdadera y absoluta de Dios, revelada por medio del ángel Jibraeel (Gabriel) a Mahoma. Los musulmanes creen que Alá es Dios, que no tiene padre ni madre y que no tiene hijos.

No se confunda creyendo que Alá es sencillamente otro nombre para el mismo Dios adorado por cristianos y judíos. Alá es el dios luna, casado con la diosa sol, representado por la luna creciente que es visible en toda mezquita en el mundo musulmán. Los musulmanes ridiculizan al santo Dios de Israel, diciendo que Él está «sediento de sangre, es débil de mente, cruel y avaro. Se complace con la falsedad y el engaño, además de locuaz y amante apasionado de los largos discursos».[7]

Tampoco debe creer que los árabes toman la religión de una manera tan calmada como la mayoría de la gente de Occidente. La religión es el centro de la vida de un árabe. «Cualquier actividad, pensamiento, costumbre y sentimiento están regulados por las leyes del islam», escribe Ramón Bennett, «el que es creído sin cuestionamiento por mentes que ofrecen lealtad sin compromiso. En esto los musulmanes están en "marcado contraste con quienes profesan otras religiones"».[8]

Los musulmanes son tan devotos que no toleran ninguna crítica a su religión. ¿Recuerda a Salman Rushdie? En 1989 su novela *Versos satánicos*, basada en versos que Mahoma supuestamente recibió del diablo, tuvo como consecuencia su sentencia de muerte. El novelista se vio forzado a esconderse cuando el Ayatola Khomeini de Irán ofreció una recompensa de $3 millones a cualquiera que matara al escritor.[9] En 1994 la escritora Taaslima Nasrin, sugirió una revisión del Corán. El líder islámico local anunció una recompensa de $2.500 a cualquiera que pudiera matarla.[10]

Entienda esto: no importa lo que los árabes digan sobre la paz, su religión exige que derroten a cristianos y judíos. El islam proclama una teología de triunfalismo. Dicho de manera sencilla: los musulmanes creen que la voluntad de Alá para el islam es que gobierne al mundo.

La ley islámica estipula que para realizar la tarea de Mahoma, todo «dominio infiel» debe considerarse territorio de guerra. Según Moris Farhi, autor de *The Last of Days* [Los últimos días], los musulmanes creen que no puede haber paz ni con los judíos ni con los cristianos ni con ningún otro pueblo no islámico, y que si debe hacerse la paz, solo será una tregua y «por un máximo de diez años como un recurso para afilar nuestras espadas, estimular nuestra sangre y fortalecer nuestra voluntad».[11] Mahoma hizo de la violencia física una invisible, aunque integral, parte de esa fe.

La teología islámica se resume en una condición: los árabes fundamentalistas deben destruir a los judíos y gobernar Israel, o Mahoma es un falso profeta y el Corán no es verdad. ¡Tal pensamiento es inconcebible! Por esa razón, los árabes fundamentalistas, que son la mayoría, deben atacar a Israel y a los judíos para ser leales a sus profetas. La estrategia del Jihad islámico es tan simple como satánica: «Mata tantos judíos que eventualmente abandonen Palestina».[12]

En su libro *Philistine* [Filisteo], Ramón Bennett dice:

Para que los líderes y los legisladores comprendan a cabalidad el peligro que el islam representa tanto para Israel como para Occidente y para que se motiven a tomar acción, necesitan saber algo sobre el asunto. *El islam es la antítesis del cristianismo bíblico.* El cristianismo aboga por el amor y la compasión hacia Dios y el prójimo. El islam promueve el odio y la crueldad... una crueldad diabólica. La ejecución, la crucifixión, la amputación de manos, pies y lengua, además de sacar los ojos son partes de la «sumisión a la voluntad de Alá».[13]

El fallecido Imam Hasan al-Bana del movimiento de resistencia islámica, Hamas, resumió tan bien esta filosofía que su declaración fue incluida en el pacto del islam: «Israel existirá y continuará existiendo hasta que el islam lo destruya, así como antes otros fueron destruidos».[14]

¿Quiénes son los palestinos?

La mayoría de los árabes, aunque ciertamente no todos, son musulmanes que se mantienen en la fe islámica. Jordania, Siria, Iraq, Irán, Arabia Saudita y Egipto figuran entre las principales naciones árabes e islámicas.

Entonces, ¿quiénes son exactamente los palestinos y por qué intentan hacer guerra contra Israel? Son árabes a merced del liderato árabe y los usan como peones en el viejo conflicto entre el pueblo escogido de Dios y sus primos.

Joseph Farah, quien se describe a sí mismo como un «periodista árabe-americano que ha pasado algún tiempo en el Oriente Medio esquivando más piedras y casquillos de bala que lo que me corresponde», dice que los reclamos palestinos por una patria, la guerra en Israel y los gritos musulmanes por el dominio de los lugares santos son «excusas tontas para el motín, la creación de problemas y la obtención de tierras».[15]

Farah señala que antes de la guerra árabe-israelí de 1967 no existía un movimiento serio en favor de una patria palestina. Los israelíes conquistaron el Margen Occidental y la Antigua Jerusalén en esa guerra, pero esas tierras se tomaron del rey jordano Hussein, no de Yasser Arafat.

Farah escribe:

La verdad es que Palestina no es más real que la tierra de «Nunca jamás». La primera vez que el nombre se usó fue en el año 70 d.C. cuando los romanos cometieron genocidio contra los judíos, destrozaron el templo y declararon que la nación de Israel no existiría más. Desde entonces los romanos prometieron que sería conocida como Palestina. El nombre deriva de los filisteos, un pueblo de gigantes conquistado siglos atrás por los judíos. Fue una manera de que los romanos añadieran insulto a la injuria.[16]

Farah enfatiza que no existe una lengua conocida como palestina, ni hay una cultura palestina propiamente dicha, y nunca ha existido una tierra conocida por Palestina gobernada por palestinos. Los palestinos son árabes, dice él, «que no se diferencian de los jordanos, sirios, libaneses, iraquíes, etc. Téngase en cuenta que los árabes dominan el 99.9% de las tierras del Oriente Medio e Israel representa una décima del 1% de esa masa de tierra».

«Pero eso es demasiado para los árabes. Ellos lo quieren todo. Y eso es, a fin de cuentas, la razón del actual conflicto en Israel. Codicia. Orgullo. Envidia. Avaricia. No importa cuantas concesiones de tierra hagan los israelíes, nunca será suficiente».[17]

¿Y qué de los lugares sagrados del islam? Farah nos recuerda que la mezquita al-Aqsa y el Domo de la Roca sobre el Templo del Monte representan el tercer lugar más sagrado del islam, sin embargo, el Corán no dice nada sobre Jerusalén. La Meca es la ciudad sagrada del Corán. Medina se menciona en innumerables ocasiones, pero no así Jerusalén, y no hay evidencia histórica que sugiera que Mahoma haya visitado la ciudad santa de los judíos.

Entonces, ¿por qué están los palestinos tan interesados en conservar su mezquita en el Templo del Monte? Los musulmanes citan un pasaje ambiguo del capítulo diecisiete del Corán, titulado «The Night Journey» [La jornada nocturna]. El texto relata que en un sueño o visión Mahoma fue llevado de noche «del templo sagrado al Templo que es más remoto, cuyo precinto hemos bendecido, para que podamos mostrarle nuestras señales». Hace siglos, algunos musulmanes decidieron que los dos templos mencionados tenían que estar en la Meca y en Jerusalén, aunque Jerusalén no tenía ninguna mezquita islámica en esa época.

Farah añade: «Y esa es la conexión más cercana del islam con Jerusalén: mito, fantasía, ilusiones. Mientras tanto, los judíos pueden seguir el rastro de sus raíces en Jerusalén hasta los días de Abraham».[18]

¡Mahoma no pudo haber tenido en mente la mezquita al-Aqsa cuando escribió sobre la mezquita más lejana porque esta no existió hasta generaciones posteriores a su muerte! Es más, Mahoma nunca consideró a Jerusalén como ciudad sagrada. Cuando él trató de alentar a los judíos para que lo aceptaran como profeta, guardó el sábado judío y otras leyes, incluyendo la oración mirando hacia Jerusalén. Pero cuando se hizo evidente que los judíos no se convertirían, el iracundo profeta cambió la dirección de los rezos, volviendo la espalda a Jerusalén, y en su lugar, mirando hacia la Meca. También canceló el sábado judío y escogió adorar el viernes.[19] Le prohibió rotundamente a sus seguidores que oraran mirando hacia Jerusalén y emitió esta prohibición el 12 de febrero del año 624.[20]

Pero a los palestinos les gustaría borrar esos hechos de la historia. En un folleto oficial para turistas que visitan la mezquita al-Aqsa, las autoridades musulmanas escriben: «La belleza y tranquilidad de la Mezquita al-Aqsa en Jerusalén atrae a miles de visitantes cada año. Algunos creen que este era el sitio del Templo de Salomón, la paz sea sobre él, ... o el lugar del Segundo Templo... aunque no existe ninguna evidencia histórica o arqueológica documentada que apoye esto».[21]

Cuando se le preguntó a Nabil Shaath, el principal negociador de Arafat, si reconocía el antiguo vínculo histórico judío con el Templo del Monte este contestó: «Puedo reconocer que ustedes tienen sus creencias, pero no tengo que compartirlas. Y no las comparto».[22]

En efecto, los palestinos afirman reiteradamente que los judíos no tienen conexión histórica con el Templo del Monte.

El «día de la ira»: 6 de octubre de 2000

El grupo islámico Hamas designó el 6 de octubre de 2000 como uno de los muchos «días de ira» contra Israel y pese a las conversaciones de paz, la pelea ardía en varios frentes. Los palestinos prometieron liberar a Jerusalén de los «infieles» judíos, y el Primer Ministro Ehud Barak habló por primera vez en términos de guerra.

«Con la misma determinación que tuvimos para no dejar ni una piedra sin levantar para encontrar el camino a la paz», dijo a un reportero de la televisión israelí, «con la misma determinación… pelearemos y defenderemos a nuestros soldados y nuestros ciudadanos, aun si esto es contra todo el mundo».[23]

El día comenzó con relativa calma. La policía de Israel, en un esfuerzo por detener la violencia, retiró a sus hombres del Templo del Monte. Esta fue la primera vez que se recuerde que la policía dejó sin protección el área, con los musulmanes orando en la Mezquita al-Aqsa en lo alto del Templo del Monte y los judíos orando en el Muro de las Lamentaciones, abajo.

Las oraciones matutinas comenzaron sin incidentes, hasta que los activistas de la Organización para la Liberación de Palestina entraron en acción. El jeque Mohammed Ussein, el clérigo musulmán que pronunció su sermón diario por el amplificador, dijo a sus oyentes: «Ustedes son ahora los protectores de al-Aqsa. Los ocupantes se han marchado. No les den una excusa para que regresen».[24]

Pero tan pronto cesaron las oraciones también cesó la restricción. Cientos de jóvenes palestinos corrieron a las afueras del Monte y atacaron a la policía de abajo con una andanada de piedras y botellas. Los jóvenes hicieron retroceder a la policía cuando atacaron la rampa de la mezquita. En un momento determinado lanzaron una lata con gas lacrimógeno dentro del cuartel de la policía y cuando el personal israelí evacuó el local, los protestantes le prendieron fuego al edificio.[25]

El mismo día, en Nablus, unos pistoleros atacaron el puesto fronterizo de la tumba de José, controlada por israelíes. En la Franja de Gaza, pistoleros palestinos mantuvieron los ataques sobre el asentamiento Netzarim y sitiaron otros vecindarios judíos.

Mientras la violencia se difundía por todo Israel, Yasser Arafat apareció en Túnez, la capital de Tunicia, para buscar apoyo para los palestinos.

El líder palestino, Yasser Arafat

Yasser Arafat nació en 1929, hijo de un próspero comerciante y una madre religiosa. Su nombre de nacimiento fue Mahoma, pero pronto le pusieron el sobrenombre de Yasser, que significa «fácil». La madre de Arafat murió cuando este tenía solo cuatro años y su padre lo envió a vivir con un tío en Jerusalén.

Como un adolescente en la década de los cuarenta, Arafat se involucró en la causa palestina. Antes que los británicos salieran en el 1948, ya era un líder en el esfuerzo palestino de contrabandear armas al territorio.

Después de la guerra de 1948, Arafat estudió ingeniería civil en la Universidad del Cairo, pero su trabajo no tendría nada que ver con la ingeniería. Encabezó la Liga de Estudiantes Palestinos y pronto se comprometió con la idea de formar un grupo para liberar Palestina de la ocupación israelí. En 1956 fundó Al Fatah, una organización terrorista clandestina. En 1967, cuando los árabes perdieron la Franja de Gaza, los Altos de Golán y el Margen Occidental, las naciones árabes acudieron a Arafat, quizás poque en tiempos de desesperación se buscan medidas desesperadas. En 1968 se convirtió en el líder de la Organización para la Liberación de Palestina (OLP), posición que ha ocupado desde entonces.

Ariel Sharón ha dicho sobre Arafat: «No conozco a nadie que tenga en sus manos tanta sangre civil judía desde la época nazi como Arafat».[26]

La OLP tiene a su haber diversos logros de méritos dudosos:

- La mayor variedad de blancos terroristas: entre 1968 y 1980 la OLP cometió más de doscientas acciones terroristas graves en países o contra países a parte de Israel. Sus blancos fueron cuarenta aviones civiles de pasajeros, cinco barcos de pasajeros, treinta embajadas y objetivos económicos como depósitos y fábricas de combustible.[27]

- La peor explosión aérea: 21 de febrero de 1970. El Frente Popular para la Liberación de Palestina (FPLP) derribó un avión aérea suizo, matando a treinta y ocho pasajeros y nueve miembros de la tripulación.[28]

- La más extensa campaña terrorista: entre septiembre de 1967 y diciembre de 1980, la OLP llevó a cabo por lo menos trescientos ataques en veintiséis países. Total de víctimas: 813 muertos y 1.013 heridos.[29]

- El mayor número de rehenes retenidos de una vez: trescientos pasajeros fueron retenidos como rehenes en cuatro aviones secuestrados. La OLP exigió la liberación de terroristas presos en Inglaterra, Suiza y Alemania. El plan tuvo éxito.[30]

* El mayor número de muertos y heridos por una mina explosiva el 4 de julio de 1975. Quince israelíes murieron y ochenta y siete resultaron heridos por una bomba plantada por la OLP en la Plaza Sion de Jerusalén.[31]

* La organización terrorista más rica: aunque es imposible determinar la riqueza de la OLP, a principios de 1980 se sabía que tenía un ingreso anual de por lo menos ocho millones de libras esterlinas.[32]

Nunca olvidaré el secuestro del *Achille Lauro,* el crucero italiano tomado por palestinos el 7 de octubre de 1985. Miembros de la FPLP, pequeña guerrilla facción de la OLP, demandó la liberación de presos palestinos en Israel. Durante los dos días que duró este asalto, los secuestradores asesinaron y tiraron al mar a un pasajero judío-americano inválido, Leon Klinghoffer, de sesenta y nueve años. Los norteamericanos contemplaban horrorizados la historia por televisión.

Por más de veinte años la OLP lanzó sangrientos ataques a Israel, fortaleciendo la reputación de Arafat como un despiadado criminal. Pero para el 1988 se había vuelto amistoso ante el escenario internacional y comenzó a manejar a las Naciones Unidas con diplomacia. La OLP reconocería a Israel como estado soberano, dijo. Las Naciones Unidas lo llenaron de elogios, y animado por su aceptación, en 1993 convino reunirse con sus enemigos. Las conversaciones secretas en Noruega condujeron a los acuerdos de paz de Oslo con el Primer Ministro israelí Yitzhak Rabin. Este acuerdo le concedió a Palestina una autonomía limitada y además Arafat, Rabin y el Ministro de Relaciones Exteriores israelí Shimon Peres recibieron en

Israel hoy día

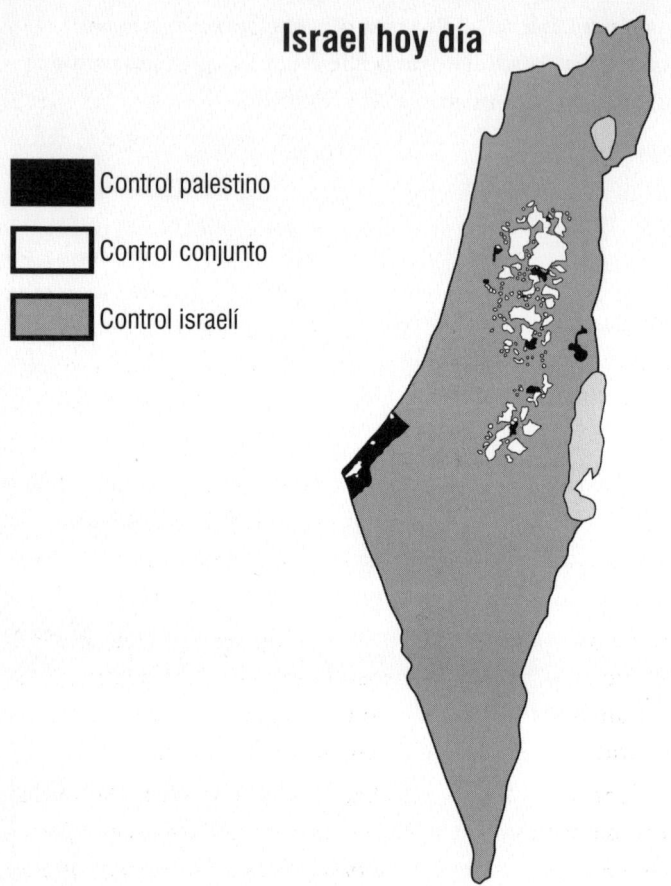

Control palestino

Control conjunto

Control israelí

1994 el Premio Nobel de la Paz.[33] Las conversaciones subsiguientes hicieron avanzar mucho más el proceso de paz, retirándose Israel de varias áreas y dejándolas bajo control palestino.

En los últimos años hemos visto varias pretensiones de paz: Arafat estrechándole la mano a Yitzhak Rabin en el Jardín Rosa de la Casa Blanca y Arafat firmando los acuerdos de Paz de Oslo de 1993 y el Memorándum de Wye River en octubre de 1998. En este documento Arafat y la Autoridad Árabe de Palestina prometieron combatir el terrorismo, confiscar armas de fuego ilegales, limitar el número de policías palestinos, impedir propaganda hostil y reformar la Carta de la OLP en respuesta al retiro de Israel de la ciudad de Hebrón en el Margen Occidental.[34]

Israel se retiró de Hebrón, pero la Autoridad Palestina no ha remediado ninguna de las citadas violaciones. Lo más aparatoso es el esfuerzo a medias por enmendar y repudiar públicamente la Carta Nacional Palestina, un documento que fue redactado hace treinta años y que declara que «la liberación de Palestina destruirá el sionismo y la presencia imperialista».[35]

En efecto, las palabras de Arafat demuestran que no tiene intención de modificar la Carta Palestina. Hasta la fecha, la OLP no ha anulado ninguna disposición de esta carta que convoca a la destrucción de Israel.

Newt Gingrich, dijo a la cadena CNN mientras viajaba en 1998: «Ningún funcionario palestino debería hablar de derramamiento de sangre o de amenazar con ella, pero todavía es rutina en esta región que la Autoridad Palestina incite, en efecto, la violencia».[36]

Pero mientras Gingrich hablaba, la televisión de la Autoridad Palestina presentaba una entrevista con Ahmed Tibi, asesor personal de Yasser Arafat. «Estamos aquí para declarar que somos los dueños de esta tierra», dijo. «Somos los verdaderos propietarios. Esta es nuestra historia y nunca nos doblegaremos».[37]

En el mismo programa aparecieron escenas de una manifestación en Ramallah, donde una multitud cantaba: «Palestina es árabe; Netanyahu Binyamin, nazi, hijo de Satán; toda la tierra es palestina». Otras tomas mostraban un escenario ocupado por Arafat, quien se unió a otro cántico: «Todo Jerusalén es árabe; la tierra entera es árabe».[38]

Pero los palestinos no dicen toda la verdad. Considere los siguientes hechos:

- Inmediatamente después de la unificación de Jerusalén, hecha por Israel en 1967, a los residentes árabes de la ciudad se les ofreció una ciudadanía israelí completa. La mayoría declinó aceptarla.

- Los que no aceptaron la ciudadanía mantuvieron el derecho de participar en elecciones municipales y gozar de todos los beneficios económicos, culturales y sociales ofrecidos a los ciudadanos israelíes, incluyendo fondos de salud, servicios de seguro social y membresía en la Federación Laboral de Israel.

- El derecho civil de los árabes palestinos de mantener sus instituciones humanitarias no políticas, educacionales y sociales, fue reiterado por Israel durante las negociaciones de paz.[39]

- Después de la unificación de Jerusalén, se le ofreció al olvidado sector jordano servicio básico de agua y sanidad, de modo que el nivel de vida de la zona árabe se elevó dramáticamente.

En resumen, Israel no ha dejado de ofrecer a cada ciudadano palestino iguales derechos que a los ciudadanos israelíes. Pero Yasser Arafat todavía no está satisfecho.

¿Qué quiere Arafat?

Los siguientes citas de la prensa dan un indicio de los objetivos inflexibles de Arafat:

La meta de nuestra lucha es la eliminación de Israel y no puede haber compromiso (Yasser Arafat, *Washington Post*, marzo 1970).[40]

Para nosotros, la paz significa la destrucción de Israel (Arafat, *El Mundo*, Caracas, Venezuela, febrero 1980).[41]

La jihad continúa... Ustedes tienen que comprender que nuestra batalla principal es Jerusalén... Esa no es su capital, es nuestra capital (Arafat, discurso en Johannesburg, Sudáfrica, mayo 1994).[42]

Vamos a continuar la revolución palestina hasta el último mártir, con el fin de crear un estado palestino (Arafat, discurso en Gaza, enero 1993).[43]

Juro por Alá.... que el pueblo palestino está preparado para sacrificar hasta el último niño y la última niña, de modo que la bandera de Palestina ondule sobre los muros, las iglesias y las mezquitas de Jerusalén (Arafat, *Jerusalem Post*, septiembre 1995).[44]

Lo que hemos presenciado en los territorios palestinos estos últimos días obliga a nuestros negociadores a elevar el nivel de las demandas en las negociaciones (Hani Al-Hassan, Comité Central de la OLP, 12 de octubre de 2000).[45]

¿Elevar el nivel de sus demandas? Ya hemos visto que Arafat y la OLP son los que no están dispuestos a un compromiso.

Como es islámico, Yasser Arafat desea la completa derrota de Israel. Como es palestino, desea todo el dominio de Jerusalén y la tierra de Israel.

En su libro *My Life* [Mi vida], la ex Primera Ministra israelí Golda Meir, escribió: «No dudado ni por un instante que el verdadero objetivo de los estados árabes siempre ha sido, y sigue siendo, la destrucción total del Estado de Israel o que aún si retrocediéramos a los límites anteriores a 1967 y fuéramos un pequeño enclave, ellos todavía tratarían de erradicarnos».[46]

Es importante que sepa sesto: en noviembre de 1947 la Asamblea General de las Naciones Unidas aprobó la Resolución 181 que proponía que la ciudad de Jerusalén fuese internacionalizada. Las naciones árabes rechazaron la resolución y pronto lanzaron una guerra contra Israel. Hoy día la Resolución 181 es nula e inválida pero Yasser Arafat quisiera resucitarla. Cuando escuche hablar de este tema, sepa que esta proposición nada tiene que ver con el logro de la paz. Y sí se relaciona con librar una guerra contra la propia existencia de Israel.

¿Qué otras tácticas está usando Arafat? Charles Krauthammer, reportero del *Washington Post*, esbozó la estrategia palestina:

- Usar la violencia para promover la presión internacional sobre Israel.

- Mantener movilizado a Israel, consumiendo sus recusos y agotando su voluntad.

- Sangrar a Israel como ocurrió en el Líbano, pero esta vez en los propios suburbios de Jerusalén y Tel Aviv.

- Forzar de esta manera a Jerusalén a volver a la mesa de negociaciones desde una posición mucho más débil.[47]

Krauthammer escribe: «Arafat no se opone a las negociaciones. Él solo se opone a las negociaciones donde no tiene el dominio. El objetivo de la violencia es ganar el dominio, forzar a Israel a demandar paz y entonces dictar los términos de un arreglo final».[48]

Israel se preocupa cuando sus soldados mueren. La teología islámica sostiene que los mártires en batalla van derecho al paraíso. Según la creencia islámica, al morir, los bombarderos suicidas y otros mártires son colocados en un camino envidiable hacia el cielo. El ya fallecido rey Ibn Sa'ud dijo a un invitado británico: «Ciertamente la palabra de Dios nos enseña, y nosotros creemos en ella implícitamente, que si un musulmán mata a un judío, o si muere a manos de este, ello le garantiza de inmediato la entrada al cielo y estar ante la augusta presencia de Dios Todopoderoso».[49]

Hoy día en el Templo del Monte, al pronunciarse el sermón del viernes, usted escuchará a los clérigos citando con frecuencia el siguiente versículo del Corán:

> Y mátalos dondequiera que los encuentres y sácalos de los lugares de donde te sacaron porque la persecución es peor que el asesinato. Y no los combatas en el Lugar Inviolable de la Adoración mientras no te ataquen ellos allí primero, pero si te atacan allí, entonces mátalos. Tal es la recompensa a los infieles. (Corán 2:191)

¿A qué clase de persecución se refiere este versículo? Los israelíes han recibido de buena gana a los árabes que desean vivir en medio de ellos y aceptan la ciudadanía. A nadie se le han negado sus derechos civiles.

Pero escuche como un clérigo musulmán define la *persecución*:

> La verdad es simple: Israel es tierra confiscada a los árabes y ellos están tratando de recuperarla... Los judíos e Israel son la razón para este interminable ciclo de violencia. Si los judíos tienen razones en la Biblia para obtener la tierra a las buenas o a las malas, entonces los musulmanes tienen el derecho a defenderse y recuperar, por cualquier medio, la tierra de la cual han sido desplazados.[50]

Con este criterio, escribe Louis Beres, Ph.D., el bombardero suicida musulmán «está peleando en defensa propia. Quemar, destripar o desmembrar a un judío es también aceptable y tiene un propósito porque "seguramente la persecución es mucho peor que la matanza". Con este criterio se revela la perspectiva autoritaria del árabe en el "proceso de paz"».[51]

¿Qué quieren los palestinos? Anote esto: quieren nada menos que la destrucción y la remoción de Israel. Y no se detendrán ante nada, aunque sea mintiendo y disimulando para obtenerlo.

Los Acuerdos de Oslo de 1993 obligaron a la OLP a abandonar la opción de guerra contra Israel. El acuerdo Gaza-Jericó de 1994 declaraba que la «Autoridad Palestina ... se abstendrá de incitar e incluso de la propaganda hostil» contra Israel.[52]

Sin embargo, pocos meses después de firmarse los acuerdos de Oslo, Israel abrió el túnel arqueológico cerca del Muro de los Lamentos y Arafat inmediatamente alegó que se había cometido un crimen contra los lugares sagrados islámicos. Al dar órdenes a la policía palestina de no impedir a las multitudes que atacaran «espontáneamente» a las tropas israelíes, Arafat declaró que Jerusalén será conquistada con sangre y fuego. Incitó a las turbas con estas incendiarias palabras: «Ellos pelearán por Alá, matarán y morirán, y este es un solemne juramento… Nuestra sangre vale poco en comparación con la causa que nos ha unido y que por momentos nos separa, pero pronto nos reuniremos otra vez en el cielo ... Palestina es nuestra tierra y Jerusalén nuestra capital».[53]

En 1996 la estación de radio La voz de Palestina puso al aire mensajes frecuentes invitando a los palestinos a salir a las calles y combatir al enemigo sionista. El líder religioso de las fuerzas policiales palestinas, el mutfi Abdel-Salam Abu Shukeidem, instó a sus soldados diciéndoles: «Nuestras bendiciones para ustedes, ustedes que pelean a las puertas del enemigo y tocan las puertas del cielo con su calavera en vuestras manos».[54]

Pero así como la visita de Ariel Sharón no provocó realmente los disturbios del otoño del año 2000, la apertura del túnel tampoco provocó realmente los disturbios del otoño de 1996. Seis semanas antes de abrir el túnel, el *New York Times* citó Arafat llamando a Israel un «demonio» e instando a los palestinos a usar «todos los medios» a su disposición para combatir a la nación judía.[55]

Entonces ¿qué desea Arafat? Las tres cosas que desea el líder palestino son de conocimiento público. Si tiene éxito en forzar a Israel a arrodillarse mediante negociaciones o a forzar un arreglo a través de un intermediario como las Naciones Unidas, él pedirá a Jerusalén, una devolución de la tierra hasta los límites fijados por la comisión de la ONU en 1947 para la partición de Palestina y permiso para que los descendientes de los refugiados palestinos regresen a sus hogares originales.

¿Sabe usted lo que ese llamado regreso de los refugiados significaría para la nación de Israel? Si a una población de poco menos de cinco millones mayormente ciudadanos judíos, se le añaden de tres a cinco millones de árabes esto podría significar el fin de Israel como estado judío.

Pero no creo que Israel se rinda. No creo que la nación abandone la tierra que le fue concedida por medio de un hecho antiguo y sagrado. Creo que Israel será atacado y que sufrirá, pero en su momento perfecto, la fuerte y poderosa mano de Dios salvará la nación.

Pronunciamientos públicos de la OLP

Los textos escolares de la OLP continuamente injurian al pueblo judío. La Guía para Maestros de la OLP dice: «El estudiante debe aprender [que] la superioridad racial es el corazón del sionismo, el fascismo y el nazismo». Entre los «valores importantes» que deben enseñarse figura esto: «Odio al ladrón extranjero [Israel] que destruyó la Patria y dispersó su pueblo».[56]

Pongan atención al muy citado Arafat y otros líderes palestinos:

En mayo de 1993, poco después de haber firmado el primer Acuerdo de Oslo, Faisal Husseini dijo a su auditorio árabe: «Todo lo que ustedes ven y oyen hoy tiene razones tácticas y estratégicas. Nosotros no hemos abandonado el fusil. Todavía tenemos pandillas armadas en las áreas y si no obtenemos nuestro estado, las sacaremos del clóset y pelearemos otra vez».[57]

El 15 de noviembre de 1998, solo unas cuantas semanas después del Acuerdo de Wye River, Arafat se dirigió a una concentración en Ramallah:

Nuestros fusiles están listos y nosotros estamos listos para alzarlos otra vez si alguien trata de impedirnos que oremos en la santa Jerusalén … Existen acuerdos y es mejor que los cumplan, porque «los generales de las piedras [sediciosos de la intifada] están listos… Por cien años hemos enfrentado este enorme poder global [sionismo] y nuestro pueblo está aún firme en Jerusalén».[58]

En marzo de 1996, luego de una cumbre antiterrorista encaminada a manifestar un rechazo a la violencia de los palestinos, Nabil Shaat, ministro de planificación de Arafat, dijo:

Pero cuando Israel diga: «Eso es todo, nosotros no hablaremos sobre Jerusalén, no devolveremos refugiados, no desmantelaremos asentamientos y no nos retiraremos de los límites», entonces volverán todos los actos de violencia. Salvo que esta vez tendremos 30.000 soldados palestinos armados que operarán en áreas en la que tenemos elementos de libertad sin precedentes».[59]

En un discurso por radio en noviembre de 1995 Arafat dijo: «La lucha continuará hasta que toda Palestina sea liberada». En 1996 dijo a un grupo de embajadores árabes que la OLP tenía planes de

«eliminar el estado de Israel [haciéndole] la vida imposible a los judíos».

Y continuó:

Nosotros los palestinos tomaremos todo, incluyendo a Jerusalén …
Nosotros en la OLP concentraremos ahora todos nuestros esfuerzos en dividir sicológicamente a Israel en dos campos. Dentro de
cinco años tendremos seis o siete millones de árabes viviendo en el
Margen Occidental y en Jerusalén … importaremos toda clase de
árabes … Entiendan que planificamos eliminar el estado de Israel y
establecer un estado puramente palestino … No tengo nada que
hacer con los judíos; ellos son y serán judíos. Ahora necesitamos
toda la ayuda que podamos obtener de ustedes en nuestra batalla
por una Palestina unida bajo control total árabe-musulmán.[60]

¿Puede palpar el odio detrás de las palabras? Arafat y otros como
él odian a Israel porque su pueblo «es y seguirá siendo judío». La
enemistad va mucho más allá del conflicto israelí-palestino por la
tierra. Todo esto se remonta hasta Abraham, cuando dos hermanos
rivalizaban por la atención de su padre. En la raíz de esta rivalidad
reside el simple pecado humano de la envidia; los judíos, descendientes de Isaac, son el pueblo escogido de Dios. Los árabes, aunque
bendecidos por Dios, no son el pueblo de la promesa. Como gentil
norteamericano, tampoco formo parte del pueblo escogido, pero
respeto la soberanía de Dios y estoy contento de bendecir a los judíos.

Pero el celo de los árabes hacia los judíos continúa. Un artículo
publicado en noviembre del 2000 cita las palabras finales del sermón de un clérigo musulmán en Jerusalén: «Digan. ¡Oh tú que eres
judío! Si sostienes que eres favorecido por Alá por encima de [toda]
la humanidad, entonces espera la MUERTE si eres veraz».[61]

En septiembre de 1996 Arafat anunció:

Estamos dispuestos a morir como mártires hasta que nuestra bandera ondule sobre Jerusalén. Nadie debe creer que pueden atemorizarnos con armas. Nosotrros tenemos armas mucho más fuertes, el arma de la creencia, el arma del sacrificio, el arma de la jihad… Continuaremos la jihad, la larga jihad, una jihad compleja, una jihad de fricción, de muerte santa. La lucha armada es nuestra única vía a la victoria. El camino a la gloria, el camino de la jihad.

Un mes más tarde decía: «Solo conocemos una palabra: jihad, jihad, jihad … Tenemos ante nosotros una larga lucha. Hago un llamado a cada uno de ustedes a traer a este mundo por lo menos doce muchachos y darme diez de ellos a fin de continuar la lucha».[62]

El 1 de julio de 1998, la televisión oficial palestina transmitió un discurso de Arafat: «La batalla por Jerusalén es una batalla de vida o muerte, vida o muerte, vida o muerte».

El 14 de mayo de 1998, Arafat dirigió en un cántico a unos palestinos que marchaban: «¡Con nuestra alma y nuestra sangre te redimiremos, oh Palestina!»

Este mensaje, del 16 de abril de 1998, marcó el décimo aniversario del asesinato del líder de la OLP, Abu Jihad: «Mis colegas en la lucha y en las armas, mis colegas en la lucha y en la jihad … Intensifiquen la revolución y la bendita intifada. Refuercen la vigorosa postura y fortalezcan la fe. Debemos quemar la tierra bajo los pies de los invasores».[63]

La televisión palestina continuamente ataca a Israel, refiriéndose a ciudades en áreas disputadas como «colonias» y «asentamientos» o como «ciudades de la ocupada Palestina». Se cita al Estado de Israel con nombres que indican una total falta de voluntad para reconocerlo, tales como: «entidad sionista», «el enemigo sionista», «la ocupación» y «el gobierno de Tel Aviv».[64]

Usted puede leer en la prensa, como lo he leído yo, que Arafat, el pacificador, no tiene el control de los terroristas en Jerusalén. ¡No lo crea! Cuando él emitió un ambiguo cese al fuego en septiembre de 1996, los soldados de la Autoridad Palestina inmediatamente dejaron de disparar y actuaron como una fuerza restrictiva para aplacar cualquier otro disturbio. Según la inteligencia militar israelí, Arafat está en pleno control de los disturbios actuales y ha dado luz verde a los actos terroristas a fin de lograr la meta de la guerra que él libra contra Israel.

Los oficiales de la inteligencia militar israelí observan que otro de los objetivos de Arafat es «equilibrar la cuenta de sangre con Israel». Las Fuerzas de Defensa de Israel lo tomaron por sorpresa con las respuestas que prepararon para la violencia palestina en el otoño de 2000 y ahora intenta infligir tantas bajas como sea posible a Israel para reducir «la diferencia de víctimas». En particular, señala un informe: «desea incrementar el número de niños israelíes muertos a fin de demostrarle a su pueblo que está vengando las muertes de los niños y adolescentes palestinos en la intifada».[65]

La violencia es parte vital del plan de Arafat. Él tiene la intención de matar, y entonces necesita que los israelíes lancen severas represalias, las que tendrán graves repercusiones en la arena internacional. Arafat *quiere* que las Naciones Unidas intervengan; *quiere* llamar la atención de otras naciones árabe-musulmanas. Arafat se ha convertido en un engañador experto y en este momento gran parte de los medios informativos mundiales lo pintan con colores favorables.

¿Podrán los negociadores lograr la paz?

La famosa exclamación del ex Primer Ministro israelí Yitzhak Shamir resuena hoy: «El mar es el mismo mar; los árabes son los mismos árabes».[66]

Créame, mi amigo: mientras sean los humanos los que negocien la paz de Jerusalén, la verdadera paz nunca llegará. El Templo del Monte se interpone. El credo del islam «conviértete o serás destruido» no lo permitirá.

Otro exprimer ministro israelí, Bibi Netanyahu, explica el porqué:

> Es importante entender que estamos hablando de dos culturas muy diferentes … Nosotros formamos parte de una cultura occidental, liberal y democrática, que respeta la libertad política y los derechos individuales. De la otra parte existe otra cultura y allí no puede haber paz al estilo de Occidente pues nuestros socios no son parte de la cultura occidental. Es imposible que exista una paz tibia … pero una paz fría es…. mejor que una paz caliente.[67]

En nuestra Iglesia Cornerstone, durante la celebración de anual de la «Noche para honrar a Israel», Netanyahu explicó que hay dos tipos de paz: la paz de las democracias y la paz de las dictaduras. La primera es una paz automática y subsiste por sí misma. El pueblo que se gobierna a sí mismo no quiere enviar sus niños a la guerra, así que existe un freno interno contra la agresión que se manifiesta en el electorado.

Pero las dictaduras no tienen electorado. Los dictadores practican la agresión contra su propio pueblo y sus vecinos. Puesto que no existen frenos internos contra la agresión, tiene que haber un freno externo. Y esto solo lo pueden proveer las democracias del mundo, que unidas en una liga de naciones, como la OTAN, tienen la *fuerza* para imponer la paz.[68]

Israel es la única democracia en el Oriente Medio y debe hacer la paz mediante negociaciones cuidadosas y una posición firme.

Israel debe tener un socio para la paz, y todavía los árabes no están dispuestos a ponerse de acuerdo con los israelíes. El pueblo de Israel ha establecido innumerables programas para reunir a los árabes e israelíes con el fin de cambiar la imagen que tienen los unos de los otros. He aquí una lista de ejemplos de los muchos programas establecidos por el pueblo judío:

- Puente para la Paz

- Puente al presente a través el estudio del pasado

- Escuela Comunidad de Diferencias

- Talleres vespertinos para niños judíos y árabes

- Cooperativa árabe-judía para limpiar el paisaje de Galilea

- Compañía de bailes árabe-judío

- Programas educativos para el aprendizaje de árabe, hebreo e inglés

- Más allá de las palabras: Cómo ampliar el diálogo en Israel a través de la danza y el movimiento como terapia

- Educación bilingüe en Israel

- Cómo construir un lenguaje común

- Calansuwa-Ramat Hasharon

- Actividades de acampar y supervivencia en el desierto combinados con actividades sociales para niños y jóvenes afectados física y emocionalmente del sector árabe

- Coexistencia y tolerancia: un enfoque educativo

- Empleo continuado de un terapista del habla árabe

- Diálogo: el nombre del juego
- Educación contra el racismo
- Encuentro para la paz
- Maestros en arad y kseife
- ERAN-Línea de emergencia en árabe (por sus siglas en inglés)
- Festival para creatividad local
- Apoyo general e informe del progreso anual
- Programas de verano «Buen vecino»
- Circo juvenil judeo-árabe
- Solo practique el «Shalom»
- Vivir en medio del conflicto
- Tocar música en la región galilea
- Reúnase con los vecinos
- La música como lenguaje para fomentar la coexistencia
- Movimiento escucha musulmán
- Cómo alcanzar a la mujer árabe
- Proyecto Escuela de Pares
- Adolescentes hablan de paz
- Tenis 2000
- El folclor del otro
- La imagen de Abraham
- Nos comunicamos a través del arte

- A través de la cámara
- Adiestramiento sobre la tolerancia para la policía fronteriza de Israel
- Cómo entendernos a nosotros mismos para entender a otros

La lista sigue y sigue... es demasiado extensa para incluirla completa. Pero ahora que le he enumerado algunas de las organizaciones fundadas por los israelíes para ayudar a sus vecinos árabes, permítame mencionar las organizaciones creadas por los árabes para que les ayuden a entender a sus primos judíos:

* ...

Esa es la verdad: no existe ninguna, al menos no la hay al momento de escribir estas páginas. No ha habido reciprocidad de parte de los árabes. Israel no existe en los mapas árabes que estudian los niños en las escuelas y los medios de prensa árabe son todavía marcadamente antisemitas. Los niños árabes todavía asisten a mezquitas donde los «hombres santos» los animan a levantarse y matar a los judíos. Ningún niño judío ha ido a una sinagoga para escuchar que debe matar a un árabe.

En los últimos días de su gobierno, el Presidente Clinton hizo saber que no estaba contento con el progreso de las conversaciones de paz. En un último esfuerzo por dejar un buen legado de política exterior, trató de que los palestinos y los israelíes arreglaran sus diferencias.

Pero ¿por qué estamos presionando a los israelíes a entrar en un tratado con el pueblo que ha jurado matarlos? Washington puede darse el lujo de equivocarse con Arafat, pero no Israel.

El exprimer ministro Netanyahu ha entendido lo que Ronald Reagan aprendió a principios de los años ochenta: cuando se trata con un enemigo fuerte, la mejor defensa es una buena ofensiva. De igual manera, los israelíes deben mantenerse fuertes y seguir comprometidos con la defensa de su pueblo y su territorio si quieren mantener el control de la tierra que Dios les ha dado. Desafortunadamente, los árabes continuarán irritándolos y provocando balaceras con botellas y piedras. Las madres árabes envían a sus hijos a lanzar piedras a los israelíes porque creen que el paraíso espera por aquellos que mueren en lo que consideran una guerra santa.

Un reportero del *New York Times* fue a Gaza a fines de octubre de 2000, durante los días del levantamiento. Habló con Hyam Temraz, una mujer musulmana que sostenía a su hijo de dos años. «Dile a este hombre lo que quieres ser», expresó la madre a través del negro velo que la cubría.

El niñito miró al reportero y dijo: «Un mártir».[69]

En todas partes de Gaza las paredes están llenas de afiches con imágenes de hombres que han muerto en choques recientes con los israelíes. Muchos aparecen con un arma en las manos y el dorado Domo de la Roca al fondo. Cabe señalar que las fotos fueron tomadas mucho antes de que comenzara la pelea; aparecen en una pose tradicional como las que se toman en la escuela superior.

El escritor Michael Finkel recientemente pasó varios días con adolescentes árabes que faltaron a clases para tirar piedras a los soldados israelíes en el crucero Kami en Gaza. Mientras estaba allí, mataron a un muchacho de quince años llamado Ahmed.

En el funeral de Ahmed la madre dijo:

> Qué gran celebración. Gracias sean dadas a Dios. ¿Vio como le brillaba el rostro? ¡Oh, él vive aún! Ofrendaré a todos mis hijos, si este es el precio por la devolución de nuestra patria. Todos se pueden convertir en mártires. Será un honor para mí. [70]

La familia de Ahmed pronto se mudará a una casa más grande. Cuando un palestino se convierte en mártir de la intifada, no importa su edad, la Autoridad Nacional Palestina emite un pago de $2.000 a la familia, seguido de un pago mensual de $150 que continúa hasta que el último hijo abandona el hogar. La Luna Roja Creciente, una organización islámica de socorro, ofrece un pago adicional de $2.500. Finalmente, el gobierno de Iraq, por generosidad de Saddam Hussein, dona $10.000 a cada familia del mártir.[71]

Nazar Rayyan es un teólogo de la Universidad Islámica. Su abuelo y tío abuelo murieron en la guerra de 1948. Su padre, quien se estableció en el campo de refugiados Jabalya en Gaza, creció amargado y transmitió esto a su hijo y a sus nietos. Su cuñado fue un bombardero suicida que voló un autobús israelí en 1998. Hoy sus hijos, de doce, quince y dieciséis años, se unen cada día a los muchachos que lanzan piedras a los soldados israelíes. Él dice que todos ellos anhelan ser mártires de Palestina y añade: «Oro solo porque Dios los escoja».[72]

¿Cómo puede Israel hacer frente a tal filosofía? ¿Cómo puede hacerlo cualquier nación? Hace años, la ex Primer Ministro israelí Golda Mier dijo: «Podemos perdonarlos por matar a nuestros hijos. Pero nunca podremos perdonarlos por hacernos matar a los de ellos». [73]

Cinco

Israel: una casa dividida

Tenemos que lograr un acuerdo que permita a los palestinos vivir sus vidas en estas colinas, pero esto no va a ser una solución si los echamos a patadas o ellos nos echan a patadas a nosotros. Entre el Jordán y el mar hay una pequeña faja de tierra, dos pueblos van a tener que vivir uno al lado del otro y ninguno va a expulsar al otro.

Binyamin Netanyahu, ex Primer Ministro de Israel[1]

Nosotros los palestinos tomaremos todo, incluyendo a Jerusalén ... Nosotros en la OLP concentraremos ahora todos nuestros esfuerzos en dividir sicológicamente a Israel en dos campos. Dentro de cinco años tendremos seis o siete millones de árabes viviendo en el Margen Occidental y en Jerusalén.

Yasser Arafat, Presidente de la OLP[2]

En cada uno de los cuatro Evangelios Jesús dijo a sus seguidores: «Todo reino dividido contra sí mismo, es asolado; y una casa dividida contra sí misma, cae» (Lucas 11.17). Esto es sabiduría común, reconocida por Abraham Lincoln durante la Guerra Civil y por Yasser Arafat en la intifada de 2000. A Arafat le gustaría dividir a Israel física y gubernamentalmente. La tarea ante él no sería nada difícil si

Dios no fuera la autoridad máxima dirigiendo los acontecimientos del Oriente Medio.

Es necesario ofrecer algún trasfondo. La forma de gobierno de Israel se parece más al modelo británico que al norteamericano. El Estado de Israel tiene un presidente, aunque su posición es ceremonial más que otra cosa. El primer ministro y el parlamento israelí de 120 miembros, conocido como el Knéset, ejercen el poder de forma más directa.

Tanto los Estados Unidos como Israel son gobiernos democráticos, regidos por un cuerpo que representa al pueblo. Es en ese cuerpo donde encuentra la diferencia más notable entre nuestros países. El sistema americano tiende a girar en torno a dos partidos políticos: el republicano y el demócrata. Cada uno de nuestros partidos tradicionales define una plataforma que varía un poco cada año, y la mayoría de nuestros políticos tienden a gravitar en un partido o en otro, acomodando sutilmente sus mensajes a la plataforma de su preferencia.

Los Estados Unidos, pese a ser un crisol de razas, es mucho más estable y homogéneo que Israel, una pequeña nación que recibe con beneplácito a los ciudadanos de todo el mundo. De hecho, «[Israel] es más hervidero de razas que crisol de razas», dice Carol Clark, una escritora de la CNN. «Los árabes y los judíos ultraortodoxos, colonos, librepensadores y olas de inmigrantes de Europa, Noráfrica y el Oriente Medio, rivalizan todos al proyectar su visión de Israel».[3]

Como resultado de la diversa población de Israel, existen diversos partidos políticos, muchos de los cuales parecen surgir de la noche a la mañana y se desvanecen casi de igual manera. Por ejemplo, en las elecciones de 1999 en Israel, *treinta y tres* partidos políticos pugnaron por 120 asientos en el Knéset.

Un partido en esas elecciones llevaba el nombre de su fundadora, la reina del cosmético y modelo Pnina Rosenblum, quien no logró ganar ni un solo asiento. También perdió el Partido de la Hoja Verde, que corría con una plataforma de legalización de la marihuana y otras supuestas «drogas suaves». En sus anuncios de campaña, el partido presentó una bandera israelí con una hoja verde de marihuana en lugar de la Estrella de David.

Al momento de contarse los votos de las elecciones de 1999, dieciséis partidos políticos y cuatro candidatos independientes habían ganado asientos en el Knéset. Entre los grupos políticos figuraban el Partido Una Israel, dirigido por Ehud Barak; el Likud, conocido como por su línea dura y por no querer ceder tierras a cambio de la paz; el Yisraél Ba'Aliya, integrado por disidentes judíos rusos; el Partido Democrático Árabe; el Partido Shas, compuesto de religiosos judíos ultraortodoxos; y el Yisra'el Beiteinu, otro partido compuesto mayormente de rusos inmigrantes.

Debido a que ningún líder puede conducir efectivamente a tantos grupos divididos —y cada uno con su propia agenda— el primer ministro debe formar una coalición entre varios grupos; un sistema bastante frustrante de frenos y contrapesos. El gobierno exige la confianza del Knéset, o sea el apoyo de por lo menos sesenta y uno de sus miembros. Todos los gobiernos de Israel, por consiguiente, son coaliciones de partidos políticos que cooperan entre sí. Si un primer ministro marcha en una dirección que otros no pueden apoyar, el Knéset puede echar abajo el gobierno votando por una moción de falta de confianza en el primer ministro.

El multifacético gobierno israelí

«Aunque cansado de 52 años de ser una nación sin paz, los israelíes realistas entienden el proceso de causalidad detrás de esta correlación: Israel tiene hoy la diplomacia más acomodadiza de su historia y está en la posición más peligrosa de su historia», comentó George Will.[4]

Will tiene toda la razón cuando dice que Israel está en la posición más débil de su existencia como estado y me temo que las cosas pueden ponerse peor. En 1948, cuando toda pizca de lógica humana nos dice que Israel debió haber sido barrida por el mar, la mano de Dios la preservó y protegió como nación. En 1967, cuando Egipto se movilizó, Israel se defendió a sí misma y luego se maravilló por la manera en que Dios restauró a Jerusalén y al Templo del Monte. Y en 1973, cuando fue atacada por los árabes, Israel se mantuvo en pie, recurrió a su fuerza de voluntad y derrotó a sus enemigos.

Por años Israel ha sobrevivido por su fortaleza y la convicción de que ciertas cosas no son negociables. Pero ahora, en la vana carrera por la paz, lo no negociable súbitamente ha quedado abierto a discusión.

Will escribe:

El intento de Barak de saciar a Arafat con un festín de retiradas israelíes ha llegado hasta producir la idea de cederle a la ONU, ese nido de regímenes antiisraelíes, el control del Templo del Monte. La consecuencia de todo esto puede ser el cumplimiento del evidente objetivo de la Autoridad Palestina, el «socio en la paz» de Israel, cuyos mapas, libros de texto, programas de televisión y lugares públicos se refieren a Israel como no existente.[5]

George Will cree que Barak se arriesga a que su nación deje de existir, pero creo que Dios es más fuerte que cualquier disparate que un político pueda cometer. El Todopoderoso tiene propósitos para Israel y para Jerusalén y Él cumplirá sus promesas.

Cuando abrí mi periódico mientras desayunaba un día de diciembre de 2000, vi en la primera plana la noticia de que Ehud Barak acababa de decirle a Knéset que estaría dispuesto a fijar una fecha para nuevas elecciones. Esta era una importante declaración, considerando que las elecciones ya pautadas estaban todavía a dos años de distancia. En resumen, Yasser Arafat ha colocado a Barak en esa situación.

Desde septiembre de 2000, más de trescientas personas han muerto en Intifada 2000 y los israelíes de línea dura dijeron que Barak ha sido demasiado flojo con los palestinos. Otros desaprobaron con firmeza el último plan de paz de Barak, que ofrecía «intercambiar los vecindarios» en Jerusalén y dejar que árabes y judíos compartieran la ciudad capital. A principios de julio, los principales aliados abandonaron a Barak.

Quizás Barak sugirió que Jerusalén se dividiera en dos mitades, pero los israelíes mismos están divididos en dos facciones: los que cambiarían territorios por paz y los que creen que la tierra pertenece a Israel por decreto divino y nunca debe entregarse. El ex Primer Ministro Shimon Peres es del primer grupo y en un programa noticioso de Estados Unidos dijo recientemente: «Nadie puede matar el proceso de paz pues lo necesitamos como el aire». Además, Peres agregó: «Arafat ya no dirige una organización terrorista. Él es responsable de administrar una fuerza de 120.000 personas ... Una cosa es ser jefe de una revolución y otra es ser cabeza de un estado en ciernes».[6]

¡Ajá! ¿Y qué si el «estado en ciernes» está desesperado por destruir a Israel? No creeré que Arafat ha cortado sus lazos de terrorismo hasta que oiga que está en capilla ardiente en alguna parte de Israel.

Otras divisiones

La mayoría de los 620.000 residentes de Jerusalén son árabes (30%) o judíos ultraortodoxos (25%). Las riendas del poder, por supuesto, las sostienen firmemente los judíos seculares y ortodoxos modernos, quienes suman un 45% de la población de la ciudad.[7]

No nos olvidemos, Jerusalén está desgarrada no solo por la lucha árabe-israelí, sino también por desacuerdos entre judíos religiosos y seculares. Los *haredi*, o judíos ultraortodoxos, sumaban casi el 33% de la población judía de Jerusalén en 1996, y se espera que esa cifra alcance un 40% para 2010 (las mujeres ortodoxas tienen tres veces más hijos que sus colegas seculares).[8]

Los temas seculares y religiosos afectan todos los aspectos de la vida en Israel. Los elevadores no funcionan el sábado. Los teatros no abren los sábados. McDonald no sirve un sándwich de tocineta, pero sí puede comprar una hamburguesa con queso, aunque las leyes de la dieta kosher prohíben la mezcla de carne y leche. Como no se permite el pan durante la Pascua, McDonald le servirá su hamburguesa en un pan de harina de papa durante la festividad .[9]

«Muchos israelíes seculares consideran a sus compatriotas ultra religiosos —quienes abarcan una gama de criterios políticos— como extraños o peligrosos fanáticos, no muy diferentes de los fundamentalistas musulmanes que se les enfrentan», señalan los reporteros del periódico semanal *Newsweek*.[10]

En general, los israelíes se definen a sí mismos como seculares, ortodoxos o ultraortodoxos. Los *ezkenazis*, judíos seculares que llegaron de Europa, eran los arquitectos del estado a principios de 1900; los judíos orientales más tradicionales del Hemisferio Oriental vinieron más tarde. Existe un golfo entre las dos ramas y muchos judíos ezkenazis rechazan sin disimulo a los judíos ortodoxos.

Pero muchas facciones se las han arreglado para unirse en beneficio de Israel. Si bien el partido Likud no es religioso, en el pasado sus miembros han cooperado con los líderes religiosos a fin de evitar el trueque de tierras por la paz. Los líderes religiosos deseaban conservar la tierra porque Dios se las dio a ellos. Los secularistas no religiosos deseaban mantener la tierra por razones de seguridad nacional. Juntos constituían una sólida fuerza.

Revuelta política conocida como el postsionismo

Yoram Hazony escribió un libro sorprendente y provocativo: *The Jewish State: The Struggle for Israel's Soul* [El estado judío: la lucha por el alma de Israel]. En sus páginas se describe la perturbadora revuelta cultural y política conocida como *postsionismo*, cuyo objetivo es desmantelar la postura legal y moral de Israel como el estado del pueblo judío. El autor ofrece el primer análisis a fondo de los «nuevos historiadores» que buscan revisar la historia de la fundación de Israel, la revolución en el nuevo currículo de la escuela pública de Israel y otros sorprendentes aspectos de la «nueva Israel» que han estado en los titulares de todo el mundo.

Natan Sharansky, ministro del interior del Estado de Israel, dice:

> Cincuenta años después del nacimiento del Estado de Israel, el mayor reto que encara el estado judío no es asegurarlo contra enemigos externos, sino más bien impedir su desintegración interna. Un «postsionismo» creciente amenaza los cimientos mismos de Israel como estado judío y su papel central en las vidas de todo el pueblo judío. Al trazar las raíces intelectuales del «postsionismo» y manifestar su penetrante influencia en la sociedad israelí, el libro de Yoram Hazony es invaluable para cualquiera que desee entender este desafío que tanto aflige al corazón.[11]

Hazony examina a quienes visualizan a Israel no como estado, sino como un estado mental. Aquellos que apoyan el movimiento postsionista dirían que tener un estado y todos sus problemas concurrentes es más problemático que provechoso. ¿Por qué tratar el problema del Estado de Israel cuando sus ciudadanos pueden ser judíos sin la existencia del Estado?

Esta peligrosa filosofía nace de una comunidad intelectual que representa a una minoría extrema. La prédica del sionismo se basa en la creencia de que cada judío en el mundo tiene derecho a regresar a Israel, pero el postsionismo no estaría de acuerdo con ese criterio. Esta filosofía, todavía en sus primeras etapas, podría dividir a la nación en el futuro.

Judíos ortodoxos y ultra ortodoxos

Para un observador casual puede ser difícil encontrar la diferencia entre judíos ortodoxos y los ultra ortodoxos. Ambos observan la ley estrictamente, evitando todo lo que pudiera hacerlos impuros. Los hombres mantienen cubiertas sus cabezas y oran por lo menos tres veces al día. Cada uno sigue las leyes dietéticas del kosher y se abstiene de trabajar los sábados, desde la puesta del sol el viernes hasta la puesta del sol el sábado.

Con frecuencia usted puede determinar el grado de ortodoxia de una persona judía que vive en Jerusalén estudiando la vestimenta que usa. Los judíos ultra ortodoxos llevan sombreros negros grandes y capas negras debajo, mientras sus esposas van literalmente cubiertas bajo mantas, solo con la cara y las manos desnudas. Los judíos ortodoxos, por otra parte, usan vestimenta más occidental.

Muchos de los ultra ortodoxos en realidad se oponían al Estado de Israel en los primeros días de la nación. No estaban de acuerdo con el sionismo, prefiriendo que Dios, más bien que las Naciones Unidas, estableciera a su pueblo. La mayoría de los grupos ultra ortodoxos tienden a exhibir su disgusto por el estado de un moderno Israel y se resisten a prestar servicio militar. Argumentan que orar por el fortalecimiento de Israel es tan importante como pelear por él.[12] Como podría esperarse, esta actitud provoca el mismo rechazo por parte de los judíos seculares hacia los ultra ortodoxos. Mientras tanto, los judíos ortodoxos, que se las han arreglado para combinar la religión y el nacionalismo, caminan en el centro, y muchas veces son condenados por los grupos de la derecha y de la izquierda.

Judíos rusos y orientales

Los judíos religiosos de países asiáticos y africanos no encajan muy bien en los grupos que hemos discutido. Ellos tienden a formar sus propios grupos. Un líder, el rabino Ovadia Yosef, fundó el partido político Shas, que hoy día controla cerca del 10% de los escaños en el Knéset.

Y desde 1990, cientos de miles de judíos de Rusia han llegado a Israel. Discutiremos esto en detalle en otro capítulo, pero no podemos desestimar el impacto que estos judíos rusos han tenido en Jerusalén. Verá usted letreros en cirílico en tiendas de Jerusalén y escuchará hablar en ruso. Además, han formado un partido político, Yisra'el Ba'Aliya, y han ganado por lo menos siete escaños en el Knéset. Muchos de estos judíos son no practicantes, pero por lo general son muy bien educados. Los recién llegados no siempre son sionistas. Muchos califican para la ciudadanía judía porque tienen un abuelo judío, pero no reúnen los requisitos ortodoxos de tener una madre judía. Por lo que seguramente no vienen a Israel por razones religiosas. Muchos han venido en busca de mayores oportunidades económicas.

La última ola de inmigrantes representa más del 20% de la población judía. «Sin duda alguna», escribe Norman Atkins en su libro sobre Jerusalén, «ellos y sus hijos asimilarán las normas sionistas de lealtad al estado, servicio en el ejército y fluidez en el hebreo. En forma paralela, es muy probable que Israel se aleje más del judaísmo tradicional al recibir la influencia del secularismo de estos inmigrantes».[13]

Judíos etíopes

El dramático rescate de los judíos etíopes de manos de los rebeldes comunistas a principio de la década de los 1990 llamó la atención del mundo. Actualmente viven en Jerusalén unos 70.000 judíos etíopes.

El origen de los judíos etíopes sigue siendo un misterio, pero existen dos buenas posibilidades. Algunos dicen que son el remanente de la tribu de Dan, una de las diez «tribus perdidas». Los propios etíopes creen que descienden de Salomón, hijos de la reina de Saba, quien visitó a Salomón para ver su gloria y se fue después de haber recibido del rey todo lo que su corazón quiso (1 Reyes 10.13; 2 Crónicas 9.12). ¿Un hijo? Muchos eruditos bíblicos así lo creen.

Las crónicas reales etíopes dicen que el Príncipe Menelik I de Etiopía era hijo de Salomón. De acuerdo con el investigador Grant Jeffrey, el Príncipe Menelik creció en el palacio de Salomón en Jerusalén. Fue educado por los sacerdotes del templo y llegó a ser un firme creyente del verdadero Dios.[14]

En 1935 Leo Roberts publicó un artículo en la revista *National Geographic* titulado «Traveling in the Highlands of Ethiopia» [De viaje por las montañas de Etiopía]. Habló con mucha gente del país y escuchó una importante y consistente narración:

> Salomón fue un doctor, un sanador, un hombre sabio que tenía el poder de curar, un *hakim*. Y la reina de Saba padecía de un pie derecho más corto y deforme. Hizo su viaje a Jerus Alén para ver si Hakim Salomón podría curarla, y naturalmente le llevó presentes. El hijo que les nació fue Mene-lik I. Salomón lo educó en Jerus Alén

hasta que cumplió 19 años, cuando este regresó a Etiopía con un gran grupo de judíos, llevando con él la verdadera Arca del Pacto.[15]

Si es o no cierto que el arca estuvo entre los etíopes es cosa debatible, pero su historia suena a verdad. Salomón se conoció como un sabio y las Escrituras dicen que Dios lo dotó de sabiduría (2 Crónicas 1.11). Como un beneficio adicional, Dios le dijo a Salomón:

> Sabiduría y ciencia te son dadas; y también te daré riquezas, bienes y gloria, como nunca tuvieron los reyes que han sido antes de ti, ni tendrán los que vengan después de ti. (2 Crónicas 1.12)

Si bien la comunidad etíope judía fue separada de la población judía mundial por dos milenios, el pueblo mantuvo tradiciones notablemente similares a los de la corriente principal del judaismo. Ellos tenían los cinco libros de Moisés y las historias de los profetas, pero carecían del conocimiento de la ley oral, que fue codificada solo después de la caída del segundo templo en el año 70 d.C.[16]

Expulsados por un régimen marxista, la inmensa mayoría de los judíos etíopes —con excepción de algunos cientos— han dejado el África y viven en Israel.

Cristianos en Jerusalén

¡Sí, hay cristianos en Jerusalén, tanto residentes como turistas! Debido a que la ciudad está llena de sitios importantes para quienes siguen a Jesucristo, hay iglesias con siglos de antigüedad por todas partes.

En Jerusalén usted encontrará iglesias de todas las denominaciones: ortodoxos griegos, ortodoxos rusos, católicos romanos, católicos sirios, maronitas (la Iglesia Cristiana Uniat del Líbano), católicos griegos, católicos armenios, católicos caldeos, ortodoxos armenios, ortodoxos sirios, cópticos y ortodoxos etíopes. También puede encontrarse representación de los anglicanos, la Iglesia de Escocia, Adventistas del Séptimo Día, pentecostales, Iglesia de Cristo, bautistas, los Hermanos, menonitas, Testigos de Jehová y luteranos. En fin, casi todas las denominaciones.

El escritor Norman Atkins comenta:

La fundación de Israel provocó inquietud entre los cristianos de Jerusalén, quienes no sabían qué esperar del nuevo estado judío y abrigaban muchas sospechas de las intenciones judías (el Vaticano aún no reconoce a Israel). Sin embargo, la Declaración de Independencia de Israel despejó la actitud del estado hacia los diferentes tipos de fe dentro de sus fronteras, prometiendo «garantizar la libertad de religión, de conciencia, de educación y cultura [y] salvaguardar los lugares sagrados de todas las religiones».[17]

Vale la pena resaltar que muchos de los árabes de Jerusalén son cristianos y pertenecen a las principales iglesias de la ciudad. Hay también casi dos mil judíos mesiánicos en Jerusalén.[18]

Muchos israelíes miran con sospecha el aumento de los cristianos sionistas. Como cristianos que creemos en la Biblia, vemos el nacimiento del Estado de Israel como el cumplimiento de la profecía. Creo firmemente que es mi deber como cristiano bendecir a Israel y orar por la nación. No creo que Israel haya usurpado o suplantado el plan de Dios.

Si bien muchos israelíes agradecen el apoyo cristiano, lo reciben con mucho tacto pues temen que los cristianos solo buscan convertirlos del judaísmo al cristianismo. Gershom Gorenberg explica:

Virtualmente todos los judíos, incluyendo los más seculares, rechazan el punto de vista evangélico de que se puede ser judío en el sentido étnico y aceptar el cristianismo. De hecho, la Corte Suprema de Israel basó una disposición de 1960 sobre ese consenso. «Apoyar a Israel» mientras se busca activamente convertir a los judíos, es a los ojos de estos como tratar de combinar una caricia con una puñalada por la espalda.[19]

Escuche, mi amigo: si usted tiene un amigo judío, debe vivir ante él como un representante de Cristo. Ámelo, vele por él y deje que la

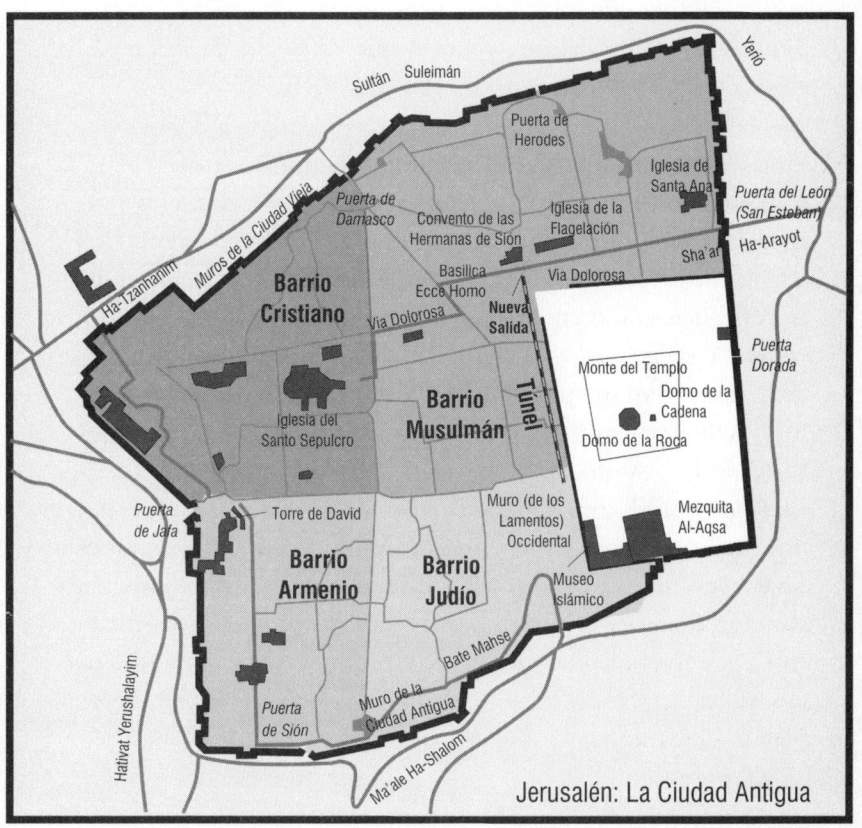

Jerusalén: La Ciudad Antigua

luz de su fe brille sobre él. El pueblo judío ha experimentado el odio del cristianismo por más de dos mil años, comenzando por las Cruzadas hasta llegar al Holocausto del siglo XX. Ellos no han visto el incondicional amor de Dios a través del cristianismo. Es hora de que la comunidad judía mundial experimente actos sencillos de amor de parte de los cristianos sin que haya ningún propósito oculto. Pablo enseñó que los judíos serían provocados a celo (Romanos 11.11) y cuando te pregunten sobre tu fe, usted puede entonces practicar la enseñanza de Pedro: «Santificad a Dios el Señor en vuestros corazones, y estad siempre preparados para presentar defensa con mansedumbre y reverencia ante todo el que os demanda razón de la esperanza que hay en vosotros». (1 Pedro 3.15)

Hablaremos de los judíos y sus conceptos sobre el Mesías en un capítulo posterior, pero creo que es importante que usted entienda cómo se siente típicamente el pueblo judío con relación a los esfuerzos misioneros cristianos. Michael Arnold, escribiendo desde Israel, señala que muchos judíos han esquivado la figura de Jesús debido a la persecución antisemita realizada en su nombre.[20] Esto es muy cierto y discuto este tema en detalle en mi libro *El último amanecer de Jerusalén*. Por demasiado tiempo los cristianos han cometido actos de odio contra el pueblo judío y esto debe terminar. El antisemitismo es un pecado, y como pecado, daña el alma.

Ron Kronish un rabino reformista de Israel comenta: «Todavía hoy día muchos judíos ortodoxos se niegan mencionar el nombre de Jesús y se refieren a Él solo como "ese hombre". ¿Cuántos judíos han abierto alguna vez el Nuevo Testamento, salvo unos pocos que fueron a la universidad en Occidente y tuvieron que leer algunas porciones en una clase de humanidades? Muchos israelíes todavía piensan que pueden convertirse solo con tocar sus páginas».[21]

El interés en el Jesús histórico y judío está floreciendo, aunque en un nivel moderado. David Flusser, profesor de estudios judaicos en la Universidad Hebrea y judío ortodoxo, se refiere a Jesús como «mi maestro»[22] y estudia la vida de Cristo en un esfuerzo por entender la vida judía en tiempos de Jesús. Si bien para la mayoría de los israelíes la figura de Jesús sigue siendo tabú, otros están superando los prejuicios de sus antepasados, quienes identificaban a Jesús con el cristianismo antisemita.

Y miles de cristianos están ávidos por conocer del pueblo judío. Chana Safrai, profesora del pensamiento judío en la Universidad Hebrea, señala que «casi todos los buenos cristianos tratan hoy día de buscar sus raíces o involucrarse en el judaísmo de una manera u otra. No existe hoy día ningún un erudito respetado, a menos que sea miembro del Ku Klux Klan, que cuestione las raíces judías de Jesús».[23]

Resulta curioso que una de las razones por las que los judíos están reconsiderando a Jesús es porque Yasser Arafat sostiene que Jesús, un judío practicante, fue el primer palestino de la historia. Belén se encuentra en territorio palestino y a Arafat le gustaría que los cristianos apoyaran la causa palestina. Si bien los judíos modernos no quieren necesariamente reclamar a Cristo para ellos, tampoco quieren que Arafat lo reclame.[24]

Árabes israelíes

No todos los árabes que viven en Palestina huyeron cuando la guerra de 1948. Muchos se quedaron donde estaban y hoy su número ha aumentado. La mitad de la población árabe vive en ciudades y aldeas de Galilea. Hay comunidades árabes importantes en Nazaret, Haifa, Ramla, Jaffa y Jerusalén.[25]

Los árabes que se quedaron en Israel han prosperado. El analfabetismo árabe era de un 95% en 1948, pero hoy es solo de un 5%. Hoy día seis mil árabes estudian en universidades israelíes.[26]

Los árabes también han gozado de beneficios sociales. Las leyes israelíes que garantizan igualdad de derecho para las mujeres han contribuido a liberalizar las actitudes hacia la mujer en la sociedad árabe.

Setenta y siete por ciento de los árabes israelíes son musulmanes, trece por ciento son cristianos y los restantes son drusos o beduinos. La única discriminación legal contra los árabes en la sociedad israelí es que a ellos no se les exige el servicio militar. (La comunidad drusa está sujeta al servicio militar debido a que así lo pidieron sus miembros).[27]

Si bien los árabes y los judíos ciudadanos israelíes tienen iguales derechos bajo la ley, no todos consideran la situación «igual». La tensión racial, muy parecida a la que existe en Estados Unidos, bulle bajo la superficie de la vida moderna. Hay un partido árabe que está representado en el Knéset, pero ninguno de ellos ha participado jamás en una coalición gubernamental y ningún miembro árabe del Knéset ha encabezado un ministerio de gobierno.[28]

«Nosotros somos ciudadanos israelíes cuando ellos quieren que lo seamos», dice Falastin Isma'il, director de un centro de prensa para la población palestina de Israel ubicado en Haifa. «El resto del tiempo tenemos problemas con empleos, tierras, viviendas y educación».[29]

Las encuestas ahora muestran que dos tercios de los judíos israelíes consideran traidores a los árabes que protestan. Michael Kleiner, miembro israelí del Knéset, dice que las protestas del otoño de 2000 destruyeron la ilusión de Israel sobre la lealtad de los ciudadanos árabes israelíes.[30]

Si bien los árabes israelíes han vivido aparentemente en paz por muchos años, la insatisfacción, agregada a la lucha racial y religiosa, puede convertirse en una combinación peligrosa. Isma'il dice: «Si no solucionan esta asunto —discriminación y desconfianza mutua entre judíos y árabes dentro de Israel— la cosa explotará».[31]

Palestinos

Después de 1967, cuando Israel ocupó el Margen Occidental, Jerusalén Oriental y la Franja de Gaza, la mayoría de los árabes disfrutaron de un período de luna de miel con el nuevo gobierno. Se estableció la libertad de prensa, se fundaron universidades y se celebraron elecciones municipales. Norman Atkins escribe: «Los árabes, por su parte, se dejaron seducir por el liberalismo israelí y otros hábitos de Occidente».[32]

Israel esperaba que los árabes del Margen Occidental pudieran adaptarse con la misma facilidad de los árabes que habían permanecido en el territorio en 1948, pero los árabes de Gaza y del Margen Occidental se identificaron fuertemente con el nacionalismo palestino. Cuando se les dio el derecho de tomar la ciudadanía israelí, los 150.000 árabes de Jerusalén Oriental rehusaron la oferta sin excepción.[33]

En las décadas de los años 1970 y 1980, la actividad de la OLP dependió mucho del terrorismo. En 1987 la intifada, o levantamiento, había comenzado. Los choques ocasionales con piedras y botellas pronto se convirtieron en una campaña orquestada para incomodar a los aliados occidentales de Israel con fotos de mujeres y niños palestinos indefensos frente al poderoso ejército israelí. Se hicieron comparaciones con David y Goliat —donde Israel aparecía como el gigante cruel y sin Dios— que comenzaron a aparecer en todos los informes de prensa.

Yasser Arafat ha tenido su cuota de fracasos: respaldó a Saddam Hussein, quien fue rotundamente derrotado en la Guerra del Golfo y perdió a su patrono, cuando la «superpotencia» soviética se desplomó.[34]

Pero Arafat no está acabado y si cae mañana, alguien ocupará su lugar. El conflicto entre los judíos y los árabes no se basa en tierras, en derechos o en ciudadanía. Este conflicto surge del celo que nace del odio y ese odio viene de fuentes sobrenaturales.

Satanás odia todo lo que Dios ama. Y aunque Dios ama a todos los pueblos, tiene un lugar especial en su corazón para los descendientes de Abraham e Isaac, herederos de su promesa.

Examinemos las palabras del libro de Zacarías:

Y sucederá que como fuisteis maldición entre las naciones, oh casa de Judá y casa de Israel, así os salvaré y seréis bendición. No temáis, mas esfuércense vuestras manos. (8.13)

La bandera de Israel y el nombre de Dios

No sé si usted ha tenido la oportunidad de examinar un chal de oración. Yo tengo uno, y es una de mis más preciadas posesiones. No, no creo que tenga que poseer uno o que usar uno para sus oraciones a fin de alcanzar el cielo, pero el chal de oración de los hebreos es un recordatorio visible de quién y qué es Dios.

Moisés llevaba un chal de oración en su funeral, cuando Dios lo enterró. Daniel usó uno en el foso de los leones. Jesús recibió uno al cumplir los trece años y lo usó cada día de su vida. Y lo usará cuando venga otra vez con los santos del cielo.

Las instrucciones sobre un chal de oración vienen de Dios mismo:

Habla a los hijos de Israel y diles que se hagan franjas en los bordes de sus vestidos, por sus generaciones; y pongan en cada franja de los bordes un cordón de azul. Y os servirá de franja para que cuando lo veáis os acordéis de todos los mandamientos de Jehová, para poner-los por obra; y no miréis en pos de vuestro corazón y de vuestros ojos, en pos de los cuales os prostituyáis. (Números 15.38-39)

Dios diseñó el chal de oración, lo llamó *tallit* y ordenó a los ju-díos de cada generación que lo usaran. El borde de azul era un recor-datorio de que Dios está en el cielo. El primer color en el tabernáculo era azul y la primera línea en el Padrenuestro es «Padre nuestro, que estás en los cielos». Nunca debemos olvidar que Dios está por encima de nosotros, observando nuestras entradas y salidas, y cuidando cada aspecto de nuestras vidas.

Las franjas, o *tzitzit* en hebreo, son una parte muy importante del chal de oración. De hecho, el uso del *tzitzit* se considera igual que todos los demás mandamientos juntos. «Los filamentos», dice Alan Unterman, «atan al hombre con Dios».[35]

Usando la práctica de la gematría, en la que cada letra del alfabe-to hebreo corresponde a un número, descubrimos que la *tzitzit* so-bre un chal de oración representa el nombre de Dios. Si se deletre el número de espirales obtenemos: *Yud, heh, vav* y *heh*. Al ponerlas to-das juntas se obtiene: *Yud heh vav heh,* que equivale a *Jehová.*

Si se miran los bordes de un chal de oración, recordará los nom-bres de Dios:

- *Jehová-rafa* – Jehová el que sana

- *Jehová-shalom* – Jehová es nuestra paz

- *Jehová-jireh* — Jehová proveerá

- *Jehová-raah* – Jehová es mi pastor

- *Jehová-tsidkenu* - Jehová justicia nuestra

- *Jehová-mkaddishkim* — Jehová que os santifica

- *Jehová Nissi* - Jehová nuestro estandarte (o bandera) en la guerra

Los nudos en el *tzitzit* representan 613 mandamientos de la Palabra de Dios. Son para que la persona que usa la Palabra de Dios los recuerde, pero no basta con recordar. Debemos también ponerlos en práctica.

El chal de oración era el tabernáculo de cada hombre judío. El tabernáculo del desierto tenía solo dieciocho pies por cuarenta y cinco, no era lo suficientemente grande para acomodar a dos millones de adoradores. De modo que cada hombre judío se ponía su chal de oración sobre la cabeza mientras repetía el Salmo 104:1-2:

Bendice, alma mía, a Jehová.
Jehová Dios mío, mucho te has engrandecido;
Te has vestido de gloria y de magnificencia.
El que se cubre de luz como de vestidura,
Que extiende los cielos como una cortina.

El chal de oración hebreo es ahora la bandera de Israel. El profeta Isaías escribió:

Y levantará pendón a las naciones, y juntará los desterrados de Israel, y reunirá los esparcidos de Judá de los cuatro confines de la tierra.

Dios ha reunido al pueblo judío de las naciones gentiles para la tierra prometida bajo su bandera. Él la diseñó y los judíos la han usado por generaciones.

El chal de oración aparece en las Escrituras en varias ocasiones. ¿Recuerdan la historia de la mujer con flujo de sangre? Ella se acercó para tocar el borde del chal o manto de Jesús. Ella se acercó para tocar el *tzitzit*. Se acercó para alcanzar *el nombre de Dios*.

Jesús dijo: «Y todo lo que pidiéreis al Padre en mi nombre, yo lo haré» (Juan 14.13)

Nótese la última mención de un chal de oración en las Escrituras:

Entonces vi el cielo abierto; y he aquí un caballo blanco, y el que lo montaba se llamaba Fiel y Verdadero, y con justicia juzga y pelea. Sus ojos eran como llama de fuego, y había en su cabeza muchas diademas; y tenía un nombre escrito que ninguno conocía sino él mismo. Estaba vestido de una ropa teñida en sangre; y su nombre es: EL VERBO DE DIOS ... y en su vestidura y en su muslo tiene escrito este nombre: REY DE REYES Y SEÑOR DE SEÑORES. (Apocalipsis 19.11-13, 16)

El nombre sobre su muslo es el *tzitzit* del chal de oración sobre sus hombros. Jesús regresará a la tierra tal como la dejó: como un rabino. Él vendrá usando el nombre que es sobre todo nombre y todo ojo lo verá venir con poder y en gloria.

El último día de Jesús en Jerusalén antes de su crucifixión, se paró en las faldas del Monte de los Olivos y, llorando, extendió su vista a la ciudad. «¡Jerusalén, Jerusalén», exclamó, «que matas a los profetas y apedreas a los que te son enviados! ¡Cuantas veces quise juntar a tus hijos, como la gallina junta sus polluelos debajo de las alas, y no quisiste!» (Mateo 23.37)

A través de los lentes del conocimiento profético, Jesús vio la llegada de las invasiones romanas: Tito en el 70 d.C. y Adriano en el 130 d.C. Él vio la ciudad rodeada por las legiones romanas, a los ciudadanos pasando hambre, a los judíos capturados y crucificados.

Jesús vio lo que los historiadores nos dijeron más tarde: que los romanos crucificaron a unos 500 judíos que vivían allí en ese entonces. Masacraron ciudadanos en las calles hasta que la sangre corrió como agua. Las tropas de Adriano mataron más de 500.000 judíos en su ataque a la ciudad.

Jesús vio a los cruzados que venían en su nombre, robando, violando y asolando al pueblo judío desde Europa hasta Jerusalén.

Él vio a Jerusalén conquistada y reconquistada treinta veces y con millones de judíos —la gente de su pueblo— masacrados.

Jesús vio el horror del Holocausto y dijo sollozando: «Jerusalén, Jerusalén». Y agregó: «He aquí, vuestra casa es dejada desierta; y os digo que no me veréis, hasta que llegue el tiempo en que digáis: Bendito el que viene en el nombre del Señor» (Lucas 13.35).

La ciudad de Jerusalén aún aguarda, pero el tiempo de espera está por terminarse.

Seis

Jerusalén en la generación final

> El aire sobre Jerusalén está saturado de oraciones y sueños como el aire sobre las ciudades industriales. Es difícil respirar.
>
> *-Yehuda Amichai, poeta*[1]

En su libro *El fin de los días*, Gershom Gorenberg escribe: «Si hay un lugar en el mundo donde la creencia en el Fin sea una fuerza poderosa para los eventos de la vida real, es la Tierra Santa. El territorio que hoy comparten y discuten los judíos y palestinos es el escenario del mito en el cristianismo, el judaísmo y aún en el islam. Cuando un drama importante se desarrolla , la tentación de equiparar los acontecimientos con el libreto de los últimos días puede ser irresistible».[2]

Gorenberg tiene razón cuando dice que todo el mundo mira a Jerusalén en busca de señales de los últimos días. Pero hay otras pruebas, también, y ellas no se basan en mero mito. Tienen su fundamento en la infalible y sólida roca de la Palabra de Dios.

Una explosión de conocimiento

La primera prueba de que estamos viviendo en la última generación de la tierra está en Daniel 12:4: «Pero tú, Daniel, cierra las palabras y sella el libro hasta el tiempo del fin. Muchos correrán de aquí para allá, y la ciencia se aumentará». La traducción literal de este pasaje indica que en los últimos días habrá un gran incremento en conocimientos.

Tal explosión tuvo lugar en el pasado siglo y esto lo puede demostrar cualquier niño de escuela. ¿Ha visitado el Internet últimamente? Un tesoro de información está disponible con el toque de unas cuantas teclas y un ratón. Enciclopedias voluminosas están a su disposición en formatos DVD y cualquiera que tenga un módem o conexión de cable puede acceder a la gran cantidad de datos disponibles. Estamos viviendo en la era de la información, tal como Daniel profetizó.

Desde el jardín del Edén hasta el año 1900 d.C. el hombre caminó o cabalgó a caballo como lo hicieron el rey David y Julio César. Sin embargo, en el transcurso de unos cuantos años, la humanidad inventó el automóvil, el avión de propulsión y el transbordador espacial. Hoy día se puede volar de Nueva York a París en tres horas.

Nuestra tecnología también ha crecido enormemente. Si bien no necesariamente avanzó la sabiduría en el hombre o la mujer promedio, la tecnología ha hecho profundas conquistas en los conocimientos y la información disponible. Se puede recibir un fax en el automóvil, tomar un mensaje en un teléfono celular y recoger información del Internet por televisión.

En las dos últimas generaciones hemos colocado hombres en la luna y redefinido la muerte y la vida. La ciencia médica ha aprendido a clonar animales y plantas, mientras los geneticistas han creado conejitos que brillan en la oscuridad. Niños nacidos prematuramente con un peso menor de una libra pueden sobrevivir y bebés por nacer pueden ahora operarse quirúrgicamente dentro de la matriz.

Todo este conocimiento debería ser algo bueno, pero no siempre somos los más sabios en manejarlo. Nuestra explosión de información no ha producido utopía o una sociedad menos egoísta; hemos creado, en su lugar, una generación de personas bien informadas que sabe más acerca de las estrellas de rock que de historia. Nuestra «ilustre sociedad» busca libertad y expresión propia, pero vive esclava de la droga, la perversión y las fuerzas de las tinieblas.

Hemos virado al revés el orden natural de Dios. Favorecemos la muerte para el inocente y la misericordia para el culpable. Concedemos a la mujer el derecho a escoger mientras negamos a su criatura sin nacer el derecho a vivir. Nuestros líderes gubernamentales anulan los votos de norteamericanos que están sirviendo a su país en el ejército mientras cuentan «boletas preñadas (con marcas sin perforar por completo)» y con «perforaciones imperfectas» con la esperanza de que su candidato prevalezca en la urna electoral.

¿Por qué? Porque el conocimiento sin Dios produce bárbaros intelectuales, pecadores más hábiles. Los nazis de Hitler tiraban niños judíos vivos en los hornos. Muchos soldados nazis eran personas educadas, pero se educaban sin el reconocimiento o el conocimiento de Dios.

Somos la generación final, «siempre aprendiendo y nunca capaces de llegar al conocimiento de la verdad» (2 Timoteo 3.7) porque buscamos la verdad fuera de Dios. Usted no puede inventar una manera personal de llegar a la verdad. No puede seguir el camino con meras filosofías. No puede tener pensamientos felices y vivir en nirvana. La única vía por la que encontrará la máxima y eterna verdad es mediante la búsqueda y el encuentro de Dios.

En Jeremías 8.9 leemos:

Los sabios se avergonzaron, se espantaron y fueron consternados; he aquí que aborrecieron la palabra de Jehová; ¿y qué sabiduría tienen?

Y Proverbios 26:12 nos dice: «¿Has visto a un hombre sabio en su propia opinión? Más esperanza hay del necio que de él».

Si usted rechaza la verdad, lo único que le queda es aceptar el conocimiento vacío que se basa en falsedades. Estados Unidos ha rechazado la verdad de la palabra de Dios. Hemos rechazado a Dios mismo y todo lo que nos ha quedado es una mentira diabólica.

El renacer de Israel

Otra prueba de que somos la generación final es la existencia del Estado de Israel.

Recuerdo muy claramente el día, cuando tenía ocho años de edad, sentado a la mesa en nuestra cocina con mi padre, un hombre tranquilo con una mente brillante. La fecha era 15 de mayo de 1948, un día como otro cualquiera en Texas, pero lejos de ser un día ordinario para el resto del mundo.

Papá y yo estábamos tranquilamente oyendo la radio. Apoyé mis brazos sobre la mesa de la cocina y contemplaba a mi padre; él estaba oyendo la radio y leyendo un libro al mismo tiempo. Papá amaba los libros y el estudio de la profecía y aunque no hablaba mucho, la gente tendía a escuchar cuando hablaba.

El locutor de la radio hizo una declaración sorprendente: «Las Naciones Unidas han anunciado hoy que sus miembros han reconocido formalmente el Estado de Israel».

Mi padre bajó el libro que estaba leyendo y no dijo nada por un largo rato, pero me di cuenta por la mirada distante en sus ojos que había quedado profundamente conmovido. Entonces me miró y dijo: «Acabamos de escuchar el mensaje profético más importante que jamás será pronunciado hasta que Cristo regrese a la tierra».

He olvidado muchos episodios de mi niñez, pero nunca olvidé las palabras de mi padre esa noche. Y hoy sé cuánta razón tenía: la profecía bíblica inequívocamente declara que Israel debe experimentar un renacer antes que venga el Mesías.

La Biblia también profetiza que la nación nacerá en un día:

> ¿Quién oyó cosa semejante? ¿Quién vio tal cosa? ¿Concebirá la tierra en un día? ¿Nacerá una nación de una vez? Pues en cuanto Sion estuvo de parto, dio a luz sus hijos. Yo que hago dar a luz, ¿no haré nacer? dijo Jehová. Yo que hago engendrar, ¿impediré el nacimiento? dice tu Dios. Alegraos con Jerusalén, y gozaos con ella, todos los que la amáis; llenáos con ella de gozo, todos los que os enlutáis por ella. (Isaías 66.8-10)

Una vez los discípulos vinieron a Jesús y le preguntaron sobre las señales del fin de los días. «Dinos, ¿cuándo serán estas cosas, y qué señal habrá de tu venida, y del fin del siglo?» (Mateo 24.3)

Jesús respondió:

> De la higuera aprended la parábola: cuando ya su rama está tierna, y brotan las hojas, sabéis que el verano está cerca. Así también vosotros, cuando veáis todas estas cosas, conoced que está cerca, a las puertas. De cierto os digo, que no pasará esta generación hasta que todo esto acontezca. (Mateo 24.32-34)

En la profecía bíblica, Israel se presenta con frecuencia como una higuera. Jesús dijo: «Cuando ya su rama está tierna y brotan hojas». Su significado es claro: cuando Israel sea un árbol joven, renacido y creciendo, del que brotan hojas, debe ser obvio a todos que los últimos días están cerca.

Jesús dijo: «Esta generación no pasará hasta que todo esto acontezca» (v.34). La generación que ve el renacer de Israel es la última generación.

Los judíos regresan a su patria

Desde el año 70 d.C., cuando los romanos atacaron Jerusalén, destruyeron el templo y pusieron en marcha una serie de acontecimientos que resultaron en Diáspora, el pueblo judío ha estado disperso por todo el mundo. No estaban en control de su destino ni vivían en una patria propia hasta el 15 de mayo de 1948.

La Declaración de Independencia de Israel, aprobada el 14 de mayo de 1948, contiene la política de inmigración del país: «El Estado de Israel está abierto a la inmigración judía y a la incorporación de los exiliados». La Ley del Regreso, aprobada el 5 de julio de 1950, extiende a cada judío en el mundo el derecho de inmigrar a Israel. Tan reciente como en 1996 el gobierno israelí proclamó su continuo compromiso de aumentar la inmigración y fortalecer el vínculo de la herencia judía y el sionismo.

El profeta Jeremías escribió:

> Por tanto, he aquí vienen días, dice Jehová, en que no dirán más: Vive Jehová que hizo subir a los hijos de Israel de la tierra de Egipto, sino: Vive Jehová que hizo subir y trajo la descendencia de la casa de Israel de tierra del norte, y de todas las tierras a donde yo las había echado; y habitarán en su tierra». (23.7-8)

Más de 750.000 judíos rusos, a los que Jeremías llamó «el país del norte», regresaron a Israel entre 1988 y 1996. Un boletín de Servicio Conservador de Noticias, de marzo de 1999, informa que el número de judíos rusos inmigrantes a Israel se duplicó en los dos primeros meses de 1999, y se espera que continúe aumentando en los próximos meses. Obligados a abandonar Rusia debido a actos antisemitas, como saqueo de sinagogas, atentados con bombas, profanación de cementarios y declaraciones antijudías por líderes políticos, los judíos rusos han estado saliendo hacia la tierra prometida.

Nuestro ministerio ha donado más de $1.8 millones para traer judíos rusos a Israel. Los hemos visto en programas de CNN desembarcando de aviones en Tel Aviv. Hemos leído sus narraciones en periódicos y revistas. Ahora viven en su propia tierra, así como Jeremías lo predijo. Su regreso a la patria es otra señal de la generación final.

Jerusalén bajo dominio judío

Otra prueba de que somos la generación final se encuentra en las palabras de Jesús que dicen que Jerusalén sería «hollada por los gentiles hasta que los tiempos de los gentiles se cumplan» (Lucas 21.24). Jerusalén estuvo bajo dominio gentil desde el 70 d.C. hasta la guerra de los Seis Días en 1967.

El otro día leí un artículo muy interesante. En el templo, los levitas tenían un salmo particular que cantaban cada día de la semana. El segundo templo, en el que Jesús adoraba, fue destruido un sábado por la noche; y sin embargo, dice una leyenda rabínica, esa noche inexplicablemente los levitas cantaron el salmo que correspondía al miércoles. ¿Por qué?

Quizás captaron una visión profética del futuro. Pues un miércoles, 7 de junio de 1967, las tropas de Israel reocuparon el Templo del Monte y el pueblo escogido de Dios gobernó una vez más el monte de Dios. Ese día marcó el nacimiento de una nueva era y ofreció otra prueba de que estamos viviendo los últimos días.[4]

Comunicación internacional instantánea

En el libro de Apocalipsis Juan escribió:

Y daré a mis dos testigos que profeticen por mil doscientos sesenta días, vestidos de cilicio… Cuando hayan acabado su testimonio, la bestia que sube del abismo hará guerra contra ellos, y los vencerá y los matará. Y sus cadáveres estarán en la plaza de la grande ciudad que en sentido espiritual se llama Sodoma y Egipto, donde también nuestro Señor fue crucificado. Y los de los pueblos, tribus, lenguas y naciones verán sus cadáveres por tres días y medio, y no permitirán que sean sepultados. Y los modadores de la tierra se regocijarán sobre ellos y se alegrarán, y se enviarán regalos unos a otros; porque estos dos profetas habían atormentado a los moradores de la tierra. (11.3, 7-10)

Discutiremos luego con más detalle sobre estos dos hombres, pero los dos testigos aparecerán en la tierra durante la Tribulación. Usarán la ropa de luto tradicional y llamarán a los hombres al arrepentimiento.

La profecía nos dice que todo el mundo podrá ver a los dos testigos en las calles de Jerusalén. La generación de mis abuelos no podía explicarse eso. Ni la de mi padre. ¿Cómo podría la gente en los Estados Unidos ver personas en Jerusalén al mismo momento que la gente en África contemplaba la escena? Era un misterio.

Pero llegó la televisión, seguida de los satélites internacionales y la comunicación inalámbrica. En esta generación podemos ver cualquier noticia importante y trasladarnos a cualquier parte del globo a los pocos segundos de ocurrir el suceso.

Esto era imposible en 1900 y era imposible en 1960.

Hoy día es posible porque la nuestra es la generación final. Uno de estos días la población mundial verá los cadáveres de los dos testigos yacer sin que los puedan tocar en las calles de Jerusalén.

Engaño a escala mundial

La llegada de la comunicación global solo ha servido para facilitarle al diablo la divulgación de sus mentiras por todo el planeta. En Mateo 24 Jesús advertía: «Mirad que nadie os engañe» (v.4). La profecía bíblica declara que la mentira será epidémica en la generación final.

En Jeremías 9:5 se pinta la extensión de la red de engaño:

> Y cada uno engaña a su compañero, y ninguno habla verdad; acostumbraron su lengua a hablar mentira; se ocupan de actuar perversamente.

¡La verdad se ha convertido en algo tan casual! En este país tuvimos un presidente que hizo del mentir un arte, usando subterfugios sobre el significado de las palabras cuando un niño de tres años podía ver la verdad a través de sus mentiras. Aceptamos los cuentos que hacen los expertos en relaciones públicas, damos crédito a los mitos de los médicos y ni siquiera queremos conocer la verdad completa sobre nuestras estrellas y héroes del cine.

Los líderes de nuestro gobierno nos han mentido. ¿Acaso podemos olvidar la flagrante mentira presentada ante la Corte Suprema de la Florida mientras el vicepresidente Gore intentaba alterar el resultado del sufragio en ese estado en las elecciones presidenciales? Hablando en nombre de Al Gore, el abogado David Boies presentó una declaración jurada de Michael LaVelle testificando que las boletas «con perforaciones imperfectas» habían sido aceptadas en una corte de Illinois y contadas en una elección. Cuando se enfrentó a LaVelle con evidencia que decía lo contrario, cambió rápidamente su historia y redactó una declaración modificada el día siguiente. Un editorial del *Washington Times* decía: «Interesantemente, no hay prueba de que los demócratas hayan presentado la declaración modificada ante las juntas de escrutinio de la Florida o ante las cortes de ese estado, quienes han estado tomando decisiones basadas en la información incorrecta presentada por el Sr. Boies».[5]

¡La mentira existe en los más altos tribunales de nuestra nación! ¡Nada detiene a los políticos en los más elevados cargos para torcer la verdad y acomodarla a sus propios objetivos!

Pero la mentira se cuela en los hogares también. Enseñamos a nuestros hijos a mentir, diciéndoles que digan a quienes llaman por teléfono que «mamá no está en casa», cuando en verdad mamá no quiere que la interrumpan mientras ve en la televisión su novela favorita. Le decimos a los admninistradores de la escuela que Juanito estaba enfermo, cuando en realidad deseábamos pasar el día en la playa.

Ya no se *dice* la verdad: se manipula, se presiona, se pinta, se lustra, se barniza, se camuflagea, la manipulan médicos sin escrúpulos y se esconde entre líneas.

El engaño continuará con su reinando rampante. La mentira será la cualidad esencial de la última generación, y aunque siempre ha estado con nosotros, el anticristo venidero y su director de relaciones públicas, llamado el Falso Profeta, elevará el engaño a nuevos niveles. Hasta el apelativo del anticristo, «hombre de paz», es una mentira rotunda.

Usted no puede encontrar la verdad en las mentiras del mundo. Lo que Dios desea que conozcas sobre la vida y sobre el futuro está escrito en su Libro, no en la lista más reciente de los libros más vendidos en nuestra era. Aléjese de quienes dicen mentiras y mantenga su lengua y su mente en la verdad de Dios, no sea que sus sentidos se emboten como otros de la generación final.

Señales en el cielo y en la tierra

Jesús nos dijo que los últimos días se caracterizarán porque «habrá pestes, y hambres, y terremotos en diferentes lugares. Y todo esto será principio de dolores» (Mateo 24.7-8).

Otra traducción llama a estas señales «del comienzo de los dolores de parto» (NVI). El hambre, la pestilencia y los terremotos son como los dolores que una mujer empieza a sentir que está a punto de dar a luz. Cuando siente estos dolores, sabe que se aproxima el fin de su embarazo.

El pueblo judío tiene una enseñanza acerca de estos dolores de parto. La escatología hebrea, llamada *acharit ha-yamin,* describe la era premesiánica como una de grandes cataclismos y guerras, conocida como «los dolores de parto del Mesías». El Talmud describe esta era como «las huellas del Mesías», una época en que aumentará la arrogancia. El gobierno pasará a la herejía y no habrá nadie que censure su mala conducta. Los jóvenes avergonzarán a sus mayores y los familiares se convertirán en enemigos.[6]

Los terremotos son otra señal de los postreros días. Muchos teólogos creen que los terremotos van en aumento a medida que se acercan los últimos días, aunque la información científica no respalda esta suposición si es cierto que podemos detectar los terremotos más fácilmente de lo que estábamos acostumbrados a hacer.

El siguiente cuadro indica cuantas veces tiembla la tierra en un año promedio. Nótese que hay aproximadamente nueve mil temblores muy pequeños cada día.

Frecuencia de los terremotos en el mundo[+]

Categoría	Magnitud	Promedio anual
Grande	8 o más	1
Mayor	7-7.9	18
Fuerte	6-6.9	120
Moderado	5-5.9	800
Leve	4-4.9	c. 6,200
Menor	3-3.9	c. 49.000
Bien leve	2-3	c. 1,000[+]
Bien leve	1-2	c. 8,000[*]

[·]Desde 1900. [*]Por día
Fuente: Centro de información nacional sobre terremotos, US Geological Survey[7]

Lo que quiero que noten, sin embargo, es que Jesús dijo que la tierra temblará en los últimos días, y lo que creo que quiso decir es que temblará como en el pasado, cuando Dios se movía en los asuntos del hombre.

La Biblia registra por lo menos treinta y tres casos en que Dios usó los terremotos para comunicarse con los que tenían los oídos espirituales endurecidos. La tierra tembló en el Monte Sinaí cuando Moisés recibió los Diez Mandamientos (Éxodo 19.18). Al momento de la crucifixión, Dios usó un terremoto en Jerusalén para dividir el velo del templo de arriba a abajo (Mateo 27.51). Usó un terremoto en la resurrección para mover la piedra de la tumba prestada, no para dejar salir a Jesús, ¡sino para que otros entraran! (Mateo 28.2) El Señor usó un temblor para libertar a Pablo y Silas de la cárcel de Filipos (Hechos 16.26). Y anunciará la venida del Mesías de Israel con un terremoto:

Dijo: Jehová rugirá desde Sion, y dará su voz desde Jerusalén, y los campos de los pastores se enlutarán, y se secará la cumbre del Carmelo. (Amós 1.2)

En la venida del Mesías, el Domo de la Roca en Jerusalén (si aún está en pie) se desplomará cuando el Monte de los Olivos se parta en dos.

El constante temblor de la tierra debajo de nosotros es la voz de Dios hablándonos a través de la naturaleza, recordándonos que somos la generación final.

Evangelismo mundial

Jesús le dijo a sus discípulos: «Este evangelio del reino será predicado en todo el mundo para testimonio a todas las naciones; y entonces vendrá el fin» (Mateo 24.14).

Pese a los mejores esfuerzos de consagrados misioneros, nunca en la historia del mundo ha sido posible que el evangelio sea predicado en *todo* el mundo, a *todas* las naciones; hasta hoy.

La tecnología ha hecho la diferencia. La televisión y la radio llegaron a todos los hogares y consagrados radiodifusores cristianos llevan la Palabra a los países civilizados.

Aun las naciones no civilizadas escuchan el evangelio de una manera que pueden entender. Considérese, por ejemplo, la increíble tarea de las personas dedicadas al *Jesus Film Proyect* [Proyecto Fílmico sobre Jesús] patrocinado por *Campus Crusade for Christ*. Este proyecto procura dar a cada persona en el mundo la oportunidad de escuchar el evangelio en su lengua nativa. De modo que si una persona habla swahili, francés o un idioma cuyo nombre sea hasta difícil para la mayoría de nosotros, puede encontrar la vida y el mensaje de Jesús en el idioma «del corazón».

Hasta el 1 de octubre de 2000, más de 3.9 mil millones de personas habían visto la película, con más de 121 millones de decisiones por Cristo. Esta cinta, que explica el evangelio de Jesucristo en la lengua nativa de los grupos que se desea alcanzar, está disponible en 624 idiomas y se está trabajando en la traducción de 282 idiomas adicionales. Y nótese lo siguiente: *la película ha sido proyectada en 233 de los 234 países del mundo.*

El evangelio se está divulgando por todo el globo, tal como Jesús dijo que se haría.

Guerra nuclear y biológica

La generación de mi padre no podía entender ciertos pasajes proféticos de las Escrituras. Un pasaje incomprensible era Zacarías 14.12-15:

Y esta será la plaga con que herirá Jehová a todos los pueblos que pelearon contra Jerusalén: la carne de ellos se corromperá estando ellos sobre sus pies, y se consumirán en las cuencas sus ojos, y la lengua se les deshará en su boca. Y acontecerá en aquel día que habrá entre ellos gran pánico enviado por Jehová; y trabará cada uno de la mano de su compañero, y levantará su mano contra la mano de su compañero. Y Judá también peleará en Jerusalén. Y serán reunidas las riquezas de todas las naciones de alrededor: oro y plata, y ropas de vestir, en gran abundancia. Así también será la plaga de los caballos, de los mulos, de los camellos, de los asnos, y de todas las bestias que estuvieren en aquellos campamentos.

Zacarías no sabía cómo describir su perturbadora visión, de modo que llamó plaga a los horribles resultados. Dada la realidad de la guerra biológica, él pudo haber visto los resultados de una enfermedad o los resultados de una radiación masiva y de una guerra nuclear.

Hace años, vi un documental sobre Hiroshima que contenía una recreación del bombardeo que puso fin a la Segunda Guerra Mundial. Mientras veía el programa, me percaté que la carne literalmente se derretía de los huesos de las víctimas antes de que los cuerpos pudieran caer a tierra. De pronto, entendí que Zacarías pudo haber estado describiendo la destrucción causada por una bomba atómica.

La bomba atómica que devastó a Hiroshima fue terrible pero la humanidad ha progresado en armamentos para hacer mucho más que eso. Una explosión nuclear de un megatón (que sería como un simple cohete de feria comparado con la masiva bomba de hidrógeno) atomiza instantáneamente todo lo que encuentre en un radio de dos millas. Dentro de un radio de ocho millas, todo arde en llamas de forma instantánea. La misma tierra se convierte en un infierno rugiente, literalmente: un infierno sobre la tierra.

En noviembre de 1999, el sheikh de Al-Azhar, Dr. Muhammad Tantawi, exhortó a los árabes y musulmanes «a adquirir armas nucleares como respuesta a la amenaza de Israel». Según el Dr. Tantawi, uno de los primeros comandantes musulmanes, Abu Bakr, daba instruccionmes a sus seguidores: «Si ellos te combaten con una espada, combátelos con una espada, si combaten con una lanza, combátelos con una lanza». Si Abu Bakr hubiera vivido hoy, habría dicho, «si ellos te combaten con una bomba atómica, debes combatirlos con una bomba atómica».[9]

Tantawi continuó:

El islam recibe con agrado toda fuerza que sirva lo correcto y defienda el honor del pueblo… Si Israel tiene armas nucleares, será el primero en ser derrocado porque vive en un mundo donde no hay miedo a morir. Nosotros no le tememos a las armas nucleares de Israel. A lo que nosotros tememos es la [posibilidad] de no levantarnos y avanzar.[10]

La plaga de Zacarías podría ser el resultado de una bomba atómica, pero también cabe la posibilidad de que sea un arma biológica. Después de la Primera Guerra Mundial, varios países comenzaron a experimentar con ántrax, tularemia, plagas y fiebre amarilla. En 1999, la CIA se enteró de que un vasto complejo de edificios en el corazón de la Siberia rusa era el centro de lo que se llama biología negra. El programa se llama Vector y contiene un banco de 10.000 viruses, incluyendp 140 especies de viruelas y tres clases de ebola, una enfermedad que literalmente causa la hemorragia y desintegración de los órganos internos. Un ex científico ruso dijo a la periodista Diane Sawyer que los rusos pueden haber compuesto una mezcla genética mortal: una combinación de viruela y ebola. La tasa de mortalidad de cada virus sería de un 90 a un 100 por ciento y para eso no hay tratamiento.[11]

El aumento de la perversión y la inmoralidad

Jesús todavía nos da otra señal de los últimos días. Él le dijo a sus discípulos:

Pero del día y la hora nadie sabe, ni aun los ángeles de los cielos, sino solo mi Padre. Mas como en los días de Noé, así será la venida del Hijo del Hombre. Porque como en los días antes del diluvio estaban comiendo y bebiendo, casándose y dando en casamiento, hasta el día en que Noé entró en el arca, y no entendieron hasta que vino el diluvio y se los llevó a todos, así será también la venida del Hijo del Hombre.

¿Qué características marcaron los días de Noé? Génesis nos dice que la maldad sobre la tierra era muy grande y que «todo designio de los pensamientos del corazón de ellos era de continuo solamente al mal» (6.5).

¿Pueden los Estados Unidos descender más abajo en la letrina de la inmoralidad? Algunas veces lo dudo, pero cuando abro otro periódico o revista comprendo que estaba equivocado. No hace mucho abrí un ejemplar de *Newsweek,* una respetable revista de noticias, y leí:

La televisión finalmente ha creado a un hombre que puede ir desnudo de pies a cabeza con las mujeres de «Sex and the City». Su nombre es Brian, un ejecutivo de publicidad de Pittsburgh con una sonrisa traviesa, ojos pardos ardientes y hormonas sexuales que nunca fallan. Brian va a su casa con alguien diferente cada noche, aún cuando ha seducido a un cliente en un encuentro en la oficina a primeras horas del día. Con esa clase de atractivo irresistible, quizás no es de sorprender que sus amigas lesbianas le pidan que sea el padre de su bebé. Ni debe sorprender que Brian esté ausente en el alumbramiento porque está muy ocupado con una muchacha de 17 años… Todos los hombres del programa por cable «Queer As Folk» se acuestan con otros hombres.[12]

El *New York Times* dice que: «Redefinir lo correcto es parte de la filosofía del programa… Estas series tienen la intención de sacudir a la audiencia, y lo hacen, con vocabulario que no puede citarse y escenas de sexo tan íntimas que el grado de retorcimiento de muchos espectadores será alto».[13]

En los últimos años hemos sido testigos del aumento en la agresividad homosexual en nuestra sociedad. Parejas de lesbianas adornan las portadas de las revistas; ahora la televisión nos ofrece promiscuidad homosexual en las mejores horas. El reportero de *Newsweek* continúa:

> Ha sido un año tremendo para los homosexuales en la televisión, y lo afirmamos literalmente. John Goodman aparece en una comedia acerca de un homosexual corpulento en Ohio. Richard Hatch se quitó su ropa, sobrevivió en la serie «Survivor» y se convirtió en la máxima celebridad publicitaria en los Estados Unidos. Los actores de «Will & Grace» hicieron su parte también ganando un Emmy en la categoría de mejor comedia.[14]

Lo que pasa como *apertura* y *tolerancia* en esta generación no ha producido libertad. Nuestra *licencia* ha producido una generación que muere de SIDA.

Hemos asesinado otra generación a través de lo que llamamos libertad de selección: ¡el aborto!

Esta « generación ilustre» trata diariamente con tiroteos desde autos en marcha, violación, abuso infantil, incesto y el colapso de la familia tradicional.

Tengo una solución para quienes están viviendo en el infierno creado por el vicio de la droga, el SIDA, la homosexualidad, la pornografía y el satanismo: la respuesta es Jesucristo, ¡Él es la respuesta!

Él puede transformar tu pena en gozo.

Él es un amigo que se mantiene más cerca que un hermano.

Él es el Shaddai, el Pan de Vida, el Agua Viviente.

Él es el Príncipe de Paz para la mente atormentada.

Él es fuerza para el agobiado, luz para quienes andan en tinieblas.

Él es esperanza al desesperanzado.

Pruébalo. Ámalo. Sírvele.

Y descubrirás que nunca falla.

Él es la respuesta, la única respuesta a las necesidades de esta última generación.

Siete

La economía norteamericana e Israel

El precio del petróleo, el que ya está retrasando el
crecimiento económico de Occidente, es sensitivo a
los acontecimientos en Israel y el sentimiento
antiamericano aumenta en el mundo árabe porque
estos perciben su apoyo a Israel.

Matthew Fisher, Ottawa Sun, 24 de noviembre 2000[1]

La tendencia en Washington de apoyar a Israel ha
contribuido a incrementar el antiamericanismo en
regiones tan lejanas como Pakistán e Indonesia. Las
fuerzas de EE.UU. están en alerta en todo el Oriente
Medio frente ante el incremento de los ataques
terroristas. Y Arabia Saudita ha dado el paso poco
común de amenazar con el uso de su brazo petrolero.
Esto puede costarnos caro en la bomba de gasolina.

Holger Jensen, Denver Rocky Mountain News, 2 de noviembre 2000[2]

Hablar de dinero es emocionante. Si no lo cree, solo trate de quitarle veinte dólares a la próxima persona que encuentre en la calle. Jesús trató de enseñarnos a manejar el dinero: dieciséis de las veintiocho parábolas tratan sobre las posesiones. Quinientos versículos en el Nuevo Testamento se refieren a la oración, menos de quinientos a la fe y más de dos mil se refieren a cómo manejar nuestras posesiones.

Wall Street va camino a tener dificultades, no lo dude. Pese a las predicciones optimistas que salen de labios de los que trazan la política en la capital de nuestra nación, la economía americana está balanceándose en el filo de una navaja. En la edición del 4 de noviembre de 2000 de la revista *National Journal,* John Maggs afirmó que un hombre, más que ningún otro, determinará si el actual aumento en los precios del petróleo tendrá un impacto negativo en la economía americana. ¿Quién es ese hombre? No, no es un presidente estadounidense. No, no es Alan Greenspan. No, ni siquiera es el jefe de una compañía petrolera norteamericana. Maggs dice que el hombre es Saddam Hussein, la «última persona que el próximo presidente americano querrá que tenga la última carta».[3] Y continúa:

> Desde que las Naciones Unidas suavizaron las sanciones por la Guerra del Golfo, Irak ha venido exportando 2.5 millones de barriles de crudo al día. Esto es más que cualquier compañía petrolera gigante y más que casi cualquier otro país exportador. Sin embargo, desde marzo pasado el gobierno de Irak ha estado haciendo amenazas frecuentes de reducir o eliminar sus exportaciones… Más recientemente, Saddam ha unido sus amenazas al brote de violencia entre Israel y los palestinos. Esas amenazas no son solo palabras. Saddam movió una fuerza de cinco divisiones al Irak occidental, no lejos de su frontera con Jordania y tan cerca de Israel como puede llegar.[4]

Maggs afirma que la economía mundial pagará un alto precio si Saddam cumple sus amenazas. No solo el mundo, sino particularmente los Estados Unidos. «Varias naciones árabes», advierte, «han amenazado con retener el petróleo para castigar a Europa y a los Estados Unidos por su apoyo a Israel. Además, hace dos semanas el ministro del petróleo de Irán, el tercer gran exportador de petróleo, amenazó con cortar los suministros de petróleo a menos que Israel retire sus tropas de las zonas palestinas».[5]

No lo dude, mi amigo. Un estado de guerra en el Oriente Medio podría interrumpir dramáticamente nuestro suministro de petróleo. Y sin petróleo no tendríamos gasolina. Sin gasolina, la industria camionera cerraría, las líneas aéreas no volarían, la distribución del correo se paralizaría y la gente no podría ir a sus trabajos. Con la industria sin funcionar, el mercado de valores quebraría. En cuestión de semanas, Estados Unidos estaría severamente incapacitada.

¿Pero qué de nuestras estratégicas reservas de petróleo? Patrick Clawson, del Instituto de Washington sobre Política del Cercano Oriente, me dijo que Estados Unidos tiene suministro de petróleo solo para dos meses. Si Saddam Hussein decide interrumpir el suministro de petróleo en marzo, para mayo ya nuestra economía estaría en crisis.

Un informe del Instituto para la Política Pública James A. Baker declara que al tiempo de la invasión de Irak a Kuwait, los mercados petroleros experimentaron un exceso de suministros considerable que incluía excesivas reservas de petróleo comercial así como decenas de millones de barriles de crudo sin vender a bordo de buques tanques. Pero hoy día este excedente no existe.[6]

Philip Verleger, un respetado economista que aconseja a las grandes compañías petroleras, comenta: «Solo un evento nos separa de una gran crisis. El cese de suministro por parte de Irak o algunos otros podría ser ese evento».[7]

El precio del petróleo se ha triplicado desde la primavera de 1999, pasando de $10.90 el barril a $33.92 exactamente un año después. Nuestro planeta no carece de petróleo, pero somos más y más vulnerables a quienes controlan los grifos.

John Maggs informa que los precios del petróleo han desempeñado un papel crucial en las pasadas tres recesiones de Estados Unidos, retrocediendo hasta 1973.[8] La pujante economía de EE.UU. de los años pasados puede resbalar hasta detenerse, y entonces derrumbarse.

«Con habilidad para escoger el momento oportuno y con buena suerte», escribió Maggs, «Saddam o cualquier otra fuerza en el mundo podría generar una nueva crisis petrolera con efectos a largo plazo para Estados Unidos y la economía mundial. Y no hay mucho que la Casa Blanca o los economistas puedan hacer».[9]

Aún sin considerar la amenaza de una escasez de petróleo, muchos problemas económicos se ciernen sobre nosotros. John Makin, economista principal del American Enterprise Institute, pronostica una recesión en los Estados Unidos en el 2001. «La recesión será aguda», sostiene. Y advierte que «una recesión en EE.UU. podría convertirse en una recesión global».[10]

Makin no está solo en su pronóstico de problemas económicos para el año entrante. Stephen Roach, jefe economista de Morgan Stanley Dean Witter, ha advertido a sus clientes que «se mantengan en máxima alerta ante un difícil aterrizaje global en la primera mitad de 2001».[11]

Y en su libro *The coming Internet Depresión* [La depresión venidera de la Internet], Michael Mandel advierte que el auge de la Bolsa de Valores se derrumbará, provocando un serio quebranto económico en forma de inversiones canceladas, bancarrotas y despidos laborales.[12]

El día que muere el dólar

El apóstol Santiago escribió sobre la futura economía:

¡Vamos ahora, ricos! Llorad y aullad por las miserias que os vendrán. Vuestras riquezas están podridas, y vuestras ropas están comidas de polilla. Vuestro oro y plata están enmohecidos; y su moho testificará contra vosotros, y devorará del todo vuestras carnes como fuego. Habéis acumulado tesoros para los días postreros. (Santiago 5:1-3)

El dinero acumulado pierde su valor cuando la economía se va al suelo. El derrumbe económico mundial podría crear la caótica plataforma sobre la cual aparecerá el anticristo.

Quizás usted recuerde la celebración del presidente Clinton ante el llamado superávit presupuestario de 1998. Luego del anuncio de este «dinero sobrante», se intensificó el debate en el Congreso y en la prensa sobre cómo deberíamos gastar el supuesto excedente. Nadie, sin embargo, dijo la verdad real detrás de toda la hipérbole política. La verdad, simplemente expuesta, es la siguiente: *no hay dinero sobrante.* Pese a las afirmaciones de Washington de que la administración Clinton borró treinta años de tinta roja, la deuda nacional sigue creciendo. En septiembre del 2000, la deuda nacional —la suma total de bonos, cuentas y notas de Tesorería que nuestro gobierno debe— arrojó la suma de $5.677.647.064.339.47.[13] Eso es más de $5 *trillones de dólares.*

¿Cuánto es un trillón? Si usted abrió un negocio el día en que nació Jesús, estuvo abierto los 365 días del año y perdió $1 millón de dólares cada día, tendría que trabajar hasta el día de hoy y por otros 700 años más antes de perder $1 trillón de dólares.

Un millón de dólares puede medir cuatro pies de alto en billetes de mil dólares. Usted tendría que amontonar billetes de mil dolares en sesenta y siete *millas* de altura antes de tener 1 trillón de dólares.

«La creciente deuda nacional es un huésped indeseado en la fiesta del superávit de hoy», dijo Robert L.Bixby, director de la Coalición Concord para la Política Nacional. «Pero los políticos que se jactan del excedente hoy día tendrán dificultad para explicar a sus electores en unos cuantos años por qué tienen que elevar el límite de la deuda».[14]

Un editor del periódico *Countryside & Small Stock Journal* reconoce que hay personas que pueden aparentar vivir por todo lo alto usando tarjetas de crédito, pero «su día de arreglo de cuentas vendrá. Y eso es igual para las naciones».[15]

El editor agrega que los extraordinarios esfuerzos económicos y políticos han mantenido nuestra economía. Esto se compara a la práctica de apagar fuegos pequeños en los parques nacionales, aunque estos fuegos son naturales y beneficiosos:

> Cuando el hombre los extingue, el combustible en el suelo del bosque cobra fuerza y conduce a incendios como el de Yellowstone en 1988. Al apagar estos pequeños fuegos, los administradores de la economía no demostraron que quienes nos dimos cuenta de lo que iba a suceder estábamos equivocados; solo montaron el escenario para un final que será mucho peor que hasta el más sombrío que predijimos en los años sesenta».[16]

El desastre de la deuda

La creciente deuda nacional a la larga matará el dólar americano. Proverbios 21:20 nos dice: «Tesoro precioso y aceite hay en la casa del sabio. Mas el hombre insensato todo lo disipa». Estados Unidos ha devorado no solo todo lo que tiene sino lo que todos sus hijos tendrán. Según el sistema de contabilidad de Dios, la política de gastos de nuestra nación está formulada por necios. Estamos gastando todo lo que tenemos y todo lo que podemos pedir prestado de Europa y Japón.

El otro día un hombre me dijo que el Congreso elevó los impuestos para así poder saldar la deuda nacional. ¡Eso es un mito! Hace dos años la prensa nacional recogió expresiones de Clinton y de varios miembros del Congreso celebrando el superávit presupuestario. Mucha gente celebró muchísimo ese excedente de dinero, pero todo ese alboroto fue solo una venda sobre los ojos del pueblo americano.

Permítame explicarlo: En 1998, Estados Unidos experimentó un año de estabilidad económica. El desempleo se redujo y la inflación fue insignificante. El Presidente Clinton anunció un superávit presupuestario de $39 mil millones de dólares, mientras que la Oficina de Presupuesto del Congreso estimó que podía ascender hasta $63 mil millones. La gente lo celebró. Los demócratas se dieron palmaditas en la espalda y los republicanos comenzaron a presionar por recortes en los impuestos.

Todo fue habladuría tipo la Cenicienta.

La historia lo explica. En 1968, para cubrir los gastos de la guerra de Vietnam, el presidente Lyndon Johnson decidió —por primera vez— incluir el Seguro Social en el presupuesto nacional. El Seguro Social, por necesidad, recoge dinero que luego desembolsa, de modo que el sobrante del Seguro Social ayudó a Johnson a balancear sus cuentas.

Hoy día, el superávit del Seguro Social es por lo menos de $100 mil millones al año y solo esto explica el superávit del presupuesto federal. Si se separa el Seguro Social del presupuesto nacional, como en los días anteriores a Johnson, el presupuesto no arrojaría ningún superávit, sino un *défict* de más de $37 mil millones.

Un presupuesto en déficit puede ser algo bueno pues recorta los gastos del gobierno. Pero cuando se comienza a hablar de superávit, los políticos comienzan a soñar en nuevos modos de gastar dinero que en realidad no tenemos. Pues mientras los políticos en Washington están dando sus ideas respecto al déficit y al superávit, ninguno habla sobre la deuda nacional.

La deuda nacional representa aproximadamente un 67.4 por

ciento de nuestro producto nacional bruto (PNB). Eric Black, redactor del *Minneapolis Star Tribune* explica la importancia de este tema:

> Imaginemos a una familia que pide prestado dinero todos los años, no liquida ninguna deuda y por consiguiente paga más intereses cada año. Esto no es saludable. Pero al evaluar la magnitud del problema, usted quisiera saber si el ingreso de la familia aumenta con la suficiente rapidez para que pueda pagar sus crecientes intereses sin tocar el dinero para la comida y la hipoteca. Si se expresa la deuda como un porcentaje del producto nacional bruto (PNB) puede ver cual crece con más rapidez… Entre 1981 y 1996, el PNB creció en un doscientos cincuenta por ciento, un ritmo muy saludable. Durante el mismo período, sin embargo, la deuda nacional creció en un quinientos por ciento; dos veces más rápido que la economía.[17]

Black continúa explicando que el porcentaje de la deuda nacional respecto del PNB declinó ligeramente en 1997, pero que podría fácilmente comenzar a aumentar otra vez. «Una manera de pensar sobre el fenomenal crecimiento de la deuda nacional es considerarlo como el precio que pagamos por cancelar una visita al dentista», dice Lawrence Malkin, columnista sobre temas económicos. Posponer la visita nunca alivia el dolor, sino que lo empeora.[18]

Una y otra vez en la historia de los Estados Unidos la deuda nacional se creó durante tiempos de guerra y se pagó en tiempos de paz, pero después de la Segunda Guerra Mundial, el gobierno decidió no cancelar la deuda. La deuda en proporción al PNB en 1945 era más del cien por ciento.[19]

Nuestra nación está simplemente hundiéndose más y más dentro de una zanja con paredes tan altas que tendremos dificultad en salir de ella. Para sobrevivir, debemos enviar un mensaje que sacuda a los oficiales que elegimos: «¡Paren los gastos que llevan esta nación a la pobreza. No sigan enviando a nuestros hijos y nietos a la prisión de las deudas!»

Algún día el dólar morirá por no tener nada que lo sostenga; ningún valor real.

¿Cuánto vale un dólar? Menos y menos

¿Se ha detenido alguna vez a considerar el valor de un dólar?

El primer sistema mundial de intercambio fue el sistema de trueque. Si deseaba algo de usted, le ofrecía tabaco, una vaca o algunos pollos en intercambio. Luego, los metales preciosos se convirtieron en el sistema de intercambio monetario. Fue entonces cuando se crearon los bancos y los recibos de papel representaban el valor del oro guardado en la caja fuerte del banco. La casa de moneda de EE.UU. imprimió dólares que representaban el oro depositado en Fort Knox, pero cuando Estados Unidos fue eliminado del patrón oro en 1933, el dólar en su bolsillo perdió valor.

Bajo el patrón oro, el suministro de oro determinaba el suministro de dólares. El oro debe tener un valor de dólar fijo —X dólares por onza— y si el suministro de oro aumenta, entonces el suministro de dinero podría crecer por X dólares. Bajo este sistema no puede haber inflación porque el gobierno no puede manipular el suministro de dinero. El suministro de oro —y de dinero— estaba limitado por la cantidad de oro extraído de las minas. Sin el patrón oro, los gobiernos imprimen dinero a su discreción y, al final, la libre circulación de dólares abarata el valor de los productos. Cuando un producto abunda, su valor cae.

Estados Unidos abandonó el patrón oro en medio de la Gran Depresión y el mundo abandonó el patrón oro internacional en 1971. En estos días la tasa de intercambio fluctúa libremente, y la

Reserva Federal de Estados Unidos, encabezada por Alan Greenspan, controla la economía norteamericana. No piense ni por un momento que el Congreso o el presidente controlan nuestra economía.

La Reserva Federal no tiene oficiales por elección. La junta de oficiales se compone de siete miembros designados por el presidente por términos de catorce años.

La Reserva Federal nunca ha sido auditada.

La Reserva Federal establece la tasa de interés que determina lo que vale su dinero. Es un hecho sorprendente, pero cierto: el valor de su dólar lo controla una organización que no está controlada por los Estados Unidos.

Si alguien le dice: «Luces tan sólido como un dólar», bueno, entonces debe comenzar a buscar un ataúd.

Estamos «subsidiando» nuestro camino al desastre

La economía americana morirá a causa de los subsidios. ¿Sabía usted que antes de 1930 era inconstitucional que el gobierno le fijara un impuesto a un ciudadano y le diera el dinero a otro? Por cien años el Tribunal Supremo votó contra esos programas. Pero Franklin Delano Roosevelt llenó el Tribunal Supremo de jueces liberales que votaron a favor de los subsidios y se abrieron las compuertas. El pueblo norteamericano descubrió que el gobierno de los Estados Unidos estaba dispuesto a dar limosnas.

Hace más de doscientos años, el profesor Alexander Tyler escribió sobre una poderosa sociedad griega que había sucumbido hacía dos mil años:

> Una democracia no puede existir como forma permanente de gobierno. Solo puede existir hasta que los electores descubran que

pueden adquirir, a través de los votos, dinero del tesoro público. Desde ahí en adelante, la mayoría votará por el candidato que prometa más beneficios del tesoro público. El resultado siempre será que la democracia se derrumbe por causa de una política fiscal floja y será seguida por una dictadura.[20]

En 1964, en su discurso sobre el estado de la Unión, Lyndon Baines Johnson anunció una «guerra incondicional contra la pobreza», proclamando: «Mil dólares invertidos hoy en rescatar a un joven sin empleo, puede producir $40.000 o más durante la vida de este». Impulsado por la creencia de Johnson en la «Gran Sociedad», el Congreso aprobó un número sin precedente de leyes que instituían programas para reducir la pobreza.

Hoy día, más de treinta años después, hemos gastado más de $5.4 trillones, pero la tasa de pobreza en Estados Unidos no ha cambiado. De hecho, la tasa de pobreza en 1966 era de un 14.7 por ciento. En 1993, después de gastar miles de millones de dólares, la tasa de pobreza ha aumentado a 15.1 por ciento.

¿Cómo se traduce esto en la realidad de cada día? Solo en 1993, los contribuyentes norteamericanos gastaron más de $324 mil millones de dólares en ochenta diferentes programas de bienestar social; esto es más que $3.300 por cada familia que paga impuestos.

Con los $5.4 trillones que hemos gastado en librar la Guerra contra la Pobreza, podríamos haber comprado todas las fábricas, todo el equipo manufacturero y todos los edificios de oficina en los Estados Unidos. ¡Aún después de estas compras, nos quedaría suficiente dinero para comprar todas las líneas aéreas, los ferrocarriles, las firmas de camiones, las flotas marítimas comerciales, compañías telefónicas, compañías de televisión y radio, de electricidad, hoteles y todas las tiendas de ventas al detalle y al por mayor que existen en el país![21]

El bienestar social se ha convertido en uno de los principales gastos del gobierno. Para 1994, después de los ajustes por concepto de inflación, los gastos por concepto de bienestar social fueron seis y media veces mayores que al comienzo de la Guerra contra la Pobreza de Johnson.[22] William Lauber comenta:

> En el bienestar social usted obtiene lo que ha pagado. Desde que el presidente Johnson y el Congreso aprobaron los programas de la «Gran Sociedad», nuestro gobierno ha pagado por los desempleados y por los nacimientos fuera del matrimonio. Y, por consiguiente, ha provocado grandes aumentos en ambas categorías... Al ofrecer beneficios a las personas sin considerar el carácter o la conducta, el sistema de subsidios ha contribuido a destruir el carácter y la disposición de los pobres.[23]

¿Cuál es la solución bíblica para la pobreza? «Seis días trabajarás» (Éxodo 20.9). Estados Unidos es la tierra de igualdad de oportunidades: todo el mundo puede trabajar y pagar impuestos. La Biblia dice: «Si alguno no quiere trabajar, tampoco coma» (2 Tesalonicenses 3.10). ¡Nada en su vida trabajará hasta que usted lo haga!

La palabra de Dios hace provisión para el hombre o la mujer que no puede trabajar a causa de mala salud o la vejez. En Israel, se le prohibe a los campesinos que corten el grano en las orillas del campo para que las viudas y los huérfanos puedan recogerlos para sus necesidades. Las ramas de los árboles frutales pueden «limpiarse» solo una vez, de modo que los pobres puedan recoger los frutos que queden. Es responsabilidad de la iglesia y la sociedad proveer para la gente que en verdad no puede trabajar.

¿Por qué Dios permitiría una bancarrota económica?

Dios permitirá una bancarrota económica que afecte a los Estados Unidos y al mundo porque el dios falso más importante de los Estados Unidos es el dios del dinero. ¿No me cree? Considere estos hechos:

Sacrificamos nuestra salud al dios mammon (dinero) ¡Arruinamos nuestra salud por obtener riqueza y gastamos toda nuestra riqueza por recuperar la salud! Esto es una locura. Los hospitales de Estados Unidos y los consultorios médicos están llenos de pacientes que sufren de enfermedades relacionadas con el estrés. ¿Por qué tanto estrés? Porque estamos gastando todo lo que tenemos y endeudándonos más para estar al nivel del vecino. Ya es hora para que la mayoría de los estadounidenses considere la cirugía plástica: ¡tiren a la basura las tarjetas de crédito y salden las deudas!

Sacrificamos el matrimonio y los hijos en la loca persecución del dinero. ¿Cuánto tiempo empleó ayer en hablar con sus hijos? ¿Cuánto tiempo gastó en trabajar? El padre promedio en los Estados Unidos habla con sus hijos cuarenta y ocho segundos al día. Asegúrese de valorar más las relaciones humanas que su carrera.

Los bancos son las nuevas catedrales para adorar en los Estados Unidos. La próxima vez que entre a alguno de ellos, fíjese en el exquisito mobiliario y observe cómo el típico cliente habla con el oficial de préstamos. Nueve de diez veces hablará con un tono solícito y casi reverente. Si honráramos a Dios en esa forma, un reavivamiento barrería los Estados Unidos. Los bancos no son la fuente de nuestra riqueza: ¡es Dios!

Algunos de ustedes han vendido su alma al dios del dinero. No pueden diezmar por amor al dinero. No pueden dar, no pueden vivir y no pueden amar. ¡Pero escúcheme! El dios de Estados Unidos caerá.

En Deuteronomio 28.17-18 Dios anunció las maldiciones que caerán sobre la nación que no lo obedezca: «Maldita tu canasta y tu artesa de amasar. Maldito el fruto de tu vientre, el fruto de tu tierra, la cría de tus vacas, y los rebaños de tus ovejas». La canasta (para recoger los productos), la artesa (para hacer pan), el producto de la tierra, la cría de las vacas y los rebaños de ovejas: todo tiene que ver con la economía de la nación. Los hombres pueden pensar que controlan la economía de las naciones, pero no lo hacen. Es Dios.

Dios permitirá una quiebra económica porque ese escenario cuadra con su plan profético. La economía del futuro anticristo será una sociedad sin dinero en efectivo, en la cual toda transacción financiera será supervisada electrónicamente. Juan, autor del libro de Apocalipsis, describió la situación: «Y hacía que todos, pequeños y grandes, ricos y pobres, libres y esclavos, se les pusiese una marca en la mano derecha, o en la frente; y que ninguno pudiese comprar ni vender, sino el que tuviese la marca y el nombre de la bestia, o el número de su nombre» (Apocalipsis 13.16-17). Voy a dejar la discusión completa del futuro sistema económico del anticristo para el último capítulo, pero sepa esto: en la confusión que resultará de una quiebra económica mundial, el hombre de pecado se dará a conocer así como Hitler llegó al poder a causa de la crisis económica de Alemania.

El Dios Omnipotente derribará al falso dios de Estados Unidos: mammon. Él nos dice: «Yo soy el Señor tu Dios y no hay otro fuera de mí. Yo soy tu escudo, tu defensa, tu torre alta, tu proveedor».

Recuerda, Estados Unidos, el poder para ganar riqueza no viene de Alan Greenspan, la Reserva Federal, el Presidente, el Congreso o Wall Strreet. ¡Dios gobierna en los asuntos humanos!

Dios derribará nuestra economía porque nuestra conciencia nacional está muerta. La sociedad americana, fundada sobre los principios de la fe y la libertad, ha dejado su huella moral y ha perseguido al viento. Somos como el rey Salomón, quien dijo,

> No negué a mis ojos ninguna cosa que desearan, ni aparté mi corazón de placer alguno, porque mi corazón gozó de todo mi trabajo; y esta fue mi parte de toda mi faena. Miré yo luego todas las obras que habían hecho mis manos, y el trabajo que tomé para hacerlas; y he aquí, todo era vanidad y aflicción de espíritu, y sin provecho debajo del sol. (Eclesiastés 2.10-11)

Estados Unidos es una burla sin alma de lo que antes fue. Nuestra sociedad, como la antigua Roma, va camino a la destrucción, pero le tengo buenas noticias. ¡El reino de Dios es roca sólida y nunca caerá! Jesús oró: «Porque tuyo es el reino y el poder y la gloria, por todos los siglos». (Mateo 6.13)

El reino divino nunca terminará y la economía de Dios nunca fallará. ¡Amén!

Ocho

Vientos de guerra sobre Jerusalén

> Se le debe poner fin al sionismo. Si ellos (la OLP) no pueden, entonces solo Irak es capaz de hacerlo. Permitan que ellos nos den un pequeño pedazo de tierra adyacente y dejen que nos apoyen solo desde lejos. Verán como, en poco tiempo, ponemos fin al sionismo.
>
> *Saddam Hussein, 3 de octubre de 2000* [1]

> Irak, de quien no se oía últimamente, ha venido tomando una feroz actitud contra Israel que no se compara con ningún estado de la región. El Ministro de Asuntos Exteriores de Irak, Mohammed al-Sahhf, se refirió a Israel como a una «entidad enana, un usurpador y un peón del colonialismo… Irak no reconoce, y no reconocerá, a esta entidad usurpadora».
>
> *Cal Thomas, 11 de octubre de 2000* [2]

No se equivoque: en algún momento, Rusia, unida a sus aliados árabes, dirigirá un ataque masivo sobre la nación israelí que probablemente involucre armas nucleares. El profeta Ezequiel describió claramente la futura batalla, que yo creo que tendrá lugar justo antes de que el anticristo avance para tomar su lugar en el escenario mundial.

Aún hoy, Arafat está buscando ayuda de Rusia y de la Unión Europea. Un informe de *Star*, un periódico jordano, impreso poco después de las infructuosas conversaciones de Camp David en el verano de 2000, reproduce el retrato de un valiente y solitario Arafat peleando por la verdad:

Camp David ha tenido éxito en enfocar las negociaciones en temas vitales que pudieran lograr o impedir un acuerdo entre palestinos e israelíes… Nosotros podemos solo simpatizar con Arafat, quien tuvo que resistir las medidas coercitivas de Clinton. Pero también nos unimos a millones de árabes que lo aclaman por mantener su postura y por rehusar todo compromiso sobre los derechos palestinos sobre Jerusalén. Si alguien se portó con valor en Camp David fue definitivamente el líder palestino… Lo que es sin duda doloroso fue ver a Arafat librando la batalla por Jerusalén con una sola mano. El está ahora pidiendo a los árabes y palestinos que asuman su responsabilidad y definan su posición y envíen ese mensaje tanto a Israel como a EE.UU. La pregunta es: ¿se atreverán a hacer esto?[3]

El 26 de noviembre de 2000, la edición del *New York Times* contenía el artículo «Rusia respalda el plan europeo para Nueva Fuerza». El subtítulo: *Moscú quiere un plan militar que excluya a Estados Unidos.*

Leí el artículo con interés y me sorprendió a medias saber que Rusia está ahora lista para cooperar con la nueva fuerza militar de 60.000 miembros, establecida por la Unión Europea (UE). Rusia no es parte de la Unión Europea pero por alguna razón esta nación se siente atraída a ayudar a crear este nuevo ejército. Según el *New York Times*: «un día después que el presidente Vladimir V. Putin de Rusia recibió al líder palestino Yasser Arafat en Moscú, el señor Ivanov también le pidió a la Unión Europea que se involucrara más en las conversaciones de paz del Oriente Medio».[4]

Según el Ministro ruso de Asuntos Exteriores, Igor Ivanov: «Rusia, como copatrocinadora del proceso de paz del Oriente Medio, cree que la Unión Europea debería tomar un papel más activo en su mediación internacional. La similitud de enfoques sobre estas cuestiones entre Moscú y Bruselas nos permiten actuar uno tras otro y si es necesario, en un esfuerzo conjunto».[5] Los jugadores están alineándose, mis amigos. Los rusos y los árabes están alineándose y la Unión Europea, que yo creo que producirá el anticristo, espera tras bambalinas con un ejército de apoyo. La horrible batalla de Gog y Magog está prácticamente en proceso de planificación.

¿Cuándo empezará la batalla?

Para ser completamente honesto, no puedo ser dogmático sobre el hecho de que este suceso ocurra después del Rapto, el instante en que Cristo aparecerá en las nubes para llevar la iglesia al cielo (1 Tesalonicenses 4.13-18). Sabemos que esta batalla sobre Israel ocurrirá y creo que resultará en la entrada del anticristo para ofrecer a Israel y sus enemigos un tratado de paz de siete años. También sabemos que el Señor se llevará a su iglesia *antes* que el anticristo se revele. Sin embargo, no podemos decir inequívocamente que la iglesia será arrebatada antes que Rusia ataque a Israel.

No puedo comentar un evento tan significativo como el Rapto en una simple oración. Jesús dijo: «De aquel día y de la hora nadie sabe, ni aún los ángeles del cielo, ni el Hijo, sino solo mi Padre» (Marcos 13.32). A pesar de los miles de personas que quisieran predecir con exactitud el año, el mes, el día y la hora del regreso de Cristo para recoger a su iglesia, Jesús dijo que ningún hombre lo sabe. Pero el Padre sabe cuando Él enviará a Jesús a traer a su novia al hogar. Y aunque no sabemos el día ni la hora, sí sabemos por los pasajes proféticos en la Biblia que el Rapto está muy cerca.

Debido a la asombrosa popularidad de los libros sobre los tiempos finales, como la serie *Dejados Atrás,* dudo que haya muchos cristianos que no tengan por lo menos un conocimiento básico sobre el Rapto.

Pero si su memoria necesita refrescarse, el Rapto ocurrirá así: sin advertencia, Jesucristo aparecerá en los cielos en un estallido de luz deslumbrante. Instantáneamente sonará la trompeta de Dios anunciando la aparición de la realeza pues Jesús es el Príncipe de gloria, el Rey de reyes y el Señor de señores. La voz del arcángel llamará a los muertos de sus lugares de reposo y en todo el mundo las tumbas explotarán cuando sus ocupantes se remonten a los cielos en cuerpos nuevos y sobrenaturales.

Al momento siguiente, los automóviles vacíos se volcarán en las carreteras pues se quedarán sin choferes ni ocupantes. Los hogares de los creyentes se quedarán vacíos, la sopa servida en la mesa, los alimentos cocinándose en el microondas, el agua corriendo en el fregadero. Los ocupantes de esos hogares serán arrebatados de este valle de lágrimas a una tierra donde no hay llanto, ni despedidas, ni muerte. ¡Allí estaremos celebrando las bodas del Cordero de Dios y su radiante esposa, la Iglesia, sin mancha ni arruga!

La mañana siguiente los titulares de la prensa gritarán: «¡MILLONES DESAPARECIDOS!» La iglesia de Jesucristo, que incluye a todo creyente nacido de nuevo, estará totalmente ausente de la tierra. Unos cuantos pastores políticamente correctos, miembros de la iglesia Nueva Era y líderes seculares humanistas religiosos se quedarán, y se les presionará muchísimo para que expliquen por qué ellos no desaparecieron con los verdaderos santos de Dios. En los meses siguientes, las iglesias estarán abarrotadas de personas llorando pues han comprendido, demasiado tarde, que la palabra de

Dios es infalible y que el mundo se encuentra al borde de la era conocida sencillamente como la Tribulación.

Exactamente antes o después del Rapto, tendrá lugar otro acontecimiento que sacudirá la tierra: la guerra del Oriente Medio, una batalla conocida por los eruditos bíblicos como el avance de Gog y Magog. John Wesley White cree que esta guerra ocurrirá muy pronto después del Rapto; de hecho, el Rapto muy bien podría provocarla.

«Las Américas», escribe, «con sus miles de personas nacidas de nuevo súbitamente raptadas de sus distinguidos cargos de liderazgo, proporcionarán un momento oportuno para que los rusos den ese paso…¿Qué podría estorbar a los rusos y sus satélites islámicos lanzar lo que Hitler llamó "la solución final" del problema judío?»[6]

Echemos una mirada a las bases bíblicas de esta profecía.

El valle de los huesos secos

En el capítulo 37 de Ezequiel, el Espíritu de Dios tomó al profeta y lo llevó al valle de los huesos secos. Algunos eruditos bíblicos creen que Ezequiel fue llevado físicamente a las ruinas de Jerusalén, donde los que murieron defendiendo la ciudad permanecían fuera de los muros sin ser enterrados. En cualquier caso, Ezequiel vio una multitud de huesos secos, esparcidos por el viento, la lluvia y los animales salvajes, y se preguntó qué tenía Dios en mente para traerlo a ese lugar.

Entonces Dios le formuló al profeta una extraña pregunta: «Hijo de hombre, ¿vivirán estos huesos?» (v.3)

Perplejo, Ezequiel alzó sus cejas. Tal vez se trataba de una pregunta capciosa pues aquellos huesos habían estado muertos por mucho tiempo, pero con Dios todo es posible. El profeta, siempre diplomático, dio una respuesta cautelosa: «Señor Jehová, tú lo sabes» (v.3).

Dios entonces le dijo a Ezequiel que profetizara al valle de los huesos secos y cuando Ezequiel habló, los huesos empezaron a sonar y a castañear. Un hueso del brazo se juntó velozmente a su compañero; un hueso del muslo se pegó a un hueso de la pierna. Costillas rotas se empataron; cráneos comprimidos volvieron a su estado original. Y entonces, a la vista del profeta, los tendones cubrieron los huesos y la piel apareció para cubrirlos. En un momento, los huesos se transformaron milagrosamente en cuerpos humanos, completos y enteros, pero no se movían ni respiraban.

Entonces Dios habló de nuevo: «Profetiza al espíritu, profetiza, hijo de hombre, y di al espíritu: Así ha dicho Jehová el Señor: Espíritu, ven de los cuatro vientos, y sopla sobre estos muertos, y vivirán». (v.9)

Y Ezequiel obedeció y el espíritu entró en los cuerpos y abrieron sus ojos y vivieron. Se pararon como un ejército de hombre inmensamente grande.

Y Dios dijo a Ezequiel:

Hijo de hombre, todos estos huesos son la casa de Israel. He aquí ellos dicen: Nuestros huesos se secaron, y pereció nuestra esperanza, y somos del todo destruidos. Por tanto, profetiza, y diles: Así ha dicho Jehová el Señor: He aquí yo abro vuestros sepulcros, pueblo mío, y os haré subir de vuestras sepulturas, y os traeré a la tierra de Israel. Y sabréis que yo soy Jehová, cuando abra vuestros sepulcros, y os saque de vuestras sepulturas, pueblo mío. Y pondré mi Espíritu en vosotros, y viviréis, y os haré reposar sobre vuestra tierra; y sabréis que yo Jehová hablé, y lo hice, dice Jehová.

La profesía se refiere no a Israel como individuos, sino a Israel como nación. El pueblo judío fue esparcido por el mundo como los huesos en el valle, pero Dios los juntó en 1948. J. Vernon McGee comentó: «Ellos tienen una bandera, tienen una constitución, tienen un primer ministro y tienen un parlamento. Tienen una fuerza policial y un ejército. Tienen una nación y además, tienen a Jerusalén. Tienen todo menos vida espiritual».[7]

En este monento los israelíes pueden compararse a los cuerpos carentes de aliento de vida en la visión de Ezequiel. Físicamente están completos, pero carecen de aliento de vida espiritual. No han reconocido a su Mesías, pero lo reconocerán, en un momento determinado después de la batalla que se describe en el siguiente capítulo de Ezequiel.

Llevan a Gog y a Magog a Israel

La profecía continúa en Ezequiel 38: «Vino a mí palabra de Jehová, diciendo: Hijo de hombre, pon tu rostro contra Gog en tierra de Magog, príncipe soberano de Mesec y Tubal, y profetiza contra él» (vv. 1-2).

El líder es Gog y su reino es Magog. Génesis 10.2 y 1 Crónicas 1.5 hacen referencia a Magog como uno de los hijos de Jafet.

¿Quién es Gog? Se le llama el príncipe de «Ros, Mesec y Tubal», provincias de Asia Menor. Sin embargo, hoy día esa área geográfica está ocupada por Irán, Turquía y las provincias sureñas de la CEI, Comunidad de Estados Independientes. La CEI, que originalmente consistía de tres antiguas repúblicas soviéticas —Belorusia, Ucrania y Rusia— creció hasta incluir otras ocho repúblicas dos semanas después del establecimiento del organismo en diciembre de 1991. La República de Georgia se unió en 1993, haciendo un total de doce antiguas repúblicas soviéticas. Los estados de la CEI funcionan de modo muy parecido al de los estados de la unión norteamericana, son responsables ante una organización central aunque se gobiernan por sí mismos, pero están muy lejos de la estabilidad.

Desde su incorporación, la CEI se ha caracterizado por peleas entre los estados que la componen. Las hostilidades étnicas y regionales que la autoridad central soviética había reprimido por décadas, han vuelto a aparecer en sangrientas guerras civiles. Más importante aún, un desacuerdo fundamental ha surgido sobre las metas y propósitos de la CEI. Una facción, bajo el liderazgo de Rusia y Kazakstan, concibe la CEI como un vehículo para una integración económica y política más estrecha; la otra, bajo el liderazgo de Ucrania, visualiza la CEI como una organización transitoria que prepara a las repúblicas individuales para una completa independencia.[8]

Moscú es la capital y la ciudad más grande de Rusia, uno de los miembros fundadores de la CEI. Creo que el Ros de Ezequiel 38 es una combinación de los estados rusos. Los estados rusos, buscando el poder y la gloria perdida hace mucho tiempo y encabezados por un líder militar de Moscú, aprenderán que en la unión está la fuerza.

La lingüística refuerza la identificación geográfica de Gog y Magog como estados rusos. Muchas personas creen que Ros se relaciona con la moderna palabra *Rusia*, y Mesec y Tubal, respectivamente, son variaciones de la ortografía de *Moscú* y *Tobolsk*, un área en la sección Ural de Rusia. El nombre *Rusia* no aparece en las Escrituras pero esta detallada descripción del invasor de Israel se puede identificar claramente con esa nación actualmente inestable.

Un gran movimiento militar bajo el liderazgo de Gog, el príncipe o líder de Ros, se describe en Ezequiel 38.4: «Y te quebrantaré y pondré garfios en tus quijadas, y te sacaré a ti y a todo tu ejército, caballos y jinetes, de todo en todo equipados, gran multitud con paveses y escudos, teniendo todos ellos espadas».

Luego Dios identifica a los invasores que se unirán a Rusia: Persia, Cus (Etiopía), Fut (Libia), Gomer y Togarma (vv. 5-6).

Persia se identifica fácilmente como Irán. Etiopía y Libia se refieren a las naciones islámicas de la Península Arábica. Creo que cuando Ezequiel hablaba de Persia, Etiopía y Libia se refería a los estados árabes contemporáneos que están constantemente llamando a la guerra santa para exterminar a Israel. Gomer y Togarma muy probablemente se refieren a la región actualmente ocupada por Turquía. Puesto que Israel es el cuarto gran poder militar sobre la faz de la tierra, no hay manera que los árabes por sí solos puedan derrotar a Israel. De modo que entrarán en acuerdos con Rusia, que estará más que dispuesta a compartir la organización militar, el conocimiento práctico y las armas a cambio de acceso al Golfo Pérsico.

En resumen, es razonable asumir que Rusia dirigirá una masiva fuerza panislámica para invadir Jerusalén. El motivo ruso es el control de la rica región petrolera del Golfo Pérsico, que colocaría de rodillas a Estados Unidos y a Occidente. Los musulmanes fundamentalistas sienten una ardiente pasión por el dominio de Jerusalén. Esta unión Ruso-panislámica es una alianza no-santa que conducirá a una guerra santa.

Israel, la clave de los últimos tiempos

No es posible entender la profecía bíblica sin entender el pasado, el presente y el futuro de Israel. Esta nación será el epicentro de los estremecimientos de la tierra en los últimos días y todos los eventos cruciales se centrarán en la Tierra Santa y en el pueblo de Abraham. Israel fue fundado por un soberano acto de Dios. Dios dijo a Abraham:

Vete de tu tierra
y de tu parentela

y de la casa de tu padre

a la tierra que te mostraré. (Génesis 12.1)

Cuando Abraham llegó a la tierra prometida, Dios le repitió la promesa: «A tu descendencia daré esta tierra» (v.7).

Actualmente existen dos polémicas con relación a Israel. La primera declara que la promesa de Dios a Abraham no fue literalmente una promesa de tierra, sino una promesa de cielo. Los que abrazan esta posición enseñan que Israel perdió el favor de Dios por su desobediencia y que la Iglesia es ahora Israel. La segunda polémica sostiene que la promesa a Abraham y a su descendencia es literal pero que está condicionada a la obediencia de Israel hacia Dios.

Esta confusión se corrige instantáneamente a través de la clara y evidente enseñanza que hallamos en la palabra de Dios. En Génesis 22.17 Dios dijo a Abraham: «De cierto te bendeciré, y multiplicaré tu descendencia como las estrellas del cielo y como la arena que está a la orilla del mar».

Dios mencionó dos elementos separados y distintos: estrellas y arena. Las «estrellas de los cielos» representan la iglesia. Las estrellas, como luz, reinan en las tinieblas, que es la comisión de la iglesia. Jesús dijo a sus seguidores: «Ustedes son la luz del mundo» (Mateo 5.14). Jesús es la «estrella resplandeciente de la mañana» (Apocalipsis 22.16). Y Daniel 12.3 nos dice:

Los entendidos resplandecerán como el resplandor del firmamento; y los que enseñan la justicia a la multitud, como las estrellas a perpetua eternidad.

Las estrellas son celestiales. Ellas representan la iglesia, semilla *espiritual* de Abraham.

La arena de «las orillas del mar» por otra parte, es terrenal y representa un reino terrenal con una Jerusalén literal como su ciudad capital. Las estrellas y la arena existen al mismo tiempo y ninguna reemplaza jamás a la otra. De igual forma, Israel y la iglesia existen al mismo tiempo y ninguna reemplaza a la otra.

La Biblia claramente enseña que la promesa de Dios a Abraham fue *literal* e *incondicional*. Examinemos las Escrituras para verificar, sin que quede duda alguna, que la intención de Dios fue que Abraham y el pueblo judío poseyeran literalmente una tierra.

En Génesis 13, Dios dijo a Abraham:

Alza ahora tus ojos, y mira desde el lugar donde estás hacia el norte y el sur, y al oriente y al occidente. Porque toda la tierra que ves, la daré a ti y a tu descendencia para siempre… Levántate, vé por la tierra a lo largo de ella y a su ancho; porque a ti la daré (vv. 14-15, 17).

Génesis 15.18 dice: «En aquel día hizo Jehová un pacto con Abram diciendo: A tu descendencia daré esta tierra, desde el río de Egipto hasta el río grande, el río Eufrates». Entonces Dios hizo una lista de las tribus idólatras que vivían en el área en esa época. Esta es una tierra muy literal. El cielo no se describe, ni aún alegóricamente, como el área entre el río de Egipto (el Nilo) y el Eufrates.

Dios dijo a Abraham:

Ten por cierto que tu descendencia morará en tierra ajena, y será esclava allí, y será oprimida cuatrocientos años. Mas también a la nación a la cual servirán, juzgaré yo; y después de esto saldrán con gran riqueza. (Génesis 15.13-14)

La partida de Israel de la tierra prometida fue literal puesto que el pueblo salió físicamente y viajó a un Egipto literal. Después de cuatrocientos años se convirtieron en una nación entre dos a tres millones de habitantes, y físicamente dejaron a un Egipro literal por una tierra prometida literal. Los libros de Éxodo, Levítico, Números, Deuteronomio y Josué tratan del regreso de Israel a una tierra prometida literal; no al cielo.

El título de propiedad de la tierra prometida se pasó de Abraham a Isaac. Dios le dijo a Isaac: «Habita como forastero en esta tierra, y estaré contigo, y te bendeciré; porque a ti y a tu descendencia daré todas estas tierras, y confirmaré el juramento que hice a Abraham tu padre» (Génesis 26.3).

Luego el título de propiedad de la tierra prometida pasó de Isaac a Jacob. En Génesis 28.13, Dios dijo a Jacob: «Yo soy Jehová, el Dios de Abraham tu padre, y el Dios de Isaac; la tierra en que estás acostado te la daré a ti y a tu descendencia». ¡Usted tiene que estar en una tierra muy literal para acostarse sobre ella!

¿Fue la promesa de Dios a Abraham condicional? Los que creen que la promesa de Dios dependía de la obediencia de Abraham sencillamente no entienden el pacto de sangre.

En el Antiguo Testamento había tres clases de pactos: pacto de calzado, pacto de sal y pacto de sangre. En el pacto de sangre, el más solemne y obligatorio, las partes se ponen de acuerdo en los términos del pacto. Entonces toman un animal o varios, los matan, dividen los cuerpos en dos, por debajo de la espina dorsal, y colocan las partes divididas opuestas cada una sobre el suelo, dejando un camino entre las piezas.

Entonces, las personas que hacen el pacto unen sus manos, recitan las partes del pacto y caminan entre las mitades de los animales muertos. El pacto de sangre significaba que estaban unidos hasta la muerte, y si una de las partes rompía los términos del pacto, su sangre sería derramada como la de la sangre de los animales que habían matado. Un pacto de sangre era una promesa permanente e incondicional. Dios hizo a Abraham, Isaac y Jacob y sus descendientes una promesa incondicional de una tierra prometida en la cual vivirían literalmente y para siempre por un pacto de sangre.

En Génesis 15, Dios le ordenó a Abraham que le trajera una becerra, una cabra hembra, un carnero, una tórtola y un palomino.

Excepto las aves, los demás animales se dividieron por la mitad. Y por cuanto ningún hombre puede ver a Dios y vivir, Jehová hizo que Abraham se durmiera profundamente mientras lo preparaba para entrar en un pacto de sangre con Él.

En su sueño, Abraham vio «un horno humeando y una antorcha de fuego que pasaba por entre los animales divididos» (Génesis 15.17). En el Antiguo Testamento la antorcha ardiendo significa la presencia de la *shekiná* gloria de Dios. Dios se unió a sí mismo a Abraham mediante un pacto de sangre eterno con él y su descendencia diciendo: «A tu descendencia daré yo esta tierra». Dios nunca sugirió que el pacto fuera condicional. Exactamente lo contrario; este convenio depende solo de la fidelidad de Dios y Él es siempre fiel.

En el Salmo 89.30-37 se confirma esta promesa incondicional. Dios dijo:

Si dejaren sus hijos mi ley,
Y no anduvieren en mis juicios,
Si profanaren mis estatutos,
Y no guardaren mis mandamientos,
Entonces castigaré con vara su rebelión,
Y con azotes sus iniquidades.
Mas no quitaré de él mi misericordia,
Ni falsearé mi verdad.
No olvidaré mi pacto,
Ni mudaré lo que ha salido de mis labios.
Una vez he jurado por mi santidad,
Y no mentiré a David.

Su descendencia será para siempre,
Y su trono como el sol delante de mí.
Como la luna será firme para siempre,
Y como un testigo fiel en el cielo.

Dios dijo claramente que Él no romperá el pacto con Israel, los hijos de David, aún cuando Israel lo desobedezca. También dijo que la luna es un testigo de este pacto. Cuando usted sale afuera de noche y ve la luna brillando en los cielos, usted ve el eterno testigo de Dios hablando a todos los hombres en todos los idiomas que su pacto con Israel es eterno e incondicional.

¿Podría ser eficaz un tratado de paz?

Cada dos semanas usted puede leer su periódico local y encontrar algo sobre el proceso de paz que actualmente sigue el gobierno de Israel. Si se deja llevar por la cara de preocupación de Yasser Arafat en las conferencias de prensa, creería que lo más que desea en la vida es la paz con Israel.

Pero aún si se firmara un acuerdo de paz, acuérdese que Arafat frecuentemente compara los previos acuerdos de paz al acuerdo Khudaibiya hecho entre el profeta Mahoma con la tribu árabe de Koreish. Aquel pacto, estipulado para que durara diez años, se rompió a los *dos* años cuando las fuerzas árabes, que había usado el tiempo de tregua para fortalecerse, derrotaron a la tribu Koreish. Comparar los acuerdos de paz al pacto Khudaibiya es equivalente a declarar que son solo acuerdos temporales.[9]

Tan reciente como el 15 de noviembre de 1998, solo semanas después del acuerdo Wye River de octubre de 1998, Arafat dijo en una reunión popular: «Nosotros escogimos la paz de los valientes por la fe en el profeta, en el acuerdo Khudaibiya».

Entiéndase esto: los fundamentalistas islámicos, dirigidos por grupos terroristas como el Hamas, creen que lo que enseñó Mahoma es verdad: que es la voluntad de Alá que ellos gobiernen la tierra. En tanto que el espíritu more en sus cuerpos, combatirán a Israel hasta la muerte.

Ellos quieren controlar Jerusalén y para controlar Jerusalén deben conquistar a Israel. La guerra santa viene, no importa las veces que Arafat, Putin o miembros de las Naciones Unidas hablen de paz. Los acuerdos de paz firmados previamente son tan inútiles como la gasolina en un extinguidor de fuego.

Saladino fue un líder musulmán que, después de un cese del fuego, declaró la guerra santa contra los cruzados y capturó Jerusalén. El presidente Arafat una vez dijo a un auditorio de televidentes egipcios que Mahoma fue capaz de firmar un tratado que no intentaba cumplir al no incluir su título «mensajero de Alá» en el acuerdo. «Entonces», continuó Arafat:

> Omar bin Khatib y los otros se referían a este acuerdo como un «acuerdo de paz inferior». Por supuesto, yo no me comparo con el profeta, pero digo que debemos aprender de sus pasos y de los de Salah-a-Din (Saladino). El acuerdo de paz que nosotros firmamos es una «paz inferior»… Nosotros respetamos los acuerdos de la misma manera en que el profeta Mahoma y Saladino respetaron los que ellos firmaron.[10]

Jerusalén, la ciudad de Dios, está atrapada en un fuego cruzado sobrenatural. Canjear territorio por paz no trae descanso a esa atribulada ciudad. Entregar parte de Jerusalén a Yasser Arafat y a la OLP para establecer una ciudad palestina o un estado palestino no traerá paz permanente.

¿Por qué Rusia desearía atacar?

¿Por qué desearía Rusia invadir a Israel? Existen varias razones posibles.

Primero, la inestabilidad dentro de la CEI podría conducir a tal invasión. La economía rusa está peligrosamente débil pero el país tiene unas posesiones valiosas: armas militares, conocimiento y organización. ¿Por qué no ofrecerlas a las naciones árabes, quienes las necesitan desesperadamente?

Segundo, aunque Rusia es rica en reservas petroleras y otros recursos económicos, estos suelen estar en áreas remotas de difícil acceso. Por consiguiente, Rusia debe establecer alianzas con los países que poseen y controlan vastos abastecimientos mundiales de petróleo: las naciones árabes que rodean el Golfo Pérsico.

Para transportar ese petróleo —e involucrarse en la defensa y en el transporte militar— Rusia necesita desesperadamente un puerto de aguas templadas. Basta solo con mirar un mapa de Rusia para ver que sus puertos marítimos se encuentran principalmente en zonas congeladas del Océano Ártico y al Este. Rusia necesita un puerto marítimo occidental que se abra al Mar Mediterráneo. Actualmente los barcos de Rusia tienen que atravesar el Mar Negro, luego el estrecho mar de Bósforo, de ahí al Mar de Mármara y al Egeo antes de llegar al Mediterráneo. Israel, sin embargo, se encuentra exactamente en el Mediterráneo: una posición marítima de primera clase.

Tercero, hoy día los fundamentalistas islámicos controlan seis de diez repúblicas en Rusia y la Unión Soviética almacenó su arsenal nuclear en una de esas repúblicas. Los musulmanes, que se concentran mayormente en las repúblicas étnicas de Chuvashia y Bashkortostán, en la región media del Volga, y en las repúblicas de Chechenia, Ingushia, Alania (Osetia del Norte), Kabardino-Balkaria, y Daguestán, hoy forman el segundo grupo religioso más grande de Rusia.[11]

Las señales ya están apareciendo. Escuchen las palabras de Uri Dan y Dennis Eisenberg, escritas para el diario *Jerusalem Post*:

El estruendoso sonido de los misiles de EE.UU. que caían a principios de este mes [septiembre de 1996] sobre objetivos militares en el sur de Irak, provocó hostilidad entre la mayoría de los países europeos y árabes del Oriente Medio. En agudo contraste, la acción tomada por Bill Clinton fue calurosamente recibida por Gran Bretaña e Israel. Esta actitud positiva fue subrayada por [el entonces] Primer Ministro Minyamin Betanyahu, quien dijo a esta columna minutos antes de ver al presidente norteamericano… que él había enfatizado a su anfitrión los peligros que representaban Irán, Irak y otros países para la paz en el Oriente Medio. Con toda probabilidad Netanyahu señaló a Rusia, quien ha vuelto a la política de la ex-Unión Soviética y está buscando convertirse otra vez en una fuerza poderosa en el Oriente Medio. El oso ruso ya ha abrazado a Irán en un cálido abrazo al construir un reactor atómico a los mullahs de Teherán. También están trabajando intensamente por atraer a Siria a su seno, ofreciendo como señuelo armas modernas para Damasco. Pero Irak es a todas luces la dama cortejada por Moscú.[12]

Los escritores continúan diciendo que Rusia está ofreciendo a Irak, un importante estado árabe, un tremendo apoyo para lograr que la ONU levante el embargo petrolero que prohibe la venta de petróleo iraquí en los mercados mundiales, así como $2 mil millones en equipo de alta tecnología para ampliar la corriente de petróleo de Irak a Rusia. «Si bien la situación no es tan peligrosa como cuando la Unión Soviética era una superpotencia», escriben Dan y

Eiswenberg, «el gobierno israelí está al tanto del problema de una Rusia cada vez más hostil mientras el Kremlin corteja a los estados árabes del Oriente Medio, principalmente por su petróleo. Israel tendrá que aprender a manejar la manera en que opera el Kremlin».[13]

En 1996 Moscú firmó acuerdos energéticos con Irak por valor de hasta $10 millones, que van a entrar en vigor una vez que las sanciones de la ONU se deroguen. Y ha logrado acuerdos con Irán sobre el envío de artículos relacionados con la defensa (léase - ¡armas!) que suman *$ 4 mil millones* por los próximos cuatro o cinco años.[14]

¿Por qué Rusia está cortejando a las naciones árabes del Oriente Medio? Los observadores contemporáneos ven una poderosa razón:

El verdadero factor que mueve el interés de Rusia [en el Oriente Medio] es geopolítico o estratégico. La economía se sirve con la cuchara grande solo cuando se trata de la venta de armas. Aquí la industria de la defensa de Rusia ejerce tremenda presión para entrar en el Oriente Medio pese a las consecuencias estratégicas, con ofertas sumamente bajas en relación con otros competidores y vendiendo a lo que parece ser precios de liquidación para quien quiera comprar.[15]

En otras palabras, Rusia está tan ansiosa de tener presencia en el Oriente Medio que prácticamente regala las armas. Rusia necesita socios económicos, necesita un puerto estratégico y a la luz de la tambaleante economía, no desea convertirse en una «sociedad benéfica». Un escritor comenta: «Nos equivocamos si subestimamos cuán profundamente las élites rusas temen convertirse en una colonia económica de Occidente».[16]

Cuando las naciones islámicas, que desprecian a Israel, unan fuerzas con Rusia, se beneficiarán grandemente de la fuerza de este poderoso ejército. Las naciones islámicas tienen petróleo y dinero constante y sonante. Rusia posee conocimiento militar y las destrezas necesarias para lanzar una invasión militar. Juntos, harán un tratado que garantice el apoyo mutuo.

Rusia le dirá a las naciones islámicas: «¡Ustedes desean a Jerusalén y al Templo del Monte como sitio sagrado. Nosotros queremos el petróleo del Golfo Pérsico. Vamos a unir fuerzas para gobernar el mundo!» Rusia ya se comporta de manera amistosa con las naciones islámicas. Sus líderes protestaron en alta voz cuando Estados Unuidos comenzó a bombardear las instalaciones militares de Saddam Hussein en Irak.

La última y más convincente razón de Gog y Magog para invadir a Israel es el «anzuelo» que Dios pondrá en la quijada de Gog. Sin considerar las razones humanas o económicas, Dios inexorablemente arrastrará a Gog y sus fuerzas hacia Israel.

¿El resultado final? Una fuerza militar masiva panislámica dirigida por el alto mando ruso vendrá contra Israel «como una nube, para cubrir la tierra» (Ezequiel 38.16).

El guardián de Israel nunca duerme

Como ocurre con muchas cosas, lo que el hombre intenta para mal, Dios lo intenta para bien. Esta monumental batalla entre Israel y la coalición de naciones islámicas y Rusia no es una excepción. Pues mientras este terrible ejército piensa que ha organizado esta batalla para servir sus propios fines, en realidad Dios el Padre ha estado trabajando.

Ezequiel 38.4-6 registra las palabras de Dios:

Y te quebrantaré, y pondré garfios en tus quijadas, y te sacaré a ti y a todo tu ejército, caballos y jinetes, de todo en todo equipados, gran multitud con paveses y escudos, teniendo todos ellos espadas; Persia, Cus y Fut con ellos; todos ellos con escudo y yelmo; Gomer, y todas sus tropas; la casa de Togarma, de los confines del norte, y todas sus tropas, muchos pueblos contigo.

En Ezequiel 38.16 vemos otra vez que el Señor ha orquestado esta batalla: «Será al cabo de los días; y te traeré sobre mi tierra».

Gog no verá la mano de Dios; él verá solo a Israel, «la tierra salvada de la espada, recogida de muchos pueblos, a los montes de Israel, que siempre fueron una desolación, mas fue sacada de las naciones, y todos ellos morarán confiadamente» (Ezequiel 38.8). Como consecuencia de los tratados con los palestinos en los que Israel ha intercambiado territorio estratégico valioso a cambio de paz, Israel aparecerá más vulnerable que nunca: una «tierra de aldeas sin murallas… un pueblo pacífico, que habita confiadamente, todos ellos habitan sin muros, y no tienen cerrojos ni puertas…y sobre el pueblo recogido de entre las naciones, que se hace de ganado y posesiones, que mora en la parte central de la tierra» (Ezequiel 38.11-12).

Como resultado, la coalición «vendrá de tu lugar, de las regiones del norte, tú y muchos pueblos contigo y todos ellos a caballo, gran multitud y poderoso ejército, y subirás contra mi pueblo Israel, como nublado para cubrir la tierra» (Ezequiel 38.15-16).

Cuando Israel habite en su antigua tierra y cuando las viejas enemistades oculten su odio tras sonrisas plásticas, los rusos reunirán a sus aliados y mirarán hacia la Ciudad Santa. Pero lo que los invasores no comprenden es que el Señor ha jurado por su santidad defender a Jerusalén. Puesto que Dios creó y defiende a Israel, las naciones que pelean contra Israel pelean contra Dios mismo.

Los invasores encontrarán una entrada fácil a la tierra prometida. Con gratitud a Alá (o a los comandantes militares rusos) se embarcarán en su plan de saqueo y genocidio.

La gran mayoría nunca sabrá qué los hirió. Su derrota será súbita, horrible y completa.

La respuesta de Dios ante la amenaza

Dios dice que cuando Gog avance arrolladoramente desde el norte, «subirá mi ira y mi enojo» (Ezequiel 38.18). El rey David dijo: «He aquí, no se adormecerá ni dormirá el que guarda a Israel» (Salmo 121.4). Después de contemplar a los judíos del Holocausto caminar hacia las cámaras de gas, después de ver cómo lanzaban a la «niña de sus ojos» a los hornos y esparcían sus cenizas por toneladas en los ríos de Europa, después de ver «la tierra que fluye leche y miel» enrojecer con la sangre de los judíos en cinco grandes guerras por la paz y la libertad, Dios se levantará y gritará a las naciones del mundo: «¡Basta!»

Primero, Él enviará un terremoto tan devastador que hará temblar las montañas y los mares, y toda pared caerá a tierra:

> Porque he hablado en mi celo, y en el fuego de mi ira: Que en aquel tiempo habrá gran temblor sobre la tierra de Israel; que los peces del mar, las aves del cielo, las bestias del campo y toda serpiente que se arrastra sobre la tierra, y todos los hombres que están sobre la faz de la tierra, temblarán ante mi presencia; y se desmoronarán los montes, y los vallados caerán, y todo muro caerá a tierra. (Ezequiel 38. 19-20)

Segundo, el todopoderoso Dios enviará confusión masiva a la fuerza multinacional que pelea, y «la espada de cada cual será contra su hermano» (Ezequiel 38. 21). Esto es exactamente lo que Dios hizo cuando comisionó a Gedeón a que sonara las trompetas y rompiera los cántaros. Los filisteos se confundieron por obra de Dios y volvieron sus espadas cada uno contra su compañero. Gedeón obtuvo una gran victoria militar sin una sola baja. Dios lo hará otra vez en defensa de Israel.

Tercero, el Señor de los ejércitos abrirá fuego con su divina artillería:

> Y yo litigaré contra él con pestilencia y con sangre; y haré llover contra él, sobre sus tropas y sobre los muchos pueblos que están con él, impetuosa lluvia, y piedras de granizo, fuego y azufre. (Ezequiel 38. 22)

Este pasaje podría interpretarse de dos maneras. Primero, el «fuego y azufre» podría referirse al empleo de armas nucleares por Israel en un intento desesperado por evitar el aniquilamiento.

«Pestilencia» podría referirse a los implementos de guerra más baratos y más atroces; Rusia e Irak tienen el mayor almacén de armas químicas y biológicas del mundo. Puedo imaginar fácilmente un escenario donde ellos utilicen armas biológicas contra Israel, pero Dios milagrosamente hará que los misiles cargados de ántrax se vuelvan y fallen el tiro, de modo que los invasores se destruyan por su malvada intención.

La segunda interpretación es que este suceso es una repetición de Sodoma y Gomorra. Dios barrerá del mapa a los enemigos de Israel haciendo que les llueva fuego y azufre desde el cielo. En cualquier caso, el resultado será igualmente catastrófico.

¿Un juicio final nuclear?

Ezequiel 39.6 presenta un posible escenario que encuentro interesante a la luz de la tecnología de hoy. Veamos este versículo: «Y enviaré fuego sobre Magog, y sobre los que moran con seguridad en las costas; y sabrán que yo soy Jehová».

Cuando Dios dice que «enviará fuego», tengo que preguntarme si se refiere a verdadero fuego y azufre, como el que cayó sobre Sodoma y Gomorra o si se refiere a una guerra nuclear. Algunas veces Dios actúa en forma milagrosa y otras veces usa a hombres para que cumplan sus propósitos. Creo que el fuego que cayó sobre Sodoma fue real y desde el cielo; creo que las murallas de Jericó cayeron porque la gente cantaba y Dios trabajaba, no porque el sonido de tantas trompetas causaran la caída de una muralla inestable.

Lo más importante, creo que la intervención de Dios a favor de Israel en esta batalla tendrá, obviamente, un origen sobrenatural. Las Escrituras nos dicen que el mundo conocerá que Dios intervino en favor de Israel. La pequeña Israel no podría derrotar a una coalición ruso-árabe sin la ayuda de Dios, pues si bien es cierto que Israel tiene armas nucleares, Rusia también las tiene.

Dios ciertamente podría usar los instrumentos del hombre para trabajar. Su voluntad, sin embargo, y este versículo sobre «fuego» desde el cielo cayendo sobre el pueblo que «vive seguro en las costas», merece otro punto de vista.

Considere este escenario: Israel ha dicho que nunca será el primero en introducir armas nucleares en el Oriente Medio[17], pero puede verse forzada a usarlas si una gigantesca fuerza militar dirigida por Rusia avanza sobre ella desde el norte. Stan Goodenough, escritor del *Jerusalem Post* señala que con cada pulgada de territorio que Israel ceda en nombre de la paz, queda más acorralada contra una esquina en la cual no tendrá otro remedio que defenderse sino con armas nucleares:

Cuanto más pequeño vaya quedando Israel, sus opciones defensivas se restringirán cada vez más a las armas no convencionales. En palabras simples: un Israel del tamaño que tenía en 1967 se hallará casi imposibilitado en términos de tiempo y espacio para movilizarse en una guerra convencional. Mientras Judea, Samaria, Gaza y las Alturas de Golán estén bajo control israelí, los ataques de los estados árabes pueden anticiparse mejor y rechazarse más fácilmente por medios convencionales… Sin embargo, si enfrentan un ataque violento de parte de los árabes, sin esas tierras tan vitales, Israel quizás no tenga otra alternativa que acudir a la vía no convencional, o arriesgarse a su inmediata y completa aniquilación.[18]

Goodenough también señala que solo se necesitarían tres bombas del tipo de Hiroshima sobre Tel Aviv para diezmar totalmente al país. Las bajas estimadas son más de 400.000 e Israel no podría nunca sobrevivir este golpe.[19]

Suponga que Israel decidiera lanzar un ataque nuclear a Rusia en un desesperado intento por detener el ejército ruso-árabe que se aproxima…

¿Caerán bombas nucleares en los Estados Unidos?

Recientemente asistí a un almuerzo con el ex Primer Ministro Netanyahu y me dijo que los científicos rusos habían estado trabajando con Irán para producir misiles de mediano y de largo alcance. Los misiles de mediano alcance pueden llegar a Jerusalén y los de largo alcance pueden llegar a Nueva York y a otras ciudades de la costa estadounidense.

Hay algo más que debe saber acerca de la antigua URSS. Durante el apogeo de la guerra fría, los científicos soviéticos diseñaron y construyeron una máquina para los últimos tiempos que se llama Mano Muerta. Los militares rusos todavía la conservan. Según el Dr. Bruce Blair de la Institución Brookings, esta máquina destructora, con respuestos y muchos dispositivos de seguridad, se diseñó para detectar cualquier ataque sobre Rusia y automáticamente enviar un mensaje a un complejo de cohetes de comunicaciones. Si durante la guerra fría los comandantes rusos hubieran desaparecido del mapa por un ataque inicial de los Estados Unidos, la Mano Muerta hubiera emitido órdenes a los misiles para dispararse automáticamente. Desde el espacio, estos cohetes de comunicaciones transmiten órdenes a los conos nucleares, que dispararan desde sus silos o desde sus vehículos móviles y salen rápidamente hacia los blancos preasignados.[20]

Desafortunadamente, los blancos establecidos en los días de la guerra fría soviética eran las ciudades norteamericanas.

¿Seremos nosotros, la gente «que vive en la seguridad de las costas» sobre quienes caerá el fuego? Es interesante que un reportaje de julio de 2000 que publicó la revista *USA Today* decía que cerca del cincuenta y cinco por ciento de la población norteamericana vive en un radio de cincuenta millas de la costa.[21]

El fin del mundo nuclear que los norteamericanos han temido desde los comienzos de la guerra fría, podría llegar completamente por accidente. Aunque en 1991 la administración Bush puso en alerta nuestros bombarderos nucleares de largo alcance y en 1994 la administración Clinton hizo de los océanos, en lugar de Rusia, los puntos de alerta para nuestros misiles balísticos intercontinentales, Washington todavía tiene más de tres mil conos nucleares estratégicos en tierra y misiles en submarinos, que pueden lanzarse en minutos.[22] Si los misiles empiezan a volar sobre nosotros, estoy muy seguro que los nuestros darían también la orden de lanzamiento.

Ciertamente sufriremos daños por la guerra pues Dios dice: «Todos los hombres que están sobre la faz de la tierra, temblarán ante mi presencia; y se desmoronarán los montes, y los vallados caerán, y todo muro caerá a tierra» (Ezequiel 38.20). Sea que esta devastación llegue por guerra nuclear, por bombas de hidrógeno, por un terremoto masivo, una combinación de los tres, o algo más, cada ser viviente sobre la faz del planeta temblará cuando Dios descargue destrucción sobre los enemigos de Israel.

Durante los años ochenta, la Prensa Unida Internacional divulgó una narración sobre los sueños —supuestamente ocurridos en la misma noche— de tres distinguidos rabinos judíos. Cada uno soñó que la guerra Gog-Magog estaba cerca. El reportaje de la PUI señalaba: «El jefe rabino del Muro de los Lamentos en la Ciudad Vieja de Jerusalén está seguro de que Israel confrontará la Unión Soviética en una batalla por la Ciudad Santa. "Y será una guerra nuclear" argumentaban, que involucrará a ambas superpotencias».[23]

Aniquilación de Gog y Magog

El gráfico relato que hace Ezequiel de las consecuencias de la batalla deja claro lo desastrosa que será la derrota de la coalición ruso-musulmana. El profeta comenzó el capítulo 39 diciendo: «Yo estoy contra ti, oh Gog». Mientras las cámaras noticiosas del mundo captan millones de cuerpos hinchados tirados bajo el ardiente sol del Oriente Medio, este comentario pasará a la historia como uno de los mayores eufemismos de todos los tiempos.

¿Por qué está Dios contra Rusia? Puedo imaginar varias razones, como el hecho de que los líderes soviéticos impusieron el ateísmo sobre millones de personas en la mayor parte de este siglo. Por años, durante la guerra fría, contemplamos el ateísmo emanar de Moscú e infiltrar veintenas de países en todo el mundo. Tim LaHaye dice:

> No hay nación en la historia del mundo que haya destruido más carne humana que Rusia a través de la extensión del comunismo… pero su mayor pecado no ha sido la destrucción de la carne, por

muy seria que esta sea. Su mayor pecado ha sido el daño a las almas causado por su ideología atea… Ninguna nación ha hecho más por destruir la fe en Dios que la Rusia comunista, ganándose por ello la enemistad de Dios.[24]

La razón más importante por la que el Señor está contra Gog, creo yo, tiene que ver con el hecho de que Dios prometió a Abraham: «Bendeciré a aquellos que te bendigan y maldeciré a quienes te maldijeren». Por años, Rusia ha maldecido y perseguido a los judíos.

La palabra rusa *pogrom*, que se traduce por una masacre de gente indefensa, se incorporó al léxico internacional después de la devastación de judíos rusos en Ucrania en 1903. La nación rusa ha estado persiguiendo a los judíos desde el tiempo de los zares. En el lapso de tiempo entre las dos guerras mundiales, la población total judía de la zona de guerra occidental rusa —incluyendo ancianos, enfermos y niños— fue forzada a evacuar hacia el interior del país solo doce horas después del aviso.

La sangre de más de 500.000 judíos inocentes clama por justicia y Dios la otorgará en su batalla contra Gog y Magog.

La secuela de la batalla

Ezequiel no nos dice cuántos morirán en la batalla; nos dice cuántos quedarán vivos: solo «una sexta parte» (39.2 KJV). La tasa de bajas de esta batalla será de un ochenta y cuatro por ciento, una cifra nunca vista en las guerras modernas.

La narrativa profética de los resultados finales continúa. Ezequiel dijo que los cuerpos hinchados de los enemigos de Israel serán un banquete para los buitres. Las bestias del campo tendrán una fiesta como ninguna desde que los perros se comieron el cuerpo de Jezabel.

> Y tú, hijo de hombre, así ha dicho Jehová el Señor: Di a las aves de toda especie, y a toda fiera del campo: Juntaos y venid; reuníos de todas partes a mi víctima que sacrifico para vosotros, un sacrificio grande sobre los montes de Israel; y comeréis carne y beberéis sangre. Comeréis carne de fuertes, y beberéis sangre de príncipes de la tierra; carne de carneros, de corderos, de machos cabríos, de bueyes y de toros, engordados toros de Basán. Comeréis grosura hasta saciaros, y beberéis hasta embriagaros de sangre

de las víctimas que para vosotros sacrifiqué. Y os saciaréis sobre mi mesa, de caballos y de jinetes fuertes y de todos los hombres de guerra, dice Jehová el Señor. (Ezequiel 39.17-20)

Según Peter C. Craigie, la participación de bestias en la muerte de los invasores acentúa la finalidad del acontecimiento. Los seres humanos, que fueron creados para ser los dueños y mayordomos de la tierra se han convertido en víctimas del orden natural debido a su insistencia en seguir el camino del mal.[25]

El pueblo de Israel se dedicará a enterrar los muertos en una fosa común, recuerdo pavoroso de las profundas trincheras que los nazis usaron para enterrar a los judíos muertos en el Holocausto:

> En aquel tiempo yo daré a Gog lugar para sepultura allí en Israel, el valle de los que pasan al oriente del mar; y obstruirá el paso a los transeúntes, pues allí enterrarán a Gog y a toda su multitud; y lo llamarán el Valle de Hamón-gog. Y la casa de Israel los estará enterrando por siete meses, para limpiar la tierra. Los enterrará todo el pueblo de la tierra; y será para ellos célebre el día en que yo sea glorificado, dice Jehová el Señor. Y tomarán hombres a jornal que vayan

por el país con los que viajen, para enterrar a los que queden sobre la faz de la tierra, a fin de limpiarla; al cabo de siete meses harán el reconocimiento. Y pasarán los que irán por el país, y el que vea los huesos de algún hombre pondrá junto a ellos una señal, hasta que los entierren los sepultureros en el valle de Hamón-gog. Y también el nombre de la ciudad será Hamona; y limpiarán la tierra (Ezequiel 39.11-16).

Algunos especialistas bíblicos creen que el valle de los muertos podría estar en el Líbano actual. Este es un país montañoso que corre de norte a sur, con un valle entre dos cadenas de montañas y un camino lógico para un ataque a Israel dirigido por Rusia. El profeta Habacuc mencionó al Líbano en un pasaje referente a los últimos días: «Porque la rapiña del Líbano caerá sobre ti» (2.17) y Zacarías 11.1 declara: «Oh Líbano, abre tus puertas, y consuma el fuego tus cedros».

Los cadáveres de los invasores se esparcirán por los campos y montañas alrededor de Israel, y el proceso de siete meses de sepultar muertos involucrará a todos los ciudadanos de Israel. Hasta el último hueso será enterrado. *Hamon-Gog* es una palabra hebrea que significa «la multitud de Gog», y este va a ser el nombre de este vasto cementerio para los invasores de Israel.

No solo habrá una tremenda carnicería, sino que las armas dejadas por las fuerzas devastadas servirán de combustible a Israel por siete años... hasta el tiempo de la Tribulación.

Y los moradores de las ciudades de Israel saldrán, y encenderán y quemarán armas, escudos, paveses, arcos y saetas, dardos de mano y lanzas; y los quemarán en el fuego por siete años. No traerán leña del campo, ni cortarán de los bosques, sino quemarán las armas en el fuego; y despojarán a sus despojadores, y robarán a los que los robaron, dice Jehová el Señor. (Ezequiel 39.9-10)

¿Puede imaginarse armas quemándose por siete años? Yo estuve en Israel durante la paz en la guerra de Galilea dirigida por el General Ariel Sharón en los años ochenta. Vi personalmente los camiones israelíes de dieciocho ruedas trayendo el botín de la guerra en un convoy que se extendía más allá de lo que mis ojos podían alcanzar. Los camiones, uno tras otro, salían del Líbano llevando partes del botín de guerra a Israel. La Unión Soviética había almacenado los suministros en el Líbano y se dice que eran suficientes para mantener a 500.000 soldados en combate por seis meses. Aunque el botín era inmenso, solo se necesitó unos días para que el ejército israelí lo recogiera y lo almacenara. Pero Ezequiel describió un conflicto tan vasto que tomará siete años para reunir y disponer de las armas de guerra.

Israel derivará un inesperado beneficio de esto. El profeta dijo que el botín de guerra de esta invasión masiva proveerá a Israel de combustible por siete años, y a causa de esto no habrá necesidad de utilizar los recursos del bosque. En solo ese versículo, encontramos evidencia de lo que ocurrirá en los últimos días; aun en tiempos contemporáneos. Antes de establecerse el estado de Israel en 1948, la tierra estaba casi totalmente desforestada, era terreno inservible. Pero los israelíes han trabajado duro para hacer que la tierra prometida vuelva a florecer.

He tenido el placer, durante años, de plantar un árbol cada vez que voy a Israel. En las actividades de «Una noche en honor de Israel» añadimos un árbol a un bosque israelí. Me alegra saber que los ejércitos invasores dejarán tal cantidad de combustible que «nuestros» árboles sobrevivirán a la guerra.

Este no es Armagedón

Aunque el mundo se aturdirá por el daño sufrido en esta batalla, esto no es Armagedón, la batalla que vendrá luego según el profético «reloj del juicio final» de Dios. Esta batalla incluirá solo un selecto grupo de naciones, mientras que el Armagedón envolverá a «todos los reyes de la tierra»: una verdadera guerra mundial. En esta batalla, los ejércitos de Gog se organizarán en el campo abierto (Ezequiel 39.5), mientras que en el Armagedón los ejércitos enemigos entrarán en la ciudad de Jerusalén. Cristo aparecerá al final del Armagedón para establecer su reino milenario, pero cuando termine esta guerra, Israel volverá sus ojos al Dios de Abraham, Isaac y Jacob.

Israel reconoce la mano de Dios

¿Por qué Dios permite que las naciones hagan la guerra a Israel? Hay solo una respuesta: para su gloria. Ezequiel escribió: «Y de aquel día en adelante sabrá la casa de Israel que yo soy Jehová su Dios… Y seré engrandecido y santificado, y seré conocido ante los ojos de muchas naciones; y sabrán que yo soy Jehová» (39.22; 38.23).

La humanidad adora un panteón de supuestos dioses. Unos adoran a Buda, otros a Alá, algunos a Satanás y otros, a dioses creados por ellos mismos, pero, ¿quién es el Dios todopoderoso? Cuando el Dios de Abraham, Isaac y Jacob termine de barrer los enemigos de Istrael en las montañas (nótese que Jerusalén y las ciudades son salvas), no habrá duda que Jehová Dios es el Dios todopoderoso. Dios dijo: «Será al cabo de los días; y te traeré sobre mi tierra, para que las naciones me conozcan, cuando sea santificado en ti, oh Gog, delante de sus ojos» (Ezequiel 38. 16).

Verdaderamente la única manera que podemos entender el significado de esta increíble derrota es aceptándola como un acto de

Dios. La derrota de Gog y Magog cumplirá el propósito de glorificar a Dios ante Israel y el mundo. Ezequiel deseaba que el mundo supiera que Dios, en forma sobrenatural, neutralizaría a los enemigos de Israel y los destruiría para que su nombre pudiera ser glorificado.

Una segunda razón para este gran despliegue del poder de Dios es testificar a su amado pueblo judío que solo Él es su Dios. A través de su milagroso rescate, el corazón del pueblo judío comenzará a volverse otra vez al Dios de Abraham Isaac y Jacob.

Y de aquel día en adelante sabrá la casa de Israel que yo soy Jehová su Dios. Y sabrán las naciones que la casa de Israel fue llevada cautiva por su pecado, por cuanto se rebelaron contra mí, y yo escondí de ellos mi rostro, y los entregué en manos de sus enemigos, y cayeron todos a espada. Conforme a su inmundicia y conforme a sus rebeliones hice con ellos, y de ellos escondí mi rostro. Por tanto, así ha dicho Jehová el Señor: Ahora volveré la cautividad de Jacob, y tendré misericordia de toda la casa de Israel, y me mostraré celoso por mi santo nombre. Y ellos sentirán su vergüenza, y toda su rebelión con que prevaricaron contra mí, cuando habiten en su tierra con seguridad, y no haya quien los espante; cuando los saque de entre los pueblos, y los reúna de la tierra de sus enemigos, y sea santificado en ellos ante los ojos de muchas naciones. Y sabrán que yo soy Jehová su Dios, cuando después de haberlos llevado al cautiverio entre las naciones, los reúna sobre su tierra, sin dejar allí a ninguno de ellos. Ni esconderé más de ellos mi rostro; porque habré derramado de mi Espíritu sobre la casa de Israel, dice Jehová el Señor. (Ezequiel 39.22-29)

Israel, el cuerpo espiritualmente muerto de la visión de Ezequiel, sabrá sin lugar a dudas, que Dios orquestó su victoria en este ataque. Este quizás sea el impulso necesario para que los oficiales comiencen la construcción del tercer templo en el Templo del Monte, posiblemente al lado de la mezquita que existe en ese lugar. No sé exactamente cómo ocurrirá esto. Pero sí sé que Israel construirá el tercer templo y es lógico asumir un despertamiento espiritual de Israel como resultado de ver la poderosa mano de Dios actuando en defensa de la nación.

Nótese con cuidado que en este punto el pueblo judío como grupo todavía tiene que aceptar a Jesús como el Mesías. La Biblia dice muy claramente que esto sucederá al final de la tribulación, un tiempo aún por venir en el reloj profético de Dios. Pues a partir de esta catastrófica batalla en suelo de la Tierra Santa, la nación de Israel comenzará a volverse hacia el Dios altísimo. Sin embargo, algunos se distraerán con un recién llegado al escenario mundial, un hombre carismático que viene a Israel con los brazos abiertos, prometiendo paz y seguridad.

Nueve

El anticristo conquista a Jerusalén

Lo que Arafat busca en Rusia y en otras capitales europeas no es tanto nuevas ideas para hacer que el proceso de paz siga adelante, sino apoyo para su plan de una fuerza internacional que mantenga separados a los israelíes y los palestinos.

Edmonton Sun, 24 de noviembre de 2000[1]

Los palestinos han estado presionando para que Europa juegue un papel más importante en el logro de la paz en el Oriente Medio, acusando a Estados Unidos, el principal mediador, de estar a favor de Israel.

Washington Times, 2 de noviembre de 2000[2]

La Unión Europea dio el lunes su primer paso importante para convertirse en un poder militar, cuando sus ministros de defensas prometieron tropas y equipos para crear un ejército de 60.000 miembros para 2003… El ejército podría enviarse al campo en un plazo de sesenta días y podría permanecer hasta un año, bajo los planes de la Unión Europea.

Tampa Tribune, 21 de noviembre de 2000[3]

Para un cuadro completo del príncipe satánico que ha de venir, debemos volver a los libros de Apocalipsis en el Nuevo Testamento y Daniel en el Antiguo Testamento. Acompáñeme a medida que ahondamos en el estudio de quién es el anticristo y qué intenciones tiene con Jerusalén.

El primer sello: el jinete sobre el caballo blanco

A Juan el profeta, quien una vez caminó con Jesús, se le permitió dar un vistazo a los tiempos finales durante su exilio en Patmos. En su breve ojeada dentro del cielo, vio un rollo sellado con siete sellos en la mano derecha de Aquel que se sienta en el trono del cielo: Jesucristo. Una voz proclamó: «¿Quién es digno de abrir el libro y desatar sus sellos?» Y Juan lloraba cuando ni uno en el cielo ni en la tierra ni debajo de la tierra era capaz de desatar los sellos (Apocalipsis 5.1-4).

Pero uno de los ancianos lo animó: «No llores. He aquí que el León de la tribu de Judá, la raíz de David, ha vencido para abrir el libro y desatar sus siete sellos» (v. 5).

Mientras Juan observaba, Jesucristo se presentó como un Cordero que había sido inmolado. Mientras los ancianos y la iglesia raptada observaban, el perfecto Cordero del sacrificio se presentó ante la multitud de creyentes cuyo número era «diez mil veces diez mil, y miles de miles» de cada tribu, lengua, pueblo y nación. Mientras la iglesia redimida cantaba alabanzas a Él, Jesucristo abrió el rollo. (Apocalipsis 5.6 – 6.1)

Después de desatar el primer sello, Juan vio un caballo blanco: «Y el que lo montaba tenía un arco; y le fue dada una corona, y salió venciendo, y para vencer» (Apocalipsis 6.2).

El hombre a caballo es el anticristo, un maestro imitador. Debido a que la profecía nos dice que Jesús regresará sobre un caballo blanco en su Segunda Venida (Apocalipsis 19.11), este hombre cabalga sobre un caballo blanco, pero no es el salvador. Se le da un arco, un arma de guerra y una corona. Y sale a conquistar el mundo. Y tendrá exito.

La primera y más importante señal de la llegada de la tribulación es el surgimiento de una personalidad global, un hombre cuyo nombre estará en los labios de todos. No conozco su nombre y no me aventuro en una suposición, pero creo que ya existe y que conoce su satánica asignación.

¿Es el anticristo un hombre real? Véase esta cita del periódico *Dallas Morning News:*

> Muchos eruditos argumentan que los autores de la Biblia nunca pretendieron que su obra se interpretara como una profecía literal. El anticristo de Apocalipsis, por ejemplo, alude al emperador romano Nerón, quien representaba al diablo para los primeros cristianos. El pasaje que predice el Armagedón, según los académicos, se refiere a la victoria final del bien sobre el mal, no a una batalla real. El rapto, mencionado en Primera de Tesalonicenses, es una expresión de la confianza del apóstol Pablo en que los cristianos pasarán la eternidad con Jesús.[4]

¿Mi reacción a esto? ¡Palabrerías! Primero que nada, cualquier llamado erudito que habla acerca de los «autores» bíblicos no entiende cómo se escribió la Biblia. Se puede hablar de los «escritores», «escribas», «amanuenses» o hasta «secretarios» bíblicos, pero no de «autores» bíblicos. Un autor es uno que escribe palabras que ha sacado de su mente o imaginación. El autor de la Biblia es el Espíritu Santo de Dios, no el hombre. ¡Los humanos registraron las palabras de Dios bajo el control absoluto del Espíritu Santo, de modo que el producto acabado fue simplemente la Palabra de Dios!

Segundo, los hombres que escribieron lo que dictó el Espíritu

Santo no estaban creando alegorías o fábulas. Juan el profeta no estaba tratando de describir con tacto al emperador romano Nerón ni estaba describiendo metafóricamente el Armagedón con tantos detalles. Y si Pablo solo deseaba asegurar a los cristianos que pasarían la eternidad con Jesús, ¿por qué no lo dijo así de fácil? No, mi amigo. El rapto es algo real, el Armagedón es una batalla real y el anticristo es un ser viviente, que respira y a quien la Biblia llama el hijo de perdición de Satanás (2 Tesalonicenses 2.3).

Juan no es el único escritor bíblico que menciona al anticristo. Daniel habla de él no una vez, sino tres veces. Examinemos la narración que comienza en el capítulo diez de Daniel.

El ayuno y la oración de Daniel

En el tercer año de Ciro, rey de Persia, se reveló un mensaje a Daniel, también llamado por su nombre babilónico Beltsasar. El año era como el 534 a.C., unos cuatro años después que Daniel recibió la visión de las setenta semanas. Daniel estaba muy viejo, todavía respetado, aunque quizás ya se había retirado del servicio público.

En los primeros versículos del capítulo diez de su libro, Daniel nos dice que había estado afligido por tres semanas. «No comí manjar delicado, no entró en mi boca carne ni vino, ni me ungí con ungüento, hasta que se cumplieron las tres semanas» (v. 3).

¡Algo había estremecido grandemente a Daniel, lo había sacudido de tal manera que no se bañó ni se peinó el cabello por tres semanas! No se nos dice por qué Daniel estaba afligido pero podemos aventurar una suposición ya que Daniel menciona que este era el tercer año del reinado de Ciro y sabemos que en su *primer* año Ciro firmó un decreto que permitía y estimulaba a los hebreos a regresar a su tierra. Puede que Daniel se haya molestado porque muy pocos de su pueblo regresaron a Jerusalén. (Eso fue antes de que Nehemías y sus colaboradores formaran un comité para reconstruir las murallas).

Quizás Daniel se sintió afligido al reconocer que no regresaría a su amada Jerusalén, la sagrada ciudad de Dios. Él tenía por lo menos noventa años y tal vez pensó que podía serle más útil a su pueblo en la poderosa posición que ostentaba en el palacio.

Luego de decidir buscar el rostro de Dios, Daniel ayunó y oró y buscó al Señor por tres semanas completas. Después de veintiún días, salió a la orilla del río Tigris, y allí contempló una visión como ninguna de las que había visto. Algunos eruditos bíblicos consideran que vio la transfiguración de Jesucristo.

> Y alcé mis ojos y miré, y he aquí un varón vestido de lino, y ceñidos sus lomos de oro de Ufaz. Su cuerpo era como de berilo, y su rostro parecía un relámpago, y sus ojos como antorchas de fuego, y sus brazos y sus pies como de color de bronce bruñido, y el sonido de sus palabras como el estruendo de una multitud. Y solo yo, Daniel, vi aquella visión, y no la vieron los hombres que estaban conmigo, sino que se apoderó de ellos un gran temor, y huyeron y se escondieron. Quedé, pues, yo solo, y vi esta gran visión, y no quedó fuerza en mí, antes mi fuerza se cambió en desfallecimiento, y no tuve vigor alguno. Pero oí el sonido de sus palabras; y al oír el sonido de sus palabras, caí sobre mi rostro en un profundo sueño, con mi rostro en tierra. (Daniel 10.5-9)

La descripción de Daniel de su visitante celestial es muy semejante a la de Juan, quien vio a Jesús y registró su impresión en Apocalipsis. Juan vio «a uno semejante al Hijo del Hombre, vestido de una ropa que llegaba hasta los pies, y ceñido por el pecho con un cinto de oro. Su cabeza y sus cabellos eran blancos como blanca lana, como nieve; sus ojos como llama de fuego; y sus pies semejantes al bronce bruñido, refulgente como en un horno; y su voz como estruendo de muchas aguas» (Apocalipsis 1.13-15).

Aunque otros estaban con Daniel, estos no vieron la visión, sino que se acobardaron y fueron a esconderse en los arbustos junto al río. El apóstol Pablo tuvo una experiencia similar en el camino de Damasco. Él vio a Jesús y escuchó su voz, mientras sus temerosos compañeros no vieron nada. Pero tanto en el camino de Damasco como en el río Tigris, el poder sobrenatural de Dios fue claramente evidente.

Sobrecogido por el poder y la importancia de lo que había visto, Daniel, debilitado como estaba a causa de su ayuno, se desmayó.

Y he aquí una mano me tocó, e hizo que me pusiese sobre mis rodillas y sobre las palmas de mis manos ... Entonces me dijo: Daniel, no temas; porque desde el primer día que dispusiste tu corazón a entender y a humillarte en la presencia de tu Dios, fueron oídas tus palabras; y a causa de tus palabras yo he venido. Mas el príncipe del reino de Persia se me opuso durante veintiún días; pero he aquí Miguel, uno de los principales príncipes, vino para ayudarme, y quedé allí con los reyes de Persia. He venido para hacerte saber lo que ha de venir a tu pueblo en los postreros días; porque la visión es para esos días. (Daniel 10.10, 12-14)

Si el hombre que Daniel vio en la primera parte de la visión fue Jesús, entonces el hombre del que habla ahora definitivamente no lo es porque Jesús no necesita ayuda del arcángel Miguel. Este ángel anónimo —que muchos creen que es Gabriel, con quien Daniel había hablado antes— explica que fue retenido por el príncipe de Persia, el gobernante satánico sobre el reino de Persia para Satanás, el dios de este mundo. El santo ángel recibió órdenes de marchar desde el primer día del ayuno y la oración de Daniel, pero fue bloqueado al día número veintiuno por este príncipe demoníaco. No se nos da el nombre de este ser, pero era un príncipe de alto rango asignado por Satanás para controlar las actividades demoníacas del reino de Persia, donde Daniel vivía.

El diablo, ve usted, tiene una hueste de ángeles caídos bajo su mando, así como Dios tiene huestes de ángeles. Tanto los demonios como los ángeles se organizan en jerarquías y el poderoso príncipe de Persia era capaz de retener a este mensajero hasta que Miguel, el arcángel, llegó para ayudarlo a abrirse paso. Los demonios son criaturas que recorren la tierra (Mateo 12.43) y anhelan habitar en un cuerpo. Cuando Jesús echó fuera los demonios de un hombre endemoniado (Mateo 8.28-34), estos le rogaron que les permitiera entrar en los puercos. Los ángeles vuelan en el cielo y tienen cuerpos que se describen con detalle en las Escrituras. Por consiguiente, los ángeles caídos no son demonios. Hay dos diferentes batallones satánicos bajo el mismo comandante en jefe: Satanás.

¿Por qué desearía Satanás impedir a un ángel que se le apareciera a Daniel? Dios deseaba dar a Daniel importante información profética, pero Satanás no deseaba que Daniel la tuviera. Al compartir esta información sobre la retención y lucha de Satanás a través del príncipe de Persia, el mensajero celestial levantó la cortina sobre la invisible guerra que se libra a nuestro derredor. Pablo escribió: «Porque no tenemos lucha contra sangre y carne, sino contra principados, contra potestades, contra los gobernadores de las tinieblas de este siglo, contra huestes espirituales de maldad en las regiones celestes» (Efesios 6.12). Un *principado* en la jerarquía de mando de Satanás es un gobernante principal del más alto rango (Efesios 1.21; Colosenses 2.10).

Un detalle muy interesante es que antes de irse, el ángel le dijo a Daniel: «¿Sabes por qué he venido a ti? Pues ahora tengo que volver para pelear contra el príncipe de Persia; y al terminar con él, el príncipe de Grecia vendrá. Pero yo te declararé lo que está escrito en el libro de la verdad; y ninguno me ayuda contra ellos, sino Miguel vuestro príncipe. Y yo mismo, en el año primero de Darío el medo, estuve para animarlo y fortalecerlo» (Daniel 10.20 - 11.1).

Hay mucha seguridad en el comentario del ángel. «Yo mismo», le confió el ángel en un atrevido susurro, «quien fortaleció al rey Darío después que te lanzaron al foso de los leones. ¿Recuerdas qué perturbado estaba? Pasó una noche sin dormir preocupado por tu persona y suplicando a Dios, así que fui yo quien le dio la fortaleza para confiar en que Dios salvaría tu vida».

El ángel también mencionó que pronto encontraría otra vez no solo al príncipe de Persia, sino también al príncipe de Grecia. ¿Por qué? Porque la profecía que el ángel relató tenía que ver con Grecia.

El ángel comenzó su profecía explicando que esto tenía que ver con el pueblo de Daniel, los judíos: «He venido para hacerte saber lo que ha de venir a tu pueblo en los postreros días; porque la visión es para esos días» (Daniel 10.14).

Lo que sigue es el recuento histórico más detallado en toda la Biblia, sin embargo fue profético cuando se escribió. Las palabras del ángel abarcan sucesos entre el 529 a.C. al 164 a.C. aproximadamente, y veremos cómo se cumplieron con exactitud. También incluyen acontecimientos que son igualmente ciertos y que se cumplirán en los siete años de tribulación por venir.

La ley de doble referencia

Al estudiar el siguiente pasaje de Daniel, necesitamos entender la profética *ley de doble referencia*. Este importantísimo principio significa sencillamente que dos sucesos, separados ampliamente en cuanto al tiempo de su cumplimiento, pueden unirse dentro del marco de una profecía. Dwight Pentecost comenta: «Esto se hizo porque el profeta tenía un mensaje para su propio tiempo así como para el futuro. Al traerse dos acontecimientos bien distantes uno del otro, dentro del marco de la profecía, ambos propósitos podrían cumplirse».[5]

R. B. Girdlestone lo explica así:

Así que se hizo otra provisión para confirmar la fe de los hombres en declaraciones que hacían referencia al futuro lejano. Con frecuencia ocurrió que profetas que tenían que hablar de tales cosas, eran también comisionados a predecir otras cosas que sucederían pronto. La verificación de estas últimas predicciones en sus días y generaciones, justificaron que los hombres creyeran las otras manifestaciones que señalaban hacia una era más distante. Una cosa era prácticamente «señal» de lo otro, y si lo primero probaba ser verdad, entonces se podía confiar en lo segundo. Por lo tanto el nacimiento de Isaac, bajo las más improbables circunstancias, ayudaría a Abraham a creer que en su simiente todas las familias de la tierra serían bendecidas.[6]

La visión de Daniel en los capítulos 10-12 es una profecía de doble referencia. Corresponde a lo que vendrá en un futuro cercano así como a lo que vendrá en los postreros días. El capítulo 11 contiene un notable ejemplo de historia preescrita. El ángel explicó exactamente lo que ocurriría en Grecia, Egipto y Siria durante los años entre el Antiguo y el Nuevo Testamento. Cuando se lee la profecía de Daniel y se compara con la historia universal, es fácil darse cuenta por qué la profecía no debe confundirse nunca con la alegoría ni la metáfora.

Muchos eruditos bíblicos hablan del período intertestamentario como un tiempo de silencio, pero Dios no estuvo para nada callado sobre este período. Él predijo el curso de los eventos humanos, describió las naciones que oprimirían a los hijos de Israel por generaciones futuras predijo el surgimiento de un líder, Antíoco Epifanio, que sería el retrato o «tipo» del príncipe mencionado en la visión de Daniel de las setenta semanas. Antíoco Epifanio, sin embargo, fue por mucho el menor de los dos males.

Estos dos anticristos que se mencionan en las Escrituras confunden con mucha frecuencia a la comunidad evangélica. Antíoco Epifanio es el primer anticristo sobre el que escribió Daniel, quien aparece en el escenario de la historia universal de 175 a.C. al 164 a.c. El segundo anticristo al cual se refiere Daniel es el anticristo que aparecerá en los últimos días después del rapto de la iglesia. Esto ilustra la ley profética de doble referencia.

Y como lo que nos concierne principalmente son los acontecimientos de la Tribulación, permítame resumir los ya históricos sucesos incluidos en esta visión:

Cuatro reyes persas adicionales gobernarían después de Ciro y el cuarto sería el más rico de todos ellos (Daniel 11.2). Esto ocurrió realmente y Jerjes, el rey que se casó con Esther, fue el más rico de los cuatro.

«Un poderoso rey» se levantará (v. 3). Este fue Alejandro Magno, de Grecia.

Este rey sería desarraigado y su reino se dividiría en cuatro y se repartiría entre personas que no serían de sus descendientes (v. 4). Alejandro murió a los treinta y dos años y su reino pasó a sus cuatro generales.

«Y se hará fuerte el rey del sur; mas uno de sus príncipes será más fuerte que él» (v. 5). Uno de los generales, Tolomeo, comenzó una dinastía en Egipto, mientras Seleuco hizo lo propio en Siria.

«Ellos harán alianza» (v.6). Egipto y Siria hicieron una alianza en 250 a.C., antes que ambos generales murieran. Tolomeo II dio su hija Berenice en matrimonio al nieto de Seleuco, Antíoco II. Sin embargo, dos años más tarde Tolomeo II murió y Antíoco II se divorció de Berenice y se volvió a casar con su antigua esposa, Laodicea. Esta entonces envenenó a Antíoco e hizo matar a Berenice, colocando en el trono a su hijo Seleuco II.

«Pero un renuevo de sus raíces se levantará sobre su trono» (v.7). En Egipto, el hermano de Berenice, Tolomeo III, era el rey. Invadió Siria y vengó la muerte de su hermana ejecutando a Laodicea. Para salvar su cabeza, Seleuco II huyó del poblema.

«Y aún a sus dioses llevará cautivos a Egipto» (v. 8). Tolomeo III se llevó toneladas del saqueo de Siria, incluyendo 4.000 talentos de oro, 40.000 talentos de plata y 2.500 ídolos de oro.

«Y el rey del norte vendrá» (v. 9). Seleuco II intentó contraatacar a Egipto pero lo mataron. Antíoco III, su hijo, lo sucedió.

«Y el rey del sur se enfurecerá» (v. 11). Los dos versículos siguientes describen la continua guerra entre Egipto y Siria. En 198 a.C. Antíoco III ganó el dominio de Palestina en una batalla en las afueras de Sidonia. En 193 a.C. Antíoco dio a su hija Cleopatra (no la famosa Cleopatra) en matromionio a Tolomeo V, esperando que esta promoviera los intereses sirios en Egipto, pero Cleopatra resultó ser una esposa fiel; tal como Daniel había predicho (v. 17).

«Volverá después su rostro a las costas» (v. 18). Antíoco III se unió a Aníbal e invadieron Grecia, pero en 188 a.C. los soldados romanos los echaron del territorio recién adquirido.

«Y se levantará en su lugar uno que cobra tributos» (v. 20). Seleuco IV gobernó en lugar de su padre pero pronto fue asesinado por su propio primer ministro.

Antíoco Epifanio, un retrato del anticristo

Antíoco Epifanio era el hijo más joven de Antíoco III y el ángel dijo a Daniel que era una «persona vil». Él ocuparía el trono con un programa de paz, según predijo el ángel, y «tomaría el reino mediante la intriga» (v. 21). Veamos el cuadro bíblico completo de este histórico personaje:

> Y le sucederá en su lugar un hombre despreciable, al cual no darán la honra del reino; pero vendrá sin aviso y tomará el reino con halagos. Las fuerzas enemigas serán barridas delante de él como con inundación de aguas; serán del todo destruidos, junto con el príncipe del pacto. Y después del pacto con él, engañará y subirá, y saldrá vencedor con poca gente. Estando la provincia en paz y en abundancia, entrará y hará lo que no hicieron sus padres, ni los padres de sus padres; botín, despojos y riquezas repartirá a sus soldados, y contra las fortalezas formará sus designios; y esto por un tiempo. (Daniel 11. 21-24)

Harold Willmington dice que: «Antíoco Epifanio se apodaba *Epimanes*, palabra que significa «loco», por aquellos que mejor lo conocían. Aparentemente pretendió ser un Robin Hood del siglo segundo, robándole a un bando y distribuyendo lo robado entre otros».[7]

> Y despertará sus fuerzas y su ardor contra el rey del sur con gran ejército; y el rey del sur se empeñará en la guerra con grande y muy fuerte ejército; mas no prevalecerá, porque le harán traición. Aun los que coman de sus manjares le quebrantarán; y su ejército será destruido, y caerán muchos muertos. El corazón de estos dos reyes será para hacer mal, y en una misma mesa hablarán mentira; mas no servirá de nada, porque el plazo aún no habrá llegado. (Daniel 11. 25-27)

En 170 a.C. Antíoco Epifanio derrotó al rey de los egipcios, Tolomeo Filometor en una batalla al este del Delta del Nilo. Tolomeo perdió la batalla porque lo traicionaron los consejeros que se sentaban con él a la mesa (v. 26).

> Y volverá a su tierra con gran riqueza, y su corazón será contra el pacto santo; hará su voluntad, y volverá a su tierra. Al tiempo señalado volverá al sur; mas no será la postrera venida como la primera. Porque vendrán contra él naves de Quitim, y él se contristará, y volverá, y se enojará contra el pacto santo, y hará según su voluntad; volverá, pues, y se entenderá con los que abandonen el santo pacto. (vv. 28-30)

Antíoco avanzó en una segunda campaña militar contra Egipto, pero los buques romanos que navegaban desde Chipre lo detuvieron. En su furia, volvió a Palestina, rompiendo así su pacto de paz con los hijos de Israel. Aduló y halagó a los judíos que estuvieron dispuestos a «abandonar el santo pacto».

«Y se levantarán de su parte tropas que profanarán el santuario, y quitarán el continuo sacrificio, y pondrán la abominación desoladora» (v. 31).

Con la información provista por espías, Antíoco se levantó de nuevo contra Jerusalén en 171 a.C. En un violento impulso de frustración, asesinó a más de cuarenta mil judíos y vendió igual número como esclavos. Eliminó del templo el sacrificio diario (el templo de Zorobabel, que había sido erigido por los exiliados que regresaron sobre el Templo del Monte), ofreció la sangre de un cerdo en el altar y colocó la imagen de Júpiter para que la adoraran en el lugar sagrado.

El origen de Hanuká

¿Imagina usted dónde se originó la fiesta judía de Hanuká? La respuesta se encuentra en la cadena de eventos proféticos de Daniel y en la historia de Antíoco y su blasfemia en el Templo del Monte.

Antíoco comenzó su campaña antijudía el 6 de septiembre de 171 a.c., y continuó hasta el 25 de diciembre de 165 a.c., cuando Judas Macabeo restauró la verdadera adoración en el templo. Esto corresponde a los 2.300 días de Daniel 8.14.[8] Chanukah o Hanukkah, el festival de ocho días que los hijos de Israel celebran el vigésimoquinto día del mes hebreo de Kislev, conmemora la victoria de Judas Macabeo y sus seguidores sobre las fuerzas de Antíoco Epifanio. Según la leyenda talmúdica, cuando los hasmoneos recapturaron y limpiaron el templo, solo hallaron una vasija de aceite con el sello del sumo sacerdote, suficiente para solo un día de iluminación de la menora. Pero ocurrió un milagro, y la menora ardió por ocho días.[9]

> Con lisonjas seducirá a los violadores del pacto; mas el pueblo que conoce a su Dios se esforzará y actuará. Y los sabios del pueblo instruirán a muchos; y por algunos días caerán a espada y a fuego, en cautividad y despojo. Y en su caída serán ayudados de pequeño socorro; y muchos se juntarán a ellos con lisonjas. También algunos de los sabios caerán para ser depurados y limpiados y emblanquecidos, hasta el tiempo determinado; porque aun para esto hay plazo. (Daniel 11.32-35)

En esta porción de la profecía de Daniel vemos que los años por delante serán tiempos de gran sufrimiento. Las naciones gentiles continuarán combatiendo a Israel: Siria por el norte, Egipto por el sur, Roma por el oeste. Mucha gente se alejará de su fe y tratará de involucrarse en la cultura predominante. Otros permanecerán fieles al Dios de Abraham, Isaac y Jacob. Ese pueblo, como los macabeos, serán fuertes y «realizarán grandes hazañas». Algunos caerán y se levantarán, serán perdonados, refinados y fortalecidos a medida que

Antíoco Epifanes (Daniel 11. 21-35)	El anticristo (Daniel 11.36-39; 8.23-26)
Una persona vil	Hombre de pecado
Trabaja a través de la intriga	Trabaja a través de la intriga
Es un guerrero	Honra al dios de la «fortaleza» o el poder militar
Profana el templo	Profanará el templo
Conocido como pacificador	Destruirá con paz
Fue destruido y derrotado	Será destruido para siempre

se acercan los tiempos finales.

Profecía del rey obstinado

Entonces el ángel pasó a Daniel sobre un intervalo de tiempo profético. Pasó de la predicción del futuro sobre Antíoco Epifanio a hablar sobre un hombre muy parecido al pagano sirio. El ángel comenzó a hablar del anticristo y Daniel registró fielmente la descripción:

> Y el rey hará su voluntad, y se ensoberbecerá, y se engrandecerá sobre todo dios; y contra el Dios de los dioses hablará maravillas, y prosperará, hasta que sea consumada la ira; porque lo determinado se cumplirá. Del Dios de sus padres no hará caso, ni del amor de las mujeres; ni respetará a dios alguno, porque sobre todo se engrande-

cerá. Mas honrará en su lugar al dios de las fortalezas, dios que sus padres no conocieron; lo honrará con oro y plata, con piedras preciosas y con cosas de gran precio. Con un dios ajeno se hará de las fortalezas más inexpugnables, y colmará de honores a los que le reconozcan, y por precio repartirá la tierra. (Daniel 11.36-39)

Sin duda alguna Daniel se dio cuenta que ya antes había oído sobre este príncipe obstinado. Él había visto al anticristo en su visión de las cuatro bestias (Daniel 7), había oído al hombre hablar palabras pomposas y había presenciado hasta el momento que mataron a la bestia, «su cuerpo destrozado y entregado para ser quemado por el fuego» (Daniel 7. 11).

Daniel también supo del anticristo en su visión del carnero y la cabra. He aquí lo que el ángel dijo a Daniel:

Y al fin del reinado de éstos, cuando los transgresores lleguen al colmo, se levantará un rey altivo de rostro y entendido en enigmas. Y su poder se fortalecerá, mas no con fuerza propia; y causará grandes ruinas, y prosperará, y hará arbitrariamente, y destruirá a los fuertes y al pueblo de los santos. Con su sagacidad hará prosperar el engaño en su mano; y en su corazón se engrandecerá, y sin aviso destruirá a muchos; y se levantará contra el Príncipe de los príncipes, pero será quebrantado, aunque no por mano humana. La visión de las tardes y mañanas que se ha referido es verdadera; y tú guarda la visión, porque es para muchos días. (Daniel 8.23-26)

Igual que Antíoco Epifanio, el antricristo hará su debut sobre el escenario de la historia mundial con una gracia hipnótica y mucho carisma. En Apocalipsis 13.1 Juan lo describe: «Me paré sobre la arena del mar, y vi subir del mar una bestia que tenía siete cabezas y diez cuernos; y en sus cuernos diez diademas; y sobre sus cabezas, un nombre blasfemo».

Este hombre, el anticristo, quien está presente en la escatología de las tres principales religiones, hará que Antíoco Epifanio luzca como un niño del coro. Él caminará sobre las antiguas calles de Jerusalén y sentirá una satisfacción triunfal por estar caminando sobre las calles de la Ciudad de Dios.

Diez

El mesías de Satanás

Así como no cuestionamos la sinceridad de los sentimientos de otros hacia los lugares santos de Jerusalén, esperamos que no cuestionen la imponente y profunda identificación del pueblo judío con Jerusalén y sus lugares santos, de los cuales nosotros jamás volveremos a apartarnos».

-Shlomo Ben-Amí, Ministro de Relaciones Exteriores de Israel [1]

No corresponde decidir a Israel quien será el soberano sobre los santuarios de la Antigua Ciudad. Esa es una decisión entre musulmanes, cristianos y árabes.

-Respuesta de Yasser Arafat [2]

A medida que la batalla de Jerusalén continúa, un hombre intervendrá en la misma para encontrar una solución pacífica, la Bestia. Nótese que en la visión de Daniel del anticristo, la Bestia surge del mar (el mar, dentro del simbolismo profético, representa al mundo gentil). Esta vendrá de la Unión Europea o de un país o confederación que alguna vez formó parte del Imperio Romano, que abarca desde Irlanda a Egipto incluyendo Turquía, Irán e Irak. En la visión de Daniel sobre las cuatro bestias, la cuarta tenía diez cuernos que representaban diez reinos (Daniel 8.19-25). El «cuerno pequeño» surgía de entre los otros diez, que sabemos que son las diez divisiones del antiguo Imperio Romano.

Resulta interesante que la Bestia venga de la Unión Europea y que sea un hombre de «fortalezas» o poderío militar. Hasta el año 2000, la Unión Europea no tenía ejército, ahora no solo están organizando un ejército, sino considerando una acción pacifista en Jerusalén.

En su ascenso al poder, el anticristo utilizará primero su poder hipnótico sobre una nación de la federación de los diez reinos, y después sobre las demás. Conquistará a tres de las diez naciones, de ahí las siete cabezas y diez coronas de la visión de Juan, así asumirá la supremacía sobre todos ellos. Podría hacer muy bien esto antes del tiempo del rapto o durante la guerra de Gog-Magog. La Biblia nos dice que después que su posición esté asegurada en la federación de diez naciones, volverá sus ojos voraces hacia la niña del ojo de Dios: Israel.

Mientras Israel esté recuperándose de su terrible destrucción por la guerra con Rusia y sus aliados árabes, es muy probable que este hombre busque la oportunidad de lanzarse hacia el escenario mundial. Mientras tanto, ya habrá amalgamado su poder en Europa, pero en Israel hallará la oportunidad de llegar a ser un pacificador mundial.

El anticristo será un hombre con cuentas limpias en las áreas militar y política, y muchos le seguirán voluntariamente. Gobernará en su federación con absoluta autoridad, y harán lo que él diga. (Daniel 11.36)

Sabemos también que el anticristo entrará en el escenario mundial con la reputación de un poderoso hombre de paz. Podría ser un Premio Nobel de la Paz. Sin embargo, derrotará y unirá a tres reinos. Daniel 8.25 dice que mediante la paz destruirá a muchos. Se hará presente y garantizará la paz en Israel y en el Medio Oriente, lo cual no será difícil después que el monstruo destructivo militar de Rusia y sus aliados panislámicos sea destruido. Después de todo, quienes tienen ojos comprenderán que Dios mismo defiende a Israel. (Salmos 125.1-2)

Así como usted puede descubrir la verdad ante algunas personas y ni así le creen, ante la liberación milagrosa de Israel, millones de personas preferirán seguir creyendo que la humanidad puede resolver sus problemas. Estas personas acreditarán la salvación de Israel a la suerte, a una fuerza de la naturaleza, aun a la tecnología, y cuando este pacificador internacional se presente para ofrecer un tratado que garantice por siete años la paz en Israel, será aplaudido, elogiado y saludado como el Mesías: un falso mesías, el nuevo César mundial.

Primera de Juan 2.18 declara abiertamente: «Hijitos, ya es el último tiempo; y según vosotros oísteis que el anticristo viene, así ahora han surgido muchos anticristos; por esto conocemos que es el último tiempo». Así pues, el anticristo —con mayúscula— viene. Aunque muchas personas a través de los años han estado en contra de Cristo, vendrá un hombre que es el mal encarnado, el hijo de Satanás, el mal personificado.

El plan del anticristo para el dominio mundial consiste en tres puntos: un sistema económico mundial en el cual nadie podrá comprar ni vender sin una marca suministrada por la administración del anticristo; un gobierno mundial; y una religión mundial que eventualmente orientará su adoración a él mismo.

Una sola economía mundial

A medida que nuestra presente economía se tambalea y oscila sobre los ruinosos cimientos de nuestra inestabilidad global, el Anticristo se hará presente y aparentemente terminará con todos nuestros problemas. ¿Qué cosa puede tener mejor sentido que un sistema monetario global? Cuando Brasil devaluó su moneda, los inversionistas de

Estados Unidos perdieron millones, de modo que ¿por qué no establecer una moneda que fije la paridad en todas las naciones?

La Unión Europea ha puesto en marcha un sistema monetario europeo. La revista *Time* señala: «Un mes después de la última crisis monetaria, miembros del gabinete, legisladores y banqueros de ambos lados del Atlántico están debatiendo intensamente una extensa lista de ideas para desarrollar: un sistema financiero global». El Bank of America anunció el lema: «El mundo entero da la bienvenida al dinero mundial».

La economía del anticristo será una sociedad sin dinero en efectivo en la cual, toda transacción financiera será registrada electrónicamente. El apóstol Juan, en el libro de Apocalipsis, describió la situación: «Y hacía que a todos, pequeños y grandes, ricos y pobres, libres y esclavos, se les pusiese una marca en la mano derecha, o en la frente; y que ninguno pudiese comprar ni vender, sino el que tuviese la marca o el nombre de la bestia, o el número de su nombre» (Apocalipsis 13.16-17).

Una sociedad sin dinero en efectivo podría ser la vía más segura para poner fin al robo o para controlar a los señores de la droga, o como la mejor opción para ir de compras. Si usted desea ir a la tienda de abarrotes, sencillamente pasa su mano —donde una diminuta microficha está insertada bajo su piel— por una copiadora electrónica. Así, el importe de su compra instantáneamente se deducirá de su cuenta bancaria.

Este escenario nos suena tan inverosímil como lo fue en los días de mi padre. Hoy, mi banco me ha ofrecido una tarjeta de crédito y no necesito dinero para ir al mercado. Todo pasa en estos tiempos por una lente electrónica, desde las tarjetas de las bibliotecas hasta las huellas digitales, y no se requiere mucha imaginación para ver cómo este sistema de compra y venta sin dinero en efectivo y computarizado, será puesto en funcionamiento. Vendrá el día cuando usted no podrá comprar ni un paquete de goma de mascar sin la debida aprobación, sin tener una microficha en su mano o en su frente.

La revolución de las computadoras ha colocado este logro fenomenal a nuestro alcance. Nos hemos acostumbrado a administrarnos por nuestros «números». No podemos hacer la deducción de nuestros hijos en nuestras planillas de impuestos a menos que tengan su número de Seguro Social. Damos nuestros números de teléfono al representante de una compañía, mientras que el cajero puede encontrar en un instante nuestra dirección y el historial de ventas y compras que hemos hecho.

Los políticos estadounidenses están hablando ahora de poner en marcha una tarjeta de identidad nacional, ostensiblemente para controlar a los extranjeros ilegales. Nuestro gobierno está poniendo un esfuerzo concentrado que a la postre le dará poder para controlar las transacciones de dinero.

Creo que la razón principal para que cada individuo reciba lo que se conoce como «la marca de la bestia» es aplastar a todo el que adore al Dios de Abraham, Isaac y Jacob. Si el anticristo no podrá tener el placer de controlarlos o matarlos personalmente, tendrá la satisfacción de saber que se morirán de hambre. Sin su marca, nadie podrá comprar una barra de pan o una gota de leche. Los creyentes quizás no podrán comprar casas o hacer pagos de alquiler, tal vez ni siquiera puedan tener empleos.

Un solo gobierno mundial

Nunca en la historia una nación ha tenido el gobierno absoluto del mundo, pero el falso hombre de paz «devorará toda la tierra» (Daniel 7.23). Él gobernará al mundo por su propia voluntad y con absoluta y total autoridad. (Daniel 11.36) Personalmente será notable por su gran inteligencia, persuasión, sutileza y habilidad. Su boca hablará «palabras maravillosas» (Daniel 7.8), y será «un maestro de la intriga» (Daniel 8.23 NVI). Será la personalidad mundial más prominente, poderosa y popular.

El mundo —que ya no tendrá a la verdadera iglesia esparcida entre las naciones— no titubeará en prestar su total atención a este hombre. El anticristo estará libre para establecer su propio gobierno mundial, sin embargo, ¡no hay nada de nuevo en este nuevo orden mundial! Satanás ha estado tramando esta institución desde que Nimrod propuso la construcción de una torre majestuosa sobre las llanuras de Sinar. El propósito de lo que conocemos como Torre de Babel, fue desafiar la autoridad de Dios sobre la tierra, es decir, expulsar a Dios e instituir el gobierno del hombre.

Dios ordenó al hombre «fructificad y multiplicaos y llenad la tierra» (Génesis 9.1), sin embargo, la gente de aquellos tiempos tenía una idea diferente: «Tenía entonces toda la tierra una sola lengua y unas mismas palabras. Y aconteció que cuando salieron de oriente, hallaron una llanura en la tierra de Sinar, y se establecieron allí… Y dijeron: Vamos, edifiquémonos una ciudad y una torre, cuya cúspide llegue al cielo; y hagámonos un nombre, por si fuéremos esparcidos sobre la faz de toda la tierra» (Génesis 11.1-2, 4).

Dios soportó la temeridad de los constructores por tiempo limitado, pero después los esparció por toda la tierra.

Después de la Primera Guerra Mundial, «la guerra para poner fin a todas las guerras», el presidente Woodrow Wilson creó la Liga de las Naciones para mantener la paz por medio de un gobierno universal. Adolfo Hitler dijo al pueblo alemán que él traería «un nuevo orden» a Europa, y lo hizo arrastrando a Europa a las entrañas de un infierno y tiñendo las calles de rojo con ríos de sangre humana. Los comunistas de la antigua Unión Soviética prometieron instituir un nuevo orden y erigieron un imperio ateo que sucumbió como un castillo de naipes. ¡Ahora las Naciones Unidas desean establecer un nuevo orden mundial!

¿Qué significa esto? Brock Chisolm, ex director de la Organización Mundial de la Salud de las Naciones Unidas dijo: «El logro de un gobierno mundial es necesario para eliminar de la mente del hombre su individualismo, su lealtad a la familia, su patriotismo nacional y su religión».

Medite en esto, después del rapto, después de la guerra Gog-Magog descrita en Ezequiel 38-39, cuando toda nación sufrirá terribles terremotos, después que la guerra nuclear caiga aun sobre naciones no directamente envueltas en el conflicto, ¿qué esperanzas e ideales quedarán para sustentar a la humanidad? La verdadera religión se reducirá a una brasa mortecina que revivirá otra vez pero no por mucho tiempo. El patriotismo nacional será pisoteado en la fatiga de la devastación. Puede que aún exista la lealtad a la familia, pero hoy día está desvaneciéndose. Nuestras familias están tan divididas que la lealtad familiar parece cosa del pasado. ¿Y el individualismo? ¿Para qué sirve?

Creo que la simple apatía puede ser la fuerza principal que acerque al hombre al anticristo. Cuando los hombres y las naciones luchen por recoger las piezas luego del rapto y la aterradora guerra Gog-Magog, buscarán a uno que prometa paz, prosperidad económica y un gobierno. ¿Por qué no confiarle las riendas del mando?

La religión mundial del anticristo

¿Cuál es el principal deseo del anticristo? Él es un falso Cristo. Satanás conoce la profecía de que un día toda rodilla se doblará ante Jesucristo, pero tan grande es su odio a Dios que está determinado a eliminar a Dios, manteniendo a tantos como sea posible sin salvación. ¡Satanás piensa que puede derrotar a Dios el Señor! Durante el tiempo limitado del anticristo sobre la tierra, deseará ser adorado, pero actuará cuidadosamente, solidificando sus posiciones en la religión y la política, manteniendo su cara falsa como pacificador global.

En ningún lugar será más cuidadoso y diplomático que en Jerusalén. El templo judío será reconstruido en la Santa Ciudad poco antes o durante el ascenso del anticristo al poder. En los primeros tres años y medio del período de la Tribulación, el anticristo permitirá al pueblo judío volver a los sacrificios diarios en el templo, este se regocijará y muchos de ellos hasta lo considerarán como su Mesías.

En el año 1200 d.C., Moisés Maimónides, un rabino judío que escribió parte del Talmud, profetizó sobre el templo de los últimos días: «En el futuro, el rey mesiánico surgirá y renovará la dinastía davídica, restaurándola a su soberanía inicial. Reconstruirá el *Beis Ha Mikdash* (el templo) y reunirá al remanente disperso de Israel».[3]

Pudiera ser que Maimónides estuviera profetizando sobre Jesús y el templo milenial, pero miles de judíos pueden leer esta profecía y vincularla con el anticristo que ha prometido paz y les ha permitido reanudar los sacrificios diarios en el templo. Como ya hemos dicho, el Instituto del Templo en Jerusalén ha creado el implemento necesario para la adoración en el templo, que será reinstaurada exactamente como en los días de Moisés. Todo detalle en cada instrumento y toda tela para el vestuario sacerdotal ha sido hecho según el modelo original, mientras se preparan para hacer de nuevo sacrificios en el templo.

Después de la guerra de Gog-Magog, el corazón de los hijos de Israel se volverá al Dios de Abraham, Isaac y Jacob. En un avivamiento del nuevo despertar por el interés religioso, reconstruirán el templo y el anticristo, en un espectáculo público de apoyo, aplaudirá estos empeños.

El segundo sello: el jinete del caballo bermejo

Poco después de abrir el primer sello, el escritor del Apocalipsis vio a Jesús desatar el segundo sello: «Y salió otro caballo, bermejo; y al que lo montaba le fue dado poder de quitar de la tierra la paz, y que se matasen unos a otros; y se le dio una gran espada» (Apocalipsis 6.4).

Bajo el jinete del caballo bermejo, la anarquía reinará al descomponerse las sociedades y los que tienen combatirán a los que no tienen. La «paz» del anticristo será falsa y de corta vida porque el segundo sello llevará al mundo hacia una mayor violencia. Creo que el jinete del caballo bermejo instigará la verdadera guerra entre países así como la violencia entre el hombre y sus semejantes. Recuerde la condición de la tierra: no hay cristianos y la gran parte del mundo está recuperándose del daño ocasionado por la precipitación radiactiva de la guerra Gog-Magog.

A medida que el jinete del caballo bermejo se lleva la paz de la tierra, las personas se matarán unas a otras en los campos de batalla, en los trenes subterráneos, en las carreteras, en las ciudades y en los campos. Conceptos tales como la decencia común y la bondad humana se desvanecerán en vagas memorias de otras épocas. Se levantará nación contra nación, el hombre se levantará contra su amigo, los niños se levantarán contra sus padres. Al convertirse las ciudades en campos de guerra y las naciones tomar las armas unas contra otras, el mundo caerá bajo una nube de desesperanza y desesperación.

¿Recuerdan las visiones apocalípticas de un mundo futuro en películas como *Mad Max* y *Blade Runner*? Pues bienvenidos al mundo bajo el jinete del caballo bermejo.

El tercer sello: el jinete del caballo negro

Juan miró otra vez y vio «un caballo negro; y el que lo montaba tenía una balanza en la mano. Y oí una voz de en medio de los cuatro seres vivientes, que decía: Dos libras de trigo por un denario, y seis libras de cebada por un denario; pero no dañes el aceite ni el vino» (Apocalipsis 6.5-6).

Hecho: en 1995, por tercer año consecutivo, el mundo produjo menos alimentos de los que consumió y el «remanente» de las existencias de grano de emergencia descendió al nivel más bajo en mucho tiempo. Lester Brown, presidente del Instituto Worldwatch, dice que nosotros quizás ahora seamos testigos de un cambio en la economía mundial de alimentos, «de un período de abundancia general al que nos hemos acostumbrado por mucho tiempo, a uno de escasez».[4]

No se equivoque: el hambre está en camino. El color del caballo negro simboliza la profunda aflicción que caerá sobre la tierra cuando se abra el tercer sello. Como resultado de la guerra y de la poderosa mano de Dios, el mundo será afligido con una hambruna como nunca ha ocurrido en el pasado.

Escuchemos al profeta Jeremías describir la muerte por el hambre:

> Oscuro más que la negrura es su aspecto; no los conocen por las calles; su piel está pegada a sus huesos, seca como un palo. Más dichosos fueron los muertos a espada que los muertos por el hambre; porque estos murieron poco a poco por falta de los frutos de la tierra. (Lamentaciones 4.8-9)

Mientras el anticristo se mantiene ajeno a todo problema, mientras la violencia y la guerra hacen estragos en todas las naciones;

hombres, mujeres y niños comenzarán a morir de hambre. Usted notará que al jinete del caballo negro se le dice que no toque el vino ni el aceite de oliva. El vino y el aceite simbolizan lujos que disfrutan los ricos. El rico podrá obtener comida y lujos durante este tiempo pero la clase media y los pobres no podrán.

El cuarto sello: el jinete del caballo amarillo

Mientras Juan el profeta contemplaba, Jesús abrió el cuarto sello. Un ser viviente hizo señas a Juan para que «viniese y viera».

Juan escribió: «Miré y he aquí un caballo amarillo, y el que lo montaba tenía por nombre Muerte, y el Hades le seguía; y le fue dada potestad sobre la cuarta parte de la tierra, para matar con espada, con hambre, con mortandad, y con las fieras de la tierra» (Apocalipsis 6.8).

Nótese que la Muerte y el Hades marchan juntos. J. Vernon McGee explicó la razón de esta pareja: «Mientras la Muerte toma el cuerpo, el Hades es el lugar a donde va el espíritu de un hombre perdido».[5]

¡Increíble! Una cuarta parte de la población de la tierra morirá cuando marche el jinete del caballo amarillo. Mientras la anarquía, la guerra y el hambre continúan, dos nuevos factores se añadirán al escenario: los ataques de la peste y de las fieras. Un agente podría ocuparse de ambos: la guerra biológica. Por la misma razón que un mapache con rabia ataca casi todo a su paso, un ataque biológico o químico podría afectar a los animales de modo que pierdan su temor natural al hombre y ataquen sin la menor provocación. El Dr. Frank Holtman, director del Departamento Bacteriológico de la Universidad de Tennessee, dijo: «Si bien la mayor parte de la población podría ser destruida por una bomba atómica, el método bactericida podría fácilmente barrer toda la población en una semana».[6]

El profeta Ezequiel predijo la ruta del caballo amarillo: «Por lo cual así ha dicho Jehová el Señor: ¿Cuánto más cuando yo enviare contra Jerusalén mis cuatro juicios terribles, espada, hambre, fieras y pestilencia, para cortar de ella hombres y bestias?» (Ezequiel 14.21).

Note que al orden de los primeros cuatro sellos le siguen las predicciones de Jesús sobre el principio de la Tribulación: «Porque se levantará nación contra nación, y reino contra reino; y habrá pestes, y hambres, y terremotos en diferentes lugares. Y todo esto será principio de dolores» (Mateo 24.7-8).

El quinto sello: las oraciones de los mártires

Cuando Jesús abrió el quinto sello, Juan vio bajo el altar:

> las almas de los que habían sido muertos por causa de la palabra de Dios y por el testimonio que tenían. Y clamaban a gran voz, diciendo: ¿Hasta cuando, Señor, santo y verdadero, no juzgas y vengas nuestra sangre en los que moran en la tierra? Y se les dieron vestiduras blancas, y se les dijo que descansasen todavía un poco de tiempo, hasta que se completara el número de sus consiervos y sus hermanos, que también habían de ser muertos como ellos. (Apocalipsis 6.9-11).

Los mártires bajo el altar son aquellos que serán degollados por el anticristo en los primeros tres años y medio de la Tribulación. Ellos serán martirizados en la séptima semana de Daniel, entre el rapto y el quinto sello, por la misma razón que Juan estaba en la isla de Patmos. (Apocalipsis 1.9-10)

Nótese que están conscientes y bien informados, no en un «sueño espiritual».

El sexto sello: desastres en la naturaleza

Jesús abrió el sexto sello y Juan registró lo siguiente:

> Miré cuando abrió el sexto sello, y he aquí hubo un gran terremoto; y el sol se puso negro como tela de cilicio, y la luna se volvió toda como sangre; y las estrellas del cielo cayeron sobre la tierra, como la higuera deja caer sus higos cuando es sacudida por un fuerte viento. Y el cielo se desvaneció como un pergamino que se enrolla; y todo monte y toda isla se removió de su lugar. Y los reyes de la tierra, y los grandes, los ricos, los capitanes, los poderosos, y todo siervo y todo libre, se escondieron en las cuevas y entre las peñas de los montes; y decían a los montes y a las peñas: Caed sobre nosotros y escondednos del rostro de aquel que está sentado sobre el trono, y de la ira del Cordero; porque el gran día de su ira ha llegado; ¿y quién podrá sostenerse en pie? (Apocalipsis 6.12-17)

Juan describió lo que se parece extraordinariamente a una lluvia de meteoros chocando contra la tierra. Los científicos nos dicen que el choque de un enorme meteoro podría resultar en una explosión muy parecida a una bomba nuclear, acompañada por enormes marejadas, huracanes moviéndose a seiscientas millas por hora (que es la velocidad del sonido) y en meses de oscuridad causados por espesas nubes de polvo.[7] Los astrónomos predicen que el próximo roce de la tierra con un meteoro ocurrirá en el año 2126 cuando el cometa Swift-Tuttle se acerque, así que creo que Dios podría utilizar un cometa en cualquier momento para cumplir sus propósitos.

El séptimo sello: silencio en el cielo

Justo al abrirse el séptimo sello, Juan escuchó que 144 mil hijos de

Israel, doce mil de cada tribu, fueron sellados. Un juicio terrible está por caer sobre la tierra y si ellos no estuvieran sellados y protegidos divinamente, no escaparían.

Estos son los hijos de Israel que llevarán el evangelio por todo el mundo durante el período de la Tribulación. Nótese que en Mateo 24, cuando Jesús describe la Tribulación, mencionó a los mártires (v.9), a los falsos profetas (v. 11) y a su gran equipo de evangelización: «Y será predicado este evangelio del reino en todo el mundo, para testimonio a todas las naciones; y entonces vendrá el fin» (v.14).

Inmediatamente después, Juan vio una gran multitud de gentiles que venían de la Tribulación. Venían vestidos con túnicas blancas y se le dijo a Juan «han salido de la Gran Tribulación, y han lavado sus ropas, y las han emblanquecido en la sangre del Cordero» (Apocalipsis 7.14).

Estos son los que serán ejecutados por el anticristo durante la Tribulación, por causa de «la palabra del testimonio de ellos, y menospreciaron sus vidas hasta la muerte» (Apocalipsis 12.11). Habrá personas que vendrán a Cristo durante la Tribulación, escuchando el evangelio predicado por ángeles que vuelan por los cielos, diciendo: «Temed a Dios, y dadle gloria, porque la hora de su juicio ha llegado; y adorad a aquel que hizo el cielo y la tierra» (Apocalipsis 14.7). Rehusarán recibir la marca del anticristo, y él los matará.

Quizás el anticristo los acusará de traición. Tal vez los condene por seguir lo que él llamará «una religión muerta para gente muerta». De cualquier manera, estos mártires morirán por su fe y sus almas esperarán en el cielo hasta que los propósitos del Señor se hayan cumplido. Entonces Jesús, el Juez de la tierra, avanzará y desatará el séptimo sello. Un solemne y tenso silencio que durará «cerca de media hora» (Apocalipsis 8.1), caerá sobre la asamblea. No será duda o un momento de indecisión, habrá sido la calma después de la tormenta. Las huestes celestiales vieron lo que Dios estaba preparando para realizar y se mantuvieron en absoluto temor reverente, en total silencio, ante la llegada de la divina aniquilación de los hombres sobre la tierra.

La Gran Tribulación, cuando toda la furia del Cordero se desate, viene pronto.

El anticristo revela su carácter

Miremos atrás y veamos lo que Daniel dijo sobre los últimos días y el hombre perverso que los influirá:

> Y el rey hará su voluntad, y se ensoberbecerá, y se engrandecerá sobre todo Dios; y contra el Dios de los dioses hablará maravillas, y prosperará, hasta que sea consumada la ira; porque lo determinado se cumplirá. Del Dios de sus padres no hará caso, ni del amor de las mujeres; ni respetará a dios alguno, porque sobre todo se engrandecerá. (Daniel 11.36-37)

El anticristo actuará «de acuerdo con su voluntad», como a él le plazca. Si tiene consejeros, ellos serán solo un engaño porque a la postre hará solo lo que él quiera hacer. Compárese este ejemplo con el de Jesús, el Ungido a quien él imita. Jesús dijo: «No puedo yo hacer nada por mí mismo; según oigo, así juzgo; y mi juicio es justo, porque no busco mi voluntad, sino la voluntad del que me envió, la del Padre» (Juan 5. 30).

En el jardín de Getsemaní, Jesús oró diciendo: «Padre mío, si es posible, pase de mí esta copa; pero no sea como yo quiero, sino como tú» (Mateo 26.39).

El anticristo no solo será voluntarioso, sino que también Daniel escribió que no hará caso del «amor de las mujeres». Esta frase podría significar varias cosas: Primero, y la más obvia, que no tendrá interés alguno por la compañía de mujeres: no poseerá deseos normales de amor, de sexo y matrimonio. Tal vez sea homosexual. Segundo, dado que Daniel estaba escribiendo en el contexto de una cultura pagana que exaltaba todo desde los dioses de la guerra hasta los dioses del nacimiento, puede significar que el anticristo no honrará los dioses de los hombres o a aquellos que tradicionalmente son favoritos de las mujeres.

Al examinar el contexto de estos versículos, algunos eruditos en profecía interpretan esta frase queriendo decir que el anticristo no hará caso al deseo de las mujeres hebreas de ser la madre del Mesías. El Mesías todavía no había venido en la época en que Daniel escribió y casi todas las mujeres hebreas anhelaban ser la madre del Ungido que traería la salvación a Israel. Daniel podría haber estado diciendo: «Él no honrará ni al verdadero Dios, ni al Mesías que vendrá, ni a ningún dios».

Aunque el anticristo estará a la cabeza de los eventos mundiales con una bandera de paz y tolerancia, pronto revelará sus verdaderas intenciones. Comenzará a perseguir a aquellos que no acepten la marca que les permitirá comprar y vender en los mercados mundiales, y acusará a quienes rehúsen jurarle lealtad como anarquistas y peligrosos subversivos. Su campaña de terror aumentará a medida que comience a descalificar la adoración bíblica en todas sus formas. Fomentará una religión mundial única con los conceptos tolerantes para todos de la Nueva Era, excepto para los cristianos y judíos. El anticristo suprimirá el continuo sacrificio en el templo de Jerusalén y exigirá adoración.

El culto al anticristo en el Templo del Monte

Jerusalén es un monumento a la fidelidad de Dios. El salmista escribió:

> Los que confían en Jehová son como el monte de Sion,
> Que no se mueve, sino que permanece para siempre.
> Como Jerusalén tiene montes alrededor de ella,
> Así Jehová está alrededor de su pueblo
> Desde ahora y para siempre. (Salmos 125.1-2).

Jerusalén es un vivo testimonio para todos los creyentes de que estamos protegidos en los brazos de Dios, así como Israel está abrigado por las montañas y defendido por Dios mismo.

Sabiendo todo esto, el anticristo decidirá centrar su culto religioso en Jerusalén, en el mismo corazón del templo. Él sabe muy bien que sus acciones son una afrenta al Dios santo y a su pueblo escogido, los judíos.

Jesús confirmó que el mesías de Satanás exigirá adoración mundial en Jerusalén:

> Por tanto, cuando veáis en el lugar santo la abominación desoladora de que habló el profeta Daniel (el que lee, entienda), entonces los que estén en Judea, huyan a los montes. (Mateo 24.15-16).

El compañero del anticristo: el falso profeta

El anticristo no estará solo en sus diabólicas empresas, tendrá un asistente que estará tan comprometido con el mal como él mismo. Recuerde este principio: a Satanás le gusta imitar la verdad de Dios y continuará haciéndolo hasta el final de los tiempos, aún más durante los últimos días. El anticristo formará parte de una pervertida trinidad satánica que funcionará como si fueran el Padre, el Hijo y el Espíritu Santo. Satanás, como «primera persona» de esta asociación trina, suministrará poder al anticristo, quien será ayudado por el maligno falso profeta.

> Y [el falso profeta] engaña a los moradores de la tierra con las señales que se le ha permitido hacer en presencia de la bestia, mandando a los moradores de la tierra que le hagan imagen a la bestia que tiene la herida de espada, y vivió. Y se le permitió infundir aliento a la imagen de la bestia, para que la imagen hablase e hiciese matar a todo el que no la adorase. (Apocalipsis 13.14-15)

La imagen del anticristo será construida para hablar como un ser humano. Cuando esto ocurra, la mayoría de las personas se inclinarán y la adorarán al instante. Cualquiera que haya estado en Disney World y en su Salón de los Presidentes dirá que la creación de una estatua de un ser humano que habla no es nada del otro mundo, pero esta estatua poseerá facultades más allá de lo que estamos acostumbrados a ver. La lección aquí es la misma que Daniel y sus tres amigos aprendieron en la corte de Nabucodonosor, recordemos la historia. Nabucodonosor hizo que sus artesanos hicieran una imagen de oro de él mismo, de noventa pies de altura y nueve pies de anchura, y ordenó al pueblo que se inclinara y la adorara dondequiera que escuchara una señal musical (Daniel 3). Sadrac, Mesac y Abed-nego rehusaron inclinarse y muy pronto se encontraron con una calurosa bienvenida en un horno ardiente, pero Dios los libró de las llamas enviando a su propio Hijo a hacerles compañía. Nabucodonosor quedó atónito y elogió al Dios de los hebreos diciendo: «Bendito sea el Dios de ellos, de Sadrac, Mesac y Abed-nego, que envió su ángel y libró a sus siervos que confiaron en él, y que no cumplieron el edicto del rey, y entregaron sus cuerpos antes que servir y adorar a otro dios que su Dios» (Daniel 3.28).

De igual manera, el falso profeta erigirá una imagen o estatua del anticristo y se ordenará que todos la adoren. Sin embargo, exactamente como hizo en otras generaciones, Dios librará a los que se rehúsen a adorarla.

Para entender bien la agenda del anticristo debemos interpretar bien la estrategia global de Satanás. Su meta es «ser semejante al Altísimo» (Isaías 14.14). Él realmente desea *destronar* al Altísimo. Antes del inicio de los tiempos, Satanás, el ser angélico más perfecto jamás creado, convenció a una tercera parte de los ángeles a que se unieran a él en su temerario intento de derrocar a Dios como gobernador del universo. Si bien Satanás fue derrotado en una guerra sobrenatural, ha continuado en abierta oposición a Dios, buscando toda oportunidad posible para destruirlo y desacreditarlo. El mismo nombre, *anticristo*, nos revela los propósitos de Satanás. El prefijo *anti* tiene dos significados en el griego: el primero y más obvio, «contra»; el segundo es mucho más interesante, porque *anti* también quiere decir «en lugar de». Ambas definiciones se aplican aquí: Satanás y sus nada santos conspiradores están contra Dios y buscan ocupar su lugar. Puesto que Satanás y sus demonios saben que la palabra de Dios habla de su desastroso final, ¿por qué persisten en su fútil empeño? Indudablemente, parte de la respuesta se encuentra en su malvado y resentido carácter, quizás creen verdaderamente que pueden alterar su destino y destronar al Dios todopoderoso. Después de todo, el pecado que define a Satanás es el orgullo.

Creo que uno de los propósitos de Satanás en la Tribulación será imitar el gobierno universal de Dios en la era dorada de la paz. Durante el tiempo de la Gran Tribulación, Satanás sentirá que tiene la mejor ventaja que jamás haya tenido para usurpar el lugar de Dios, sin embargo, aunque Satanás busque imponer un gobierno mundial, el anticristo pasará esta mitad de la Tribulación combatiendo un reto tras otro, pero nunca tendrá éxito total en su aspiración de tener en su control al mundo.

Comparemos los dos líderes mundiales: Satanás en la Tribulación y Jesús en el Milenio. El anticristo reinará durante siete años de guerra, violencia y caos, pero Jesús reinará en un mundo de paz y prosperidad. El anticristo ofrece eterno castigo para aquellos inicuos que lo adoren, mientras Jesús ofrece eterna salvación para aquellos que confían en Él. El falso profeta testificará del anticristo y obligará a la lealtad mediante amenazas, engaño y agresión brutal; mientras que el Espíritu Santo testificará de Jesús y ofrecerá descanso, gozo y fuerzas a quienes confíen en el Salvador.

Cuando Satanás procure imponer una religión mundial, «una gran multitud que nadie podrá contar» lo rechazará y reconocerá a Jesús como el Mesías.

Mientras el anticristo ofrecerá salvación temporal (la capacidad de comprar y vender) a quienes lo adoren, Jesús ofrecerá eterna salvación a quienes confíen en Él.

La herida mortal

En algún momento de la Gran Tribulación el anticristo será fatalmente herido, quizás por un intento de asesinato, pero no morirá. Juan dijo: «Vi una de sus cabezas como herida de muerte, pero su herida mortal fue sanada; y se maravilló toda la tierra en pos de la bestia» (Apocalipsis 13.3).

El profeta Zacarías llamó al anticristo «pastor inútil» y predijo que sería herido en el ojo derecho y tendría un ojo ciego:

¡Ay del pastor inútil que abandona el ganado! Hiera la espada su brazo, y su ojo derecho; del todo se secará su brazo, y su ojo derecho será enteramente oscurecido. (Zacarías 11.17).

Es muy probable que un ataque al anticristo lo deje con un brazo seco y un ojo ciego. Su herida será tan severa que cualquier otro hombre común moriría, pero él no. Él emulará la muerte y resurrección de Jesucristo. Así como entró en el escenario de la profecía cabalgando sobre un caballo blanco imitando a Cristo, tambien imitará que muere y que milagrosamente resucita.

El número del hombre

En el libro de Daniel, identificamos al anticristo como el «cuerno pequeño» (Cap. 7), «rey de rostro altivo» (Cap. 8), «el príncipe que ha de venir» (Cap. 9) y como el «rey voluntarioso» (Cap. 11). Juan el profeta nos dio otra manera de identificarlo: «Aquí hay sabiduría. El que tiene entendimiento, cuente el número de la bestia, pues es número de hombre. Y su número es seiscientos sesenta y seis» (Apocalipsis 13.18).

«El número del hombre», según los eruditos bíblicos, es el *seis*. Según la ley del Antiguo Testamento, la labor del hombre estaba limitada a seis días, porque Dios ordenó al hombre descansar el séptimo. El séptimo día es el día de Dios y a través de toda la Escritura, el *siete* es el número de la perfección divina. Seis no alcanza a siete, tal como nada de lo hecho por seres creados alcanza la perfección del Creador.

«El número del anticristo», 666, podría representar la trinidad satánica: Satanás, el anticristo y el falso profeta. Porque así como seis no alcanza a siete, Satanás no llegará a ser Dios «Padre», el anticristo no llegará a ser Dios «Hijo» y el falso profeta no llegará a ser Dios «Espíritu Santo».

Otra explicación para el número del anticristo descansa en la antigua práctica judía de la gematría. Cuando el apóstol Juan escribió el Apocalipsis, de cierto sabía que sus lectores estaban familiarizados con esta práctica, que envuelve la sustitución de letras por números. Las letras del alfabeto griego equivalen a ciertos números del mismo modo que las letras romanas representan números. Sería muy sencillo para los miembros de la iglesia primitiva convertir un número en un nombre o un nombre en un número. En Apocalipsis 13.18, Juan facilitó al mundo la identificación del anticristo mediante el número 666. Este rompecabezas tríptico no intenta poner un dedo en alguna persona conocida, su intención es, sin embargo, confirmar a alguien que se sospecha que sea el anticristo.

Esta información no tiene valor práctico para la iglesia porque nosotros estaremos contemplando la época de este gobernante anárquico desde los balcones del cielo. Pero para aquellos que lean este libro después de que la iglesia haya sido arrebatada, podrán confirmar la personalidad de quien surja de alguna federación europea como el diablo encarnado, el hijo de Satanás. Durante la última parte de los años treinta y principios de los años cuarenta, muchos folletos identificaban a Adolfo Hitler como el anticristo. Otros declaraban que Mussolini era el anticristo por su estrecha relación con Roma. En su libro *Is the Anticrist Alive and Well?* [¿Está el anticristo vivo y saludable?], Ed Hindson enumera varios líderes mundiales que han sido acusados de ser el anticristo. La lista incluye al Kaiser Guillermo, José Stalin, Nikita Khrushchev, John F. Kennedy, Mikhail Gorbachev, Ronald Wilson Reagan (postulado porque tenía seis letras en cada uno de sus tres nombres), Saddam Hussein y Bill Clinton, con Hilary como el falso profeta.[8]

Pero nadie podrá saber exactamente quién es el anticristo porque no se presentará en el escenario mundial hasta que la iglesia sea arre-

Cristo

Cristo vino del cielo (Juan 6. 38).

Cristo vino en nombre de Su Padre (Juan 5.43).

Cristo se humilló a sí mismo (Filipenses 2.8).

Cristo fue menospreciado y afligido (Isaías 53.3).

Cristo vino a hacer la voluntad de su Padre (Juan 6.38).

Cristo vino a salvar (Lucas 19.10).

Cristo es el Buen Pastor (Juan 10).

Cristo es la verdad (Juan 4.6).

Cristo es el «misterio de la piedad», Dios manifestado en carne (1 Timoteo 3.16).

El anticristo

El anticristo vino del infierno (Apocalipsis 11.7).

El anticristo vendrá en su propio nombre (Juan 5.43).

El anticristo se exaltará a sí mismo (2 Tesalonicenses 2.4).

El anticristo será admirado y elogiado (Apocalipsis 13.3-4).

El anticristo vendrá a hacer su voluntad personal (Daniel 11.36).

El anticristo vendrá a destruir (Daniel 8.24).

El anticristo será el mal pastor (Zacarías 11. 16-17).

El anticristo será «la mentira» (2 Tesalonicenses 2.11).

El anticristo será el «misterio de la iniquidad», Satanás manifestado en carne (2 Tesalonicenses 2.7-9), el hijo viviente de Satanás.

batada. El así llamado «hombre de paz», este falso mesías de Satanás, probablemente ya está vivo.

Tal vez aún no conozca su demoníaca asignación predestinada. Si bien no sabemos quien *es*, ciertamente sabemos lo que *hará*.

El anticristo revela su agenda

El anticristo se ocupará exclusivamente de exaltarse a sí mismo, plantará su imagen en la ciudad de Jerusalén y demandará que las naciones del mundo lo adoren o sufrirán muerte por decapitación. (Apocalipsis 20.4)

Daniel dejó bien claro que las ofrendas en el templo se suspenderán durante tres años y medio (1.290 días) antes del final de la Tribulación. ¿Por qué? Exactamente como su antecesor, Antíoco Epífanes, el anticristo introducirá el culto idólatra dentro del templo y proclamándose a sí mismo como Dios:

> Y por otra semana confirmará el pacto con muchos; a la mitad de la semana hará cesar el sacrificio y la ofrenda. Después con la muchedumbre de las abominaciones vendrá el desolador, hasta que venga la consumación, y lo que está determinado se derrame sobre el desolador (Daniel 9.27).

Pablo entendió también lo que podría pasar durante el tiempo de la Gran Tribulación:

> El cual [el anticristo] se opone y se levanta contra todo lo que se llama Dios o es objeto de culto; tanto que se sienta en el templo de Dios como Dios, haciéndose pasar por Dios. Y ahora vosotros sabéis lo que lo detiene, a fin de que a su debido tiempo se manifieste (2 Tesalonicenses 2.4,6).

El anticristo hablará con tanto artificio y será tan sutilmente engañoso, que aquellos que oyeron el evangelio y lo rechazaron antes del rapto serán atrapados por sus mentiras. Pablo nos dijo:

Inicuo cuyo advenimiento es por obra de Satanás, con gran poder y señales y prodigios mentirosos, y con todo engaño de iniquidad para los que se pierden, por cuanto no recibieron el amor de la verdad para ser salvos. Por esto Dios les envía un poder engañoso, para que crean la mentira, a fin de que sean condenados todos los que no creyeron a la verdad, sino que se complacieron en la injusticia» (2 Tesalonicenses 2.9-12).

El hijo de Satanás será una falsificación del Hijo de Dios, pero aprendemos aún más de su personalidad y su plan al entender cuan opuesto es a Jesús. (Véase tabla en la p.)

Los dos testigos

Sin embargo, el anticristo será detenido. Junto a la multitud de personas que rehúsen someterse a su dominio, Dios enviará dos testigos que serán como espinas a su lado. Muchos eruditos bíblicos creen que los dos testigos que aparecerán en la tierra durante la Tribulación serán Elías y Enoc, o Elías y Moisés. (Apocalipsis 11.1-15) No creo que debamos ser tan dogmáticos sobre quiénes serán, porque Juan nunca los identificó, pero hay bases bíblicas para creer que podrían ser Elías y Moisés.

El profeta Malaquías escribió acerca de los últimos días: «He aquí, yo os envío el profeta Elías, antes que venga el día de Jehová, grande y terrible». (4.5)

Por años, la tradición ha añadido la práctica de «buscar a Elías» a la celebración judía de la Pascua. Sobre la mesa de la ceremonia se encontrará un vaso especial para Elías. Debido a que el profeta se supone que regrese como un precursor del Mesías, un vaso es derramado en su nombre con la esperanza de que aparezca, simulando así la aparición del Mesías. El propio Jesús se refirió a esta profecía cuando dijo: «Elías vendrá primero y restaurará todas las cosas». (Mateo 17.11)

Moisés es otro posible candidato como uno de los dos testigos por diversas razones. Primero, los milagros que realizan los testigos son similares a los que Moisés realizó durante el éxodo. Segundo, algunos sugieren que los esfuerzos de Satanás por reclamar el cuerpo de Moisés (Judas 1.9), pueden haber sido motivados por su deseo de impedir la aparición de Moisés en la transfiguración y como uno de estos dos testigos. Moisés recibe el visto bueno de algunos eruditos porque él apareció junto a Elías durante la transfiguración. (Mateo 17.3)[9]

Quienquiera que sean estos dos testigos, estarán llenos del Espíritu Santo. Predicarán el evangelio y realizarán grandes milagros durante tres años y medio. Tendrán el poder de realizar milagros, traer fuego del cielo y proclamar la sequía sobre la tierra. Estos dos testigos estarán protegidos sobrenaturalmente hasta que se cumpla su misión, entonces el anticristo los matará, dejando sus cadáveres expuestos ante el mundo entero.

Las Escrituras nos dice que sus cadáveres yacerán literalmente en una calle de Jerusalén por tres días y medio. Todo el mundo, vía televisión, verá sus cadáveres y se regocijará. Nadie sugerirá que se les dé apropiada sepultura. La decencia y la bondad humanas no se encontrarán en el reino de Satanás ni se hallarán en la Jerusalén del anticristo. Los cadáveres de los dos testigos yacerán en la zanja como animales muertos mientras «los moradores de la tierra se regocijarán sobre ellos y se alegrarán, y se enviarán regalos unos a otros; porque estos dos profetas habían atormentado a los moradores de la tierra» (Apocalipsis 11.10).

Puede ser que los dos testigos mueran durante las festividades navideñas, ya que el envío de regalos es parte de esas festividades. Sin cristianos para reforzar el *verdadero* significado de la Navidad, la festividad se tornará completamente pagana. Puedo imaginarme a un matrimonio brindar ante una chimenea adornada y esperando a Papá Noel, mientras observan en el noticiero de CNN los dos cadáveres en la calle. «La Navidad llegó temprano este año» —diría el locutor— «¡Finalmente nos libramos de esos dos malditos profetas! ¡Gloria a nuestros líderes y felices fiestas para todos!».

Pero después de tres días y medio, Dios levantará a sus dos profetas de los muertos y los llevará al cielo. Ante el parpadear del ojo mundial y de las cámaras televisivas, se levantarán sobre sus pies, sacudirán el polvo y la saliva seca de sus rústicas vestimentas, y levantarán sus rostros al cielo que tronará con una gran voz diciendo: «¡Vengan acá!» y serán llevados por una nube celestial.

En la misma hora ocurrirá un gran terremoto y una décima parte de Jerusalén sucumbirá, siete mil personas morirán y los asustados sobrevivientes tendrán que reconocer el poder de Dios.

El séptimo sello conduce a las siete trompetas

Cuando abrió el séptimo sello, se hizo silencio en el cielo como por media hora. Y vi a los siete ángeles que estaban en pie ante Dios; y se les dieron siete trompetas. Y los siete ángeles que tenían las siete trompetas se dispusieron a tocarlas. (Apocalipsis 8.1-2, 6)

El séptimo sello inaugura siete juicios anunciados por trompetas en Apocalipsis 8.7 - 9.21, que son un recordatorio de las diez plagas que Dios derramó sobre Egipto (Éxodo 7-11).

Los primeros cuatro juicios afectarán la naturaleza; los últimos tres afectarán el pueblo no redimido de la tierra. Cada uno, excepto los 144 mil judíos evangelistas, serán objeto de las plagas de los juicios anunciados por trompetas. El horror anunciado por las primeras seis trompetas sobrepasará toda comprensión, pero la séptima trompeta anunciará la gloria venidera del reino de Cristo.

A través del Antiguo Testamento conocemos que Dios ordenó que las trompetas se usaran para llamar a la congregación, ya sea para ir a la guerra o en toque de alarma. En Números 10.9 leemos: «Y cuando saliereis a la guerra en vuestra tierra contra el enemigo que os molestare, tocaréis alarma con las trompetas; y seréis recordados por Jehová vuestro Dios, y seréis salvos de vuestros enemigos».

J. Vernon McGee dijo: «Al igual que las trompetas de Israel se usaron en la batalla de Jericó, así las murallas de la oposición de este mundo a Dios, se derrumbarán y caerán durante la Gran Tribulación»[10] ¡Amén!

Los juicios anunciados por trompetas

Al comienzo de la Gran Tribulación, los ángeles del cielo sonarán las trompetas contra la tierra gobernada por el anticristo. Ellas sonarán como alarma y advertencia porque Dios estará a punto de derramar toda la furia de su ira.

«El primer ángel tocó la trompeta, y hubo granizo y fuego mezclados con sangre, que fueron lanzados sobre la tierra; y la tercera parte de los árboles se quemó, y se quemó toda la hierba verde» (Apocalipsis 8.7).

Este primer juicio será contra la tierra misma. Granizo ardiendo destruirá una tercera parte de toda la vida vegetal: árboles, arbustos, hierba, bosques, jardines, parques. Dios usó agua, en una inundación, en su primer juicio contra la tierra, pero en este juicio usará fuego. Las plantas, las primeras formas de vida creadas, serán las primeras en ser destruidas.[11]

«El segundo ángel tocó la trompeta, y como una gran montaña ardiendo en fuego fue precipitada en el mar; y la tercera parte del mar se convirtió en sangre. Y murió la tercera parte de los seres vivientes que estaban en el mar, y la tercera parte de las naves fue destruida». (vv. 8-9)

La poderosa mano de Dios golpeará a la tierra con otro desastre natural. Un gran meteoro chocará con la tierra, causando marejadas y una contaminación tal que afectará totalmente nuestros océanos.

No sé si ha visto alguna vez una marea roja pero cuando esta choca contra la playa, cientos de miles de peces muertos arriban a la orilla, contaminando las aguas por millas. Este juicio será mucho peor que una marea roja pues será un acto sobrenatural de la ira de Dios. Un tercio de las criaturas vivientes en el mar —delfines y tiburones, medusas y calamares, plancton microscópico y enormes ballenas— morirán, así como los infortunados marineros que estén navegando sobre el océano en esos momentos.

«El tercer ángel tocó la trompeta, y cayó del cielo una gran estrella, ardiendo como una antorcha, y cayó sobre la tercera parte de los ríos, y sobre las fuentes de las aguas. Y el nombre de la estrella es Ajenjo. Y la tercera parte de las aguas se convirtió en ajenjo; y muchos hombres murieron a causa de esas aguas, porque se hicieron amargas» (vv. 10-11). La segunda trompeta afectará el agua *salada* de los océanos. La tercera trompeta afectará el agua *dulce*, sin la cual la vida humana no puede existir. La escasez crónica de agua ya afecta al cuarenta por ciento de la población mundial y cuando el ángel envenene las aguas, la situación será aún más horrenda. Podrían estallar «guerras de aguas» entre países que comparten lagos y ríos, siendo la Tierra Santa y países del nordeste de África las áreas más dramáticamente afectadas. Según el Instituto Washington Worldwatch, muchos de los enfrentamientos entre los israelíes asentados y los árabes han estallado por conflictos sobre el derecho de las aguas.[12] La última vez que hablé con el General Ariel Sharón en Israel, me dijo que la Guerra de los Seis Días de 1967 comenzó por una cuestión de las aguas. La inteligencia israelí descubrió que Siria tenía escavadoras tratando de desviar los tres ríos que alimentan el Mar de Galilea. Si las aguas se desvían, el Mar de Galilea, la única fuente de agua dulce de Israel, se secaría. ¿El resultado? Falta de agua para las cosechas, el ganado y el consumo humano. Tal situación produciría un desastre económico, hambre y muerte e ¡Israel iría instantáneamente a la guerra!

Si el agua es tan urgente y necesaria ahora, ¿puede usted imaginarse cuán horrible será la situación cuando el ajenjo contamine la tercera parte del agua dulce del mundo?

«El cuarto ángel tocó la trompeta, y fue herida la tercera parte del sol, y la tercera parte de la luna, y la tercera parte de las estrellas, para que se oscureciese la tercera parte de ellos, y no hubiese luz en la tercera parte del día, y asimismo de la noche» (Apocalipsis 8.12).

Como la densa oscuridad que cayó sobre Egipto cuando Faraón endureció las vidas del pueblo judío con una recia esclavitud, la oscuridad cubrirá la tierra cuando el cuarto ángel haga sonar su trompeta.

En Mateo 24.29 Jesús predijo que los cielos declararían la Tribulación: «E inmediatamente después de la Tribulación de aquellos días, el sol se oscurecerá, y la luna no dará su resplandor, y las estrellas caerán del cielo, y las potencias de los cielos serán conmovidas».

Ya sea como resultado de lo sobrenatural o como resultado del fuego, el granizo y el meteoro, Dios permitirá que un denso velo de neblina opaque la luz del sol, la luna y las estrellas, pero no oscurecerá totalmente el brillo del sol y las estrellas porque Él prometió específicamente:

Mientras la tierra permanezca, no cesarán la sementera y la siega, el frío y el calor, el verano y el invierno, y el día y la noche. (Génesis 8.22)

Dios mantendrá su pacto con el hombre. La tierra seguirá contando con el día y la noche pero habrá oscuridad bajo una nube negra que traerá a la humanidad profunda depresión y un tormento emocional indecible.

«Y miré, y oí a un ángel volar por en medio del cielo, diciendo a gran voz: ¡Ay, ay, ay, de los que moran en la tierra, a causa de los otros toques de trompeta que están para sonar los tres ángeles!» (Apocalipsis 8.13)

El ángel advirtió que los juicios que traen consigo las últimas tres trompetas serán mucho peor que los anteriores. Los primeros cuatro fueron juicios sobre la creación, los siguientes tres serán terribles juicios sobre la humanidad.

El terror de las tres últimas trompetas

«El quinto ángel tocó la trompeta, y vi una estrella que cayó del cielo a la tierra; y se le dio la llave del pozo del abismo. Y abrió el pozo del abismo, y subió humo del pozo como humo de un gran horno; y se oscureció el sol y el aire por el humo del pozo. Y del humo salieron langostas sobre la tierra; y se les dio poder, como tienen poder los escorpiones de la tierra». (Apocalipsis 9.1-3)

Estas langostas no naturales y demoníacas saldrán del foso del mismo infierno para atormentar a los hombres. La «estrella que cayó del cielo» es Satanás mismo, a quien se le dio la autoridad para echar esas langostas sobre la tierra. Las langostas normales comen plantas, pero estas criaturas no: estas picarán a los hombres que no han sido sellados con el sello de Dios. Su terrible y doloroso pinchazo hará que los hombres quieran morir, pero no podrán. Durante cinco meses estas langostas, dirigidas por su demoníaco rey Abadón, atormentarán a los hombres sobre la tierra (vv. 4-11).

Juan describe las langostas como caballos preparados para la batalla, sus caras como caras de hombres, sus dientes como dientes de león y el sonido de sus alas como el sonido de carros con muchos caballos corriendo hacia la batalla (vv. 7-10).

¡La escena será de terror! ¡Un terror que no se puede explicar con palabras e interminable! Esos seres inteligentes y espirituales serán capaces de recibir órdenes y seguir el liderazgo demoníaco de Abadón. Algunos maestros de Biblia creen que estas langostas son helicópteros, pero no lo son.

«El sexto ángel tocó la trompeta, y oí una voz de entre los cuatro cuernos del altar de oro que estaba delante de Dios, diciendo al sexto ángel que tenía la trompeta: Desata a los cuatro ángeles que están atados junto al gran río Eufrates. Y fueron desatados los cuatro ángeles que estaban preparados para la hora, día, mes y año, a fin de matar a la tercera parte de los hombres». (Apocalipsis 9.13-15)

Los cuatro ángeles que están atados junto al río Eufrates son ángeles diabólicos o no hubieran sido atados. Pero serán liberados para matar a una tercera parte de la humanidad y comenzarán de inmediato su malvado asalto. Con un cuarto de la humanidad ya muerta por el hambre, la pestilencia, la espada y animales feroces (Apocalipsis 6.8), estos ángeles encabezarán un ejército demoníaco de doscientos millones. Juan vio los infernales jinetes con «corazas de fuego, de zafiro y de azufre. Y las cabezas de los caballos eran como cabezas de leones; y de su boca salían fuego, humo y azufre». (Apocalipsis 9.17) No sé si estos son caballos físicos o son símbolos de armas futuras pero me intriga la combinación de colores. El año pasado tomé una revista *Newsweek* y leí un artículo sobre la nueva moneda de la Unión Europea: el euro. En la ilustración, dos hombres vestidos con uniformes pintorescos y detrás de ellos un gran círculo, adornado con estrellas que desplegaba el emblema de la nueva moneda.[13] ¿Los colores de su uniforme y la presentación? Azul jacinto y amarillo. ¿Coincidencia? No lo sé. Quizás el anticristo añadirá el color de su firma, el rojo, a la combinación, y el jinete de Apocalipsis 9 usará los colores oficiales de su nuevo gobierno mundial.

Más de la mitad de la población mundial morirá durante la Tribulación, sin embargo, el remanente persistirá en la idolatría, la inmoralidad y la rebelión contra Dios (Apocalipsis 9.20-21).

Este ejército demoníaco surgirá de las inmediaciones del río Eufrates. J. Vernon McGee señaló que esta región tiene un gran significado espiritual:

El jardín del Edén estuvo en alguna parte de este sector. El pecado del hombre comenzó aquí. El primer asesinato se cometió aquí. La primera guerra se libró aquí. Aquí fue donde comenzó el diluvio y se extendió por toda la tierra. Aquí es donde se erigió la Torre de Babel. A esta región trajeron a los israelitas de la cautividad de Babilonia. Babilonia fue el manantial de la idolatría. Y aquí se produce el brote final del pecado sobre la tierra durante la Gran Tribulación».[14]

El ángel con el librito

Un interludio tendrá lugar entre el sexto y el séptimo juicio, anunciados por trompetas. En Apocalipsis 10.1-11, Juan profetizó que se había completado el misterio de Dios concerniente a la nación de Israel. El reino de Dios sobre la tierra será establecido pero a un alto precio para aquellos que lo rechacen. En este punto de su visión, un ángel entregó a Juan un «librito» mientras gritaba en alta voz. Su respuesta fueron siete truenos pero a Juan no se le permitió escribir las palabras que escuchó. Esta es la única parte de su revelación que permanece sellada.

El ángel puso un pie sobre la tierra y uno sobre el mar, declarando el dominio de Dios sobre ambos, y juró por Dios el Creador que la séptima trompeta estaba por sonar, y que el «misterio de Dios» se consumaría. Entonces se le ordenó a Juan tomar el libro de las manos del ángel y comérselo. «Te amargará el vientre» —se le dijo— «pero en tu boca será dulce como la miel».

De modo que Juan se lo comió. Hasta ese momento, él había visto la destrucción de los gentiles pero ahora vería el juicio sobre su pueblo. Al comienzo de Apocalipsis 11, un ángel dijo a Juan que midiera el templo de Dios, el altar y los adoradores, añadió que el patio exterior había sido dado a los gentiles «y ellos hollarán la ciudad santa cuarenta y dos meses» (Apocalipsis 11.2).

Los cuarenta y dos meses corresponden a los tres años y medio que el anticristo tendrá el dominio del templo (Daniel 12.11).

La séptima trompeta

Al sonar de la séptima trompeta, grandes voces en el cielo gritaron:

«Los reinos del mundo han venido a ser de nuestro Señor y de su Cristo; y él reinará por los siglos de los siglos» (Apocalipsis 11.15).

Al acercarse el final de la Gran Tribulación, los sufrimientos del mundo estarán llegando a su fin y Jesucristo ya estará listo para reclamar su reino.

Los veinticuatro ancianos en sus tronos caerán sobre sus rostros y alabarán a Dios, diciendo:

Te damos gracias, Señor Dios Todopoderoso, el que eres y que eras y que has de venir, porque has tomado tu gran poder, y has reinado. [18]Y se airaron las naciones, y tu ira ha venido, y el tiempo de juzgar a los muertos, y de dar el galardón a tus siervos los profetas, a los santos, y a los que temen tu nombre, a los pequeños y a los grandes, y de destruir a los que destruyen la tierra. (Apocalipsis 11.17-18)

Los tres evangelistas angelicales

Los tres ángeles (Apocalipsis 14.5-13) son seres celestiales enviados a predicar el mensaje del justo juicio de Dios a todas las naciones de la tierra. Ellos invitarán al pueblo a temer y a glorificar a Dios antes del juicio final, anunciarán la caída final de la perversa Babilonia y advertirán contra la adoración del anticristo. Harold Willmington escribe: «Qué tragedia que en el Calvario Cristo haya tomado esta copa de ira por los mismos pecadores y ahora se vea forzado a tomarla de nuevo».[15]

La gran ramera

Existe una gran diferencia entre ignorar las Escrituras e interpretarlas. Ignorar la enseñanza profética de Apocalipsis 17 sería cobardía e irresponsabilidad, pero cualquiera que interprete Apocalipsis 17 correrá el riesgo que le llamen fanático, extremista y políticamente incorrecto.

En el Nuevo Testamento encontramos una presentación muy clara de una iglesia apóstata que profesaba a Cristo sin poseerlo. En 1 Timoteo 4.1 Pablo escribió: «Pero el Espíritu dice claramente que en los postreros tiempos algunos apostatarán de la fe, escuchando a espíritus engañadores y a doctrinas de demonios».

Y en 2 Pedro 2.1-2, el apóstol Pedro dijo: «Pero hubo también falsos profetas entre el pueblo, como habrá entre vosotros falsos maestros, que introducirán encubiertamente herejías destructoras, y aun negarán al Señor que los rescató, atrayendo sobre sí mismos destrucción repentina. Y muchos seguirán sus disoluciones, por causa de los cuales el camino de la verdad será blasfemado».

Después del rapto de la verdadera iglesia, es decir, los creyentes en Cristo, otra iglesia existirá sobre la tierra, pero será una iglesia *apóstata*. Apocalipsis 17.1 califica a esta iglesia herética de los últimos días como «la gran ramera que se sienta sobre muchas aguas». Una ramera es una persona que ha sido infiel en sus votos matrimoniales. Aquí Juan retrata una iglesia apóstata que profesó lealtad a Cristo pero en realidad siguió a los ídolos y a un falso sistema religioso. Esto es adulterio espiritual.

Esta iglesia apóstata tendrá influencia mundial, Dios mismo le dio a Juan la interpretación de la frase «muchas aguas» como «pueblos, multitudes, naciones y lenguas» (v. 15). Esto es sistema religioso mundial y falso.

En el versículo dos descubrimos que esta «gran ramera» sedujo a «los reyes de la tierra» y no exactamente a la población en general. Los reyes de la tierra «se embriagaron con el vino de su fornicación». Este sistema religioso mundial les embotará e hipnotizará.

Más adelante Juan escribió: «Y me llevó en el Espíritu al desierto; y vi a una mujer sentada sobre una bestia escarlata llena de nombres de blasfemia, que tenía siete cabezas y diez cuernos» (Apocalipsis 17.3). Si regresa a Apocalipsis 13.1 leerá: «Me paré sobre la arena del mar, [el mundo] y vi subir del mar una bestia que tenía siete cabezas y diez cuernos». Lo que vemos en Apocalispsis 17.3 y 13.1 es lo mismo, de modo que la bestia sobre la cual se sienta la gran ramera se refiere al Imperio Romano restaurado bajo el dominio del anticristo. Juan describió un mundo donde la iglesia apóstata y el anticristo unirán fuerzas para gobernar la tierra.

Hermosa pero mortífera

En Apocalipsis 17.4, Juan describió la vestimenta de la gran ramera: «Y la mujer estaba vestida de púrpura y escarlata, y adornada de oro, de piedras preciosas y de perlas». Tenía una apariencia exterior de realeza; estaba adornada con oro y piedras preciosas, simbolizando su riqueza sin límites. En su mano tenía «un cáliz de oro lleno de abominaciones y de la inmundicia de su fornicación». Por lo que se veía, la gran ramera era hermosa, pero el contenido de su copa era veneno para las naciones del mundo.

Juan identificó a la gran ramera diciendo:

> y en su frente un nombre escrito, un misterio: BABILONIA LA GRANDE, LA MADRE DE LAS RAMERAS Y DE LAS ABOMINACIONES DE LA TIERRA. (Apocalipsis 17.5)

La palabra *misterio* en el Nuevo Testamento no se refiere a algo misterioso sino a alguna verdad que Dios no ha dado a conocer a los hombres. El misterio que Dios está revelando es que en los últimos días habrá una iglesia mundial apóstata que rechazará a Cristo, deshonrará a Dios y unirá fuerzas con el anticristo.

Para identificar a Babilonia debemos acudir a Génesis 10.8 y leer sobre Nimrod, el archiapóstata del mundo postdiluviano. Nimrod, que vivió cuatro generaciones después del diluvio, es llamado «vigoroso cazador delante de Jehová. Y fue el comienzo de su reino Babel» (vv. 9-10). La palabra *Babel* significa la «puerta de Dios».

La generación de Nimrod construyó la Torre de Babel con el propósito de expulsar de la tierra la influencia de Dios. Se propusieron construir una gran torre que llegara hasta los cielos, a fin de poder obtener los beneficios *de* Dios sin someterse *a* Dios. En respuesta a su presuntuosa acción, Dios confundió su lengua y los esparció sobre la tierra.

Este es el punto central: el primer sistema religioso e idolátrico organizado en la historia del mundo se inició en Babel. Es por esto que Juan llama a Babilonia «la madre de las rameras» (Apocalipsis 17.5). Babilonia fue la cuna del adulterio espiritual, así pues, el adulterio espiritual de los últimos tiempos recibe el nombre de Babilonia, la madre de las rameras.

¿Cuál será el fin de esta gran ramera? Examine cuidadosamente Apocalipsis 17.16-17:

> Y los diez cuernos que viste en la bestia, estos aborrecerán a la ramera, y la dejarán desolada y desnuda; y devorarán sus carnes, y la quemarán con fuego; porque Dios ha puesto en sus corazones el ejecutar lo que él quiso: ponerse de acuerdo, y dar su reino a la bestia, hasta que se cumplan las palabras de Dios.

Juan estaba diciendo que en medio de la Tribulación, los miembros de la federación europea que surgirá del antiguo Imperio Romano comprenderán que son los títeres de la gran ramera. El anticristo, quien gobernará la confederación, estará satisfecho por un tiempo en compartir su poder, pero se volverá contra ella y la destruirá con venganza. Al eliminar esta falsa iglesia, el anticristo habrá preparado el camino para su propio culto y adoración.

El mar de cristal y las siete copas

La última serie de juicios descritos en Apocalipsis son los juicios de las siete copas o tazones (Apocalipsis 16.1-21). Una copa es un tazón y estas siete copas de juicios severos se derramarán en rápida sucesión al final de la Gran Tribulación. Exactamente como el séptimo sello presentó los siete juicios de las trompetas, la séptima trompeta presentará los siete juicios de las copas, especialmente su resultado final. La clase de juicios de las copas es similar a los juicios de las trompetas. Pero mientras que los juicios de las trompetas son parciales en sus efectos, los juicios de las copas son completos y finales. La séptima y última copa presagia la gran batalla del Armagedón y predice la ruina final del anticristo.

En Apocalipsis 15.1-8, el apóstol Juan vio a otros siete ángeles preparándose para derramar las últimas siete plagas. Describió algo como «un mar de cristal mezclado con fuego» y nos dijo que aquellos victoriosos sobre la bestia estaban de pie sobre el mar de cristal, cantando el himno de Moisés y el himno del Cordero. Mientras Juan escuchaba esos himnos de alabanza, el templo del tabernáculo en el cielo se abrió y salieron los siete ángeles, vestidos con lino blanco finísimo y con sus pechos ceñidos con bandas de oro. Sin demora alguna, los ángeles recibieron órdenes de derramar las copas de la ira de Dios sobre la tierra. Plagas terribles siguieron unas a otras en rápida sucesión.

El primer ángel derramó una «úlcera maligna y pestilente» sobre aquellos que tenían la marca de la bestia (Apocalipsis 16.1-2). El segundo ángel derramó su copa sobre el mar, y este se convirtió en sangre espesa y coagulada como de muerto y murió toda criatura viva que había en el mar (v.3). El tercer ángel derramó su copa sobre los ríos y manantiales de agua dulce y también se convirtieron en sangre. El ángel de las aguas dijo lo siguiente:

Y oí al ángel de las aguas, que decía: Justo eres tú, oh Señor, el que eres y que eras, el Santo, porque has juzgado estas cosas. [6]Por cuanto derramaron la sangre de los santos y de los profetas, también tú les has dado a beber sangre; pues lo merecen. (vv. 5-6)

El cuarto ángel derramó su copa sobre el sol, «al cual fue dado quemar a los hombres con fuego». Los hombres blasfemaron el nombre de Dios y no se arrepintieron ni le dieron gloria (vv. 8-9). El quinto ángel derramó su copa sobre el trono de la bestia y su reino se cubrió de tinieblas y mordían de dolor sus lenguas a causa de sus úlceras, el calor y la sed pero no se arrepintieron (vv. 10-11). El sexto ángel derramó su copa sobre «el gran río Eufrates», y sus aguas se secaron para que «los reyes del oriente» pudiesen marchar en seco y unirse a los demás enemigos de Dios para la batalla. En ese momento tres demonios salieron para seducir a los reyes del mundo y reunirlos en Armagedón. «¿Tú buscas pelea?», seguramente le dirá Satanás a Dios, «Nosotros te vamos a dar una» (vv. 12-16). El séptimo ángel derramó su copa en el aire y una voz desde el cielo exclamó: «¡Hecho está!» (v. 17). Un poderoso terremoto, como ningún otro, sacudió a la tierra. Toda ciudad quedó destruida y toda montaña reducida. Toda isla desapareció en el mar cuando granizos de setenta y cinco libras (el peso de un talento) cayeron del cielo (vv. 18-21).

Los hombres, sin embargo, continuaron maldiciendo y blasfemando contra Dios.

Los ángeles segadores

Los ángeles segadores (Apocalipsis 14.14-20) son ángeles que salen por orden divina para traer la ira de Dios sobre el mundo incrédulo. En este avance del Armagedón, Juan vio que Cristo regresará a la tierra y, unido a estos dos ángeles segadores, comenzará a cosechar en la tierra con hoces afiladas, resultando en un río de sangre humana tan largo como doscientas millas de largo y tan alto como el freno de los caballos.

Los profetas del Antiguo Testamento a menudo hablaban de los últimos días en términos de cosecha. Joel escribió:

Echad la hoz, porque la mies está ya madura. Venid, descended, porque el lagar está lleno, rebosan las cubas; porque mucha es la maldad de ellos. (3.13)

Isaías 63, el pasaje que inspiró «El himno de batalla de la República», la gloriosa melodía cantada durante la Guerra Civil, comparte la visión de Joel de una cuba de uvas maduras, listas para ser pisadas:

¿Quién es éste que viene de Edom, de Bosra, con vestidos rojos? ¿éste hermoso en su vestido, que marcha en la grandeza de su poder? Yo, el que hablo en justicia, grande para salvar. ¿Por qué es rojo tu vestido, y tus ropas como del que ha pisado en lagar? He pisado yo solo el lagar, y de los pueblos nadie había conmigo; los pisé con mi ira, y los hollé con mi furor; y su sangre salpicó mis vestidos, y manché todas mis ropas. Porque el día de la venganza está en mi corazón, y el año de mis redimidos ha llegado. (vv. 1-4)

Este no es un Jesús sonriente y de puño débil que viene a extender un mensaje de condolencia a la tierra. Este es un Cristo furioso, listo a enfrentarse a los ejércitos del mundo reunidos en la llanura llamada Armagedón.

La primera vez que Él vino a la tierra, era el Cordero de Dios, encaminado en silencio al matadero. La próxima vez que venga, será el León de la tribu de Judá, quien pisoteará a sus enemigos hasta que la sangre tiña sus vestiduras y gobernará en una era de paz con vara de hierro.

Jerusalén recibirá a su Rey.

Once

El acuerdo de paz final

El general William Sherman dijo que la definición de guerra era el infierno, pero la definición de una paz moderna es mucho peor e imposible de expresar. La guerra es algo terrible y continuará hasta que el calibre de nuestros estadistas iguale el calibre de nuestras armas.

Tengo un plan infalible para la paz mundial: ¡Que todas las naciones acuerden no comenzar otra guerra hasta que la última se haya pagado completamente! Hablando en serio, amigo mío, permítame asegurarle: la paz nunca vendrá a Israel ni al mundo hasta que el mundo tenga una conferencia con el Príncipe de Paz.

La guerra es el látigo que Dios usa para castigar a las naciones rebeldes y la espada con la que libra a los oprimidos. Cuando leemos las páginas del Antiguo Testamento, podemos ver la frecuencia con que Israel fue a la guerra. El profeta Jeremías le dijo al pueblo de Israel que Dios los llevaría a la guerra con un propósito:

> Martillo me sois, y armas de guerra; y por medio de ti quebrantaré naciones, y por medio de ti destruiré reinos. (Jeremías 51.20)

Dios liberó a Israel de Egipto sepultando al ejército egipcio bajo una muralla de agua. Así mismo, las briosas espadas de los hombres de Josué destrozaron a los amalecitas. Las lanzas de Israel aniquilaron a los incrédulos cananeos. Dios usó las afiladas hojas de Israel como un cirujano usa su escalpelo para extirpar un cáncer.

Jesús dijo: «Y oiréis de guerras y rumores de guerras; mirad que no os turbéis, porque es necesario que todo esto acontezca; pero aún no es el fin» (Mateo 24.6).

En otras palabras, la guerra estará presente en la tierra hasta el fin de los tiempos. ¿Por qué? Porque Satanás es el dios de este mundo y su objetivo es robar, matar y destruir. Los hombres y las naciones bajo su dominio se dirigen como los cerdos de Galilea hacia el abismo de la guerra.

Pero vendrá un día, mi amigo, cuando ya no nos preocuparemos por esto. Jesucristo descenderá al Monte de los Olivos y con su ejército de santos destruirá al anticristo y a todos aquellos que opriman o se opongan a su pueblo escogido. Entonces establecerá su reino y el acuerdo de paz final, de paz *duradera*, será instituida sobre la tierra.

¿Qué le depara el futuro a Israel?

Los megáfonos de Dios vienen en forma humana. Él escogió hombres justos para predicar su mensaje y proclamar las profecías. Zacarías fue uno de esos hombres. Nacido de linaje sacerdotal, Zacarías vivió durante uno de los más significativos períodos de revueltas en la historia de Israel. Los exiliados que regresaban de Babilonia reconstruyeron las ennegrecidas ruinas de Jerusalén y del templo. Zacarías sabía que Dios estaba listo para realizar una gran obra, sin embargo, al escribir para alentar a los cansados trabajadores, también nos dejó varias pistas importantes para entender el plan eterno de Dios.

Zekar-yah, el nombre del profeta en hebreo, significa «Dios recuerda». En realidad, el tema del libro de Zacarías es que Israel será bendecido precisamente porque Dios recuerda muy bien los pactos y acuerdos que hizo con los patriarcas. Nadie estaba mejor equipado para explorar la mente de Dios como este símbolo andante de la fiel memoria del Todopoderoso.

El profeta nos legó una sencilla declaración que queda como el principio orientador más importante y mediante el cual pueden vivir todo individuo o nación. Hablándole al pueblo judío que regresaba a su antigua patria, Zacarías escribió: «Porque así ha dicho Jehová de los ejércitos: Tras la gloria me enviará él a las naciones que os despojaron; porque él que os toca, toca a la niña de su ojo» (2.8).

Si el profeta no hubiera escrito nada más excepto estas líneas, su contribución hubiera merecido un lugar especial en el salón de la fama de las Escrituras.

Dios se aseguró que a través de sus profetas el pueblo escogido supiera lo que se avecinaba, mientras el resto del mundo se sorprendía. Zacarías, por ejemplo, no se sorprendió cuando recibió el mensaje sobre el futuro. Otro profeta ya había descrito lo que le esperaba a Israel. Isaías predijo la caída y conquista de los hebreos por las hordas babilónicas e Isaías dio a Zacarías el primer vislumbre de una asombrosa sorpresa divina que esperaba a Jerusalén y a los judíos.

Cuando hablamos de Israel y los últimos tiempos, surge un doloroso dilema: ¿Cómo pueden los cristianos regocijarse de la venida del Señor, sabiendo que esta traerá no solo gozo sino también gran tribulación para Israel?

En su libro «The End of Days: Fundamentalism and the Struggle for the Temple Mount» [El fin de los tiempos: el fundamentalismo y la lucha por el Templo del Monte], Gershom Gorenberg con frecuencia pasa revista a este doloroso problema. Él cita a Chuck Missler, un maestro sobre profecías cristianas, quien dijo a una multitud evangélica en Jerusalén que el anticristo que viene traicionará a Israel durante la Tribulación:

Él se manifestará en una época de problemas para Israel, como nunca había ocurrido en aquellos días, ni volverá a ocurrir jamás. Y aquellas palabras resonaron en nuestros oídos cuando pensamos en Auschwitz, Dachau, los horrores de Europa en los años treinta y cuarenta, y comprendemos que lo que Jesús decía es que la próxima vez será peor … De modo que si observamos la ubicación del Templo, por una parte nos emocionamos debido a que los planes de Dios están desarrollándose como Él dijo que ocurrirían. Por otra parte, si usted tiene amigos o si tiene en su corazón a Israel, tiene que sentir dolor por ellos pues no tienen idea de lo que viene.

Gorenberg agrega: «En el lado cristiano están aquellos que desean "bendecir" a Israel y proveerle lo que consideran es la mecha para el Armagedón». Él señala que el libreto «Drama del final de los tiempos» es de alguna manera «más severo para los judíos que para los cristianos nacidos de nuevo. De hecho, los cristianos saldrán a salvo tras bastidores, mientras que los judíos se hallarán en el centro del apocalipsis».[1]

La verdad de la profecía bíblica es esta: Israel y Jerusalén están a punto de entrar en la oscura hora del sufrimiento y Dios en persona vendrá a defenderlos. (Ezequiel 38.39) Esta hora de tinieblas será seguida por el Mesías y la era dorada de paz que durará mil años.

El apóstol Pablo escribió: «Pues tengo por cierto que las aflicciones del tiempo presente no son comparables con la gloria venidera que en nosotros ha de manifestarse» (Romanos 8.18).

¿Puede verlo? La aflicción, la pena y el juicio durarán solo instantes. La vida presente es solo un abrir y cerrar de ojos en el espacio de la eternidad de Dios. El gozo y la gloria por venir justifican el dolor de hoy y lo que podría venir mañana.

La mayoría de los cristianos se muestran indiferentes al sufrimiento que vendrá durante la Tribulación y esta es una razón por la que estamos empeñados en difundir las buenas nuevas del evangelio de Jesucristo. Y no solo los judíos sufrirán en la Tribulación, sino que el *mundo* entero sufrirá los efectos de los juicios de Dios. El anticristo pondrá las naciones del globo terráqueo bajo su dedo y todo el que no reciba su marca y le jure lealtad a su régimen, será perseguido.

Dios será fiel al pueblo que dio su pacto. Los 144 mil judíos que están sellados como testigos inmediatamente después del rapto, recibirán protección divina de modo que serán preservados durante el tiempo de la Tribulación. Sí, el juicio y la ira de Dios serán evidentes pero también su misericordia. Una vez que la iglesia sea arrebatada, Dios actuará para traer a la nación de Israel a tener fe en Él. El Espíritu Santo, si bien no estará dentro de los creyentes como lo hizo durante la época de la iglesia, se moverá para convencer e iluminar. Los judíos verán señales milagrosas de la obra de Dios, entre ellas la destrucción del jefe de Gog y Magog. Los 144 mil ministrarán y los dos testigos caminarán por las calles de Jerusalén y predicarán la necesidad de arrepentimiento y salvación.

Sí, Dios derramará su ira sobre el mundo pero a la nación de Israel le será garantizada misericordia en forma de señales, testigos y el ministerio del omnipresente Espíritu Santo. Si usted ha oído el Espíritu Santo estará inoperante durante la Tribulación, ¡piénselo dos veces! Jesús le dijo a Nicodemo que un hombre debe nacer en el Espíritu a fin de salvarse (Juan 3.5-6), y esa conversación con Nicodemo fue antes de que el Espíritu descendiera en Pentecostés.

No olvidemos los beneficios del sufrimiento, el apóstol Pablo escribió: «También nos gloriamos en las tribulaciones, sabiendo que la tribulación produce paciencia; y la paciencia, prueba; y la prueba, esperanza» (Romanos 5.3-4).

Los creyentes en Dios, incluyendo los profetas del Antiguo Testamento, los santos del Nuevo Testamento y los cristianos contemporáneos, han sufrido persecución a través de la historia. Millones de personas han perdido sus hogares, su salud y su vida a causa de nuestro Salvador y esto no terminará con el rapto.

Pero aquellos que pierdan sus vidas en el período de la Tribulación serán recompensados. Examinemos lo que dicen las Escrituras:

> Y vi tronos, y se sentaron sobre ellos los que recibieron facultad de juzgar; y vi las almas de los decapitados por causa del testimonio de Jesús y por la palabra de Dios, los que no habían adorado a la bestia ni a su imagen, y que no recibieron la marca en sus frentes ni en sus manos; y vivieron y reinaron con Cristo mil años. (Apocalipsis 20.4)

Jesús dijo que cuando fuéramos perseguidos, nos gocemos y nos alegremos «porque vuestro galardón es grande en los cielos; porque así persiguieron a los profetas que fueron antes que vosotros» (Mateo 5.12).

¿Qué es esta vida, comparada con la gloria que nos espera en el cielo? Es solo un abrir y cerrar de ojos en el tiempo de la eternidad.

Dios bendice a quienes bendicen a Israel

En la Tribulación, como hasta ahora, Dios extenderá su bendición a quienes alienten, apoyen y bendigan a Israel.

En Génesis, la Biblia nos dice que Jacob convino en trabajar siete años para Labán a fin de ganar el derecho a casarse con Raquel, su hija. Ayudado por la oscuridad y por un tupido velo de bodas, Labán engañó a Jacob y le dio en matrimonio a su hija Lea. Jacob se vio obligado a trabajar otros siete años por la mano de Raquel.

En el transcurso de aquellos catorce años, Labán cambió el salario de Jacob diez veces y comenzó a mirarlo con desagrado. Temeroso de lo que pudiera ocurrirle en el futuro, Jacob huyó con Lea y Raquel, sus hijos y todas sus posesiones. Cuando Labán supo que Jacob había huido, lo siguió. Cuando finalmente alcanzó a su yerno, le preguntó por qué había abandonado su campo, a lo que Jacob le respondió: «Tú has cambiado mi sueldo diez veces y cada vez para mi perjuicio, y me engañaste al casarme con tu hija sin atractivos». Labán, el patrón gentil de Jacob, respondió: «quédate; he experimentado que *Jehová me ha bendecido por tu causa*» (Génesis 30.27).

Por su experiencia, Labán sabía que Dios bendecía a los gentiles por medio del pueblo judío. Tres veces en Hechos 10, la Biblia declara que Cornelio, un centurión romano que vivía en Cesarea y daba ofrendas al pueblo judío, era un hombre de «buen testimonio en toda la nación de los judíos» (v. 22). Cornelio era un hombre justo que se benefició del principio «bendeciré a todos los que te bendigan». ¿Cómo lo bendijo Dios?

Poco después de Cristo ascender a los cielos, Dios dio al apóstol Pedro la visión de un mantel descendiendo del cielo sostenido por sus cuatro puntas. Todo tipo de bestias cuadrúpedas y salvajes, reptiles y aves venían en el mantel. Esta visión rompió las barreras que prohibían a los judíos asociarse con los gentiles en cuestiones religiosas.

Luego de entender el mensaje de la visión, Pedro acudió a la casa del gentil Cornelio, predicó el evangelio y se regocijó con ellos cuando la familia de Cornelio fue salva: «Mientras aún hablaba Pedro estas palabras, el Espíritu Santo cayó sobre todos los que oían el discurso. Y los fieles de la circuncisión que habían venido con Pedro se quedaron atónitos de que también sobre los gentiles se derramase el don del Espíritu Santo» (Hechos 10.44-45),

¿Quién hizo posible esto? Un centurión romano —un gentil— bendijo al pueblo judío y Dios abrió las ventanas del cielo y derramó sobre él y su casa bendiciones que no pudo contener.

El principio de bendecir a los judíos se aplica hoy en día como se aplicó en el Antiguo y el Nuevo Testamento. Esto también será válido en los días por venir, incluso en la Tribulación y el reino milenial.

Israel tendrá gran gozo

El Milenio será tiempo de gran regocijo para el pueblo de Dios. Jesucristo, el Señor de la Gloria, reunirá, regenerará y restaurará al fiel Israel. Llamará al remanente escondido en Petra y le dará la bienvenida a su regreso a Jerusalén.

Isaías profetizó:

> Ciertamente consolará Jehová a Sion; consolará todas sus soledades, y cambiará su desierto en paraíso, y su soledad en huerto de Jehová; se hallará en ella alegría y gozo, alabanza y voces de canto … Porque con alegría saldréis, y con paz seréis vueltos; los montes y los collados levantarán canción delante de vosotros, y todos los árboles del campo darán palmadas de aplauso. (Isaías 51.3; 55.12)

Nosotros, los que hemos regresado en los ejércitos del cielo, seguiremos a nuestro Rey cuando él vuelva a visitar su tierra prometida. Las secas y devastadas tierras alrededor de Jerusalén brotarán milagrosamente con nueva vida al pasar el Mesías junto a ellas y respiraremos el dulce perfume del jazmín, la rosa de Sarón y el lirio del valle. Los fieles judíos que han esperado su venida nos seguirán, regocijándose con la llegada del tan esperado Mesías. ¡Qué victorioso desfile!

Daniel 12.11-12 indica que habrá un período de setenta y cinco días entre la segunda venida de Cristo y la institución del reino milenial. El Dr. S. Franklin Logsdon lo explicó de la siguiente manera:

Nosotros tenemos una analogía nacional en los Estados Unidos. El presidente es elegido [¡idealmente!] en los primeros días de noviembre, pero no toma posesión hasta el 20 de enero. Hay un intervalo de setenta y tantos días. Durante ese tiempo, él se encarga de designar a los miembros de su gabinete, representantes al exterior y otras personas que forman su gobierno. En el período de setenta y cinco días entre el término de la Gran Tribulación y la coronación, el Rey de gloria atenderá, igualmente, varios asuntos.[2]

Pero antes de que Cristo establezca su reino milenario deberá ocurrir un juicio.

El juicio de las naciones

Después de la derrota del anticristo, Jesús se sentará en su trono y comenzará a ejecutar sus juicios. Este no será el juicio del Gran Trono Blanco, ante el cual todo incrédulo será juzgado por sus hechos, sino un juicio a las naciones gentiles de la tierra por la manera en que trataron al pueblo judío de Israel (Génesis 12.1-3). Veamos cómo lo describió Jesús:

Cuando el Hijo del Hombre venga en su gloria, y todos los santos ángeles con él, entonces se sentará en su trono de gloria, y serán reunidas delante de él todas las naciones; y apartará los unos de los otros, como aparta el pastor las ovejas de los cabritos. Y pondrá las ovejas a su derecha, y los cabritos a su izquierda. Entonces el Rey dirá a los de su derecha: Venid, benditos de mi Padre, heredad el reino preparado para vosotros desde la fundación del mundo. Porque tuve hambre, y me disteis de comer; tuve sed, y me disteis de beber; fui forastero, y me recogisteis; estuve desnudo, y me cubristeis; enfermo, y me visitasteis; en la cárcel, y vinisteis a mí. Entonces los justos le responderán diciendo: Señor, ¿cuándo te vimos hambriento, y te sustentamos, o sediento, y te dimos de beber? ... Y respondiendo el Rey, les dirá: De cierto os digo que en cuanto lo hicisteis a uno de estos mis hermanos más pequeños, a mí lo hicisteis. Entonces dirá también a los de la izquierda: Apartaos de mí, malditos, al fuego eterno preparado para el diablo y sus ángeles. Porque tuve hambre, y no me disteis de comer; tuve sed, y no me disteis de beber... Entonces también ellos le responderán diciendo: Señor, ¿cuándo te vimos hambriento, sediento, forastero, desnudo, enfermo, o en la cárcel, y no te servimos? Entonces les responderá diciendo: De cierto os digo que en cuanto no lo hicisteis a uno de estos más pequeños, tampoco a mí lo hicisteis. E irán éstos al castigo eterno, y los justos a la vida eterna. (Mateo 25.31-37, 40-42, 44-46)

Este juicio es para los gentiles, quienes serán juzgados de acuerdo a la manera en que trataron a los «hermanos» de Jesús, es decir, a los judíos, desde el tiempo de Génesis 12 hasta el juicio de las naciones. Dios juzgará a Egipto y al Faraón por hacerle la vida amarga a José y a los judíos con dura esclavitud. Dios juzgará a los babilonios y a los persas. Juzgará a la iglesia romana que decretó que los judíos eran «hijos del diablo», que no podían poseer tierras, que no podían votar ni tener cargos públicos, que no podían ejercer sus profesiones, que tenían que vestir ropas que los señalaran como judíos, que no podían vivir con los cristianos y que esta era buena forma de matar a los «asesinos de Cristo» durante la Semana Santa.

Durante la Santa Inquisición, se desenterraban los huesos de los judíos muertos y eran sometidos a juicio en España. Cuando los judíos muertos no podían probar que no eran herejes, la iglesia católica romana confiscaba sus fortunas.

Se llamará a juicio al imperio británico por sus políticas del Libro

Blanco durante la Segunda Guerra Mundial y antes de ella. Mientras Hitler mataba veinticinco mil judíos al día, otra multitud de judíos trataba de escapar. Sin embargo, la política británica de Libro Blanco autorizaba emigrar a Israel solo a cinco mil judíos al año. Israel, en aquel entonces bajo control británico, devolvía judíos indefensos a los campos de muerte de Hitler. Los británicos capturaban a los judíos que se colaban en Israel en barcos, cerrando las compuertas de la misericordia a los judíos que trataban de escapar. El Dios Todopoderoso recordará estas acciones el día del juicio.

La OLP responderá por sus actividades terroristas, por las bombas colocadas en guaguas públicas donde murieron niños. Este grupo responderá por cada secuestro, cada asesinato y por cada amenaza hecha contra el pueblo de Dios.

Los gentiles que vivan durante la Tribulación responderán por su trato al pueblo judío. Recordarán que durante la Tribulación Dios selló a un remanente de creyentes de Israel, 144 mil, que testificaron durante todo el período de siete años. En Mateo 24.14 Jesús dijo que este remanente predicará el «evangelio del reino … en todo el mundo como testigos a todas las naciones, y entonces vendrá el fin». Estos judíos creyentes tendrán éxito en sus esfuerzos, porque en Apocalipsis 7. 9-17 vemos que una gran multitud es redimida durante los tenebrosos días de la Tribulación.

Si lee superficialmente el pasaje de Mateo antes citado, podría pensar que estos gentiles serán juzgados por sus obras: si le dieron comida y agua a los judíos necesitados entonces podrán obtener la vida eterna. Esta idea, sin embargo, contradice las Escrituras pues en ninguna parte Dios le permite al hombre salvarse por sus propios esfuerzos. Somos salvos a través de la fe en Jesucristo y nuestra salvación *da como resultado* las buenas obras. Los actos de bondad y compasión descritos en las palabras de Jesús no son el criterio sobre el cual es juzgado este pueblo, sino *la prueba* de la transformación de sus corazones.

Dios mirará a cada individuo que ha salido del terror de la Tribulación y le preguntará: «¿Cómo trataste a los testigos que vinieron a visitarte? ¿Les diste comida y agua y escuchaste su mensaje o llamaste a las autoridades y trataste de que los echaran a la cárcel?» Creo que la sociedad estará pasando por momentos tan terribles y estará tan depresiva y paranoica que la bondad y la compasión solo se encontrarán en los corazones regenerados por el Espíritu de Dios.

Después de este juicio, los «cabritos» seguirán al anticristo y al falso profeta en el camino al lago de fuego y azufre. Así como lo siguieron en vida, lo seguirán en la eternidad. Las «ovejas» que conocen a Jesús el Buen Pastor, lo seguirán hacia la gloriosa fiesta de bodas.

Israel en el reino de paz

Aunque este tema no se predica con frecuencia los domingos desde el púlpito, la Biblia tiene mucho que decir sobre el Milenio. Este se conoce en las Escrituras como «el mundo venidero» (Hebreos 2.5), «el reino de los cielos» (Mateo 5.10), «el reino de Dios» (Marcos 1.14), «el último día» (Juan 6.40) y «la regeneración» (Mateo 19.28).

Jesús dijo a sus discípulos: «De cierto os digo que en la regeneración, cuando el Hijo del Hombre se siente en el trono de su gloria, vosotros que me habéis seguido también os sentaréis sobre doce tronos, para juzgar a las doce tribus de Israel» (Mateo 19.28).

El sábado del Antiguo Testamento presagiaba la era dorada de paz; un tiempo de reposo. Este descanso se observaría luego de seis días de trabajo, seis semanas de trabajo, seis meses de trabajo y seis años de trabajo. En el plan eterno de Dios, la tierra descansará también después de seis mil años, en lo que Él prepara el reino milenial para el Mesías.

El Milenio será tiempo de descanso para el pueblo de Dios. Hebreos 4.8-9 nos dice: «Porque si [Jesús] les hubiera dado el reposo, no hablaría después de otro día. Por tanto, queda un reposo para el pueblo de Dios».

El profeta Isaías hizo eco de este pensamiento:

Acontecerá en aquel tiempo que la raíz de Isaí, la cual estará puesta por pendón a los pueblos, será buscada por las gentes; y su habitación será gloriosa. (11.10)

Durante esta era dorada de paz, la geografía de Israel cambiará. Por primera vez en su historia, Israel poseerá toda la tierra prometida a Abraham en Génesis 15.18-21. Dios prometió a Abraham que Israel llegaría a ser una nación poderosa, lo que ya ha sucedido, y que su simiente algún día poseería la tierra prometida para siempre (Génesis 12.7; 13.14-17).

Israel posee, por derecho, toda la tierra que Dios dio a Abraham por pacto de sangre, «desde el río de Egipto hasta el gran río, el río Eufrates», y «desde el desierto hasta el Líbano, hasta el mar occidental» (Génesis 5.18; Deuteronomio 11.24).

Ezequiel 48.1 establece el límite septentrional de Israel como la ciudad de Hamat, el límite meridional es establecido en Ezequiel 48.28 como la ciudad de Cades. En términos modernos, Israel posee por ley todo lo que actualmente es el territorio de Israel, todo el Líbano, la mitad de Siria, las dos terceras partes de Jordania, todo Irak y la porción septentrional de Arabia Saudita. Cuando el Mesías venga, la simiente de Abraham recibirá hasta la última pulgada cuadrada de esa tierra.

No solo se ampliará la geografía de Israel, sino que también será cambiada. El desierto se convertirá en una llanura fértil y un río milagroso fluirá de este a oeste desde el Monte de los Olivos hasta el Mar Mediterráneo y el Mar Muerto. ¡Pero ya no estará «muerto»! Escuche como lo describe Ezequiel :

Y volviendo yo, vi que en la ribera del río había muchísimos árboles a uno y otro lado. Y me dijo: Estas aguas salen a la región del oriente, y descenderán al Arabá, y entrarán en el mar; y entradas en el mar, recibirán sanidad las aguas. Y toda alma viviente que nadare por dondequiera que entraren estos dos ríos, vivirá; y habrá muchísimos peces por haber entrado allá estas aguas, y recibirán sanidad; y vivirá todo lo que entrare en este río. Y junto a él estarán los pescadores, y desde En-gadi hasta En-eglaim será su tendedero de redes; y por sus especies serán los peces tan numerosos como los peces del Mar Grande. (Ezequiel 47.7-10)

Ezequiel describió a los pescadores recogiendo en En-gadi todo el pescado (una ciudad sobre el Mar Muerto) que puede pescarse en el Mar Mediterráneo. En efecto, el Mar Muerto vivirá, como vivirá todo durante el reino milenial cuando el Dador de la Vida se siente en el trono de su Padre, el rey David.

Ezequiel también habló sobre los árboles que estarán a cada lado del río y que vienen del Templo del Monte. El escritor de Apocalipsis reveló además que estos árboles darán doce clases de frutas, una por cada mes del año. Las hojas de estos árboles serán para la sanidad de las naciones (Apocalipsis 22.2). Isaías nos dijo que gozaremos de una salud sin igual: «En aquel tiempo los sordos oirán las palabras del libro, y los ojos de los ciegos verán en medio de la oscuridad y de las tinieblas» (29.18).

Zacarías también describió el reino milenial de Israel:

Acontecerá también en aquel día, que saldrán de Jerusalén aguas vivas, la mitad de ellas hacia el mar oriental, y la otra mitad hacia el mar occidental, en verano y en invierno … Toda la tierra se volverá como llanura desde Geba hasta Rimón al sur de Jerusalén; y ésta será enaltecida, y habitada en su lugar desde la puerta de Benjamín hasta el lugar de la puerta primera, hasta la puerta del Ángulo, y desde la torre de Hananeel hasta los lagares del rey. Y morarán en ella, y no habrá nunca más maldición, sino que Jerusalén será habitada confiadamente. Y todos los que sobrevivieren de las naciones que vinieron contra Jerusalén, subirán de año en año para adorar al Rey, a Jehová de los ejércitos, y a celebrar la fiesta de los tabernáculos. (14.8, 10-11, 16)

Jerusalén, la niña de los ojos de Jehová, llegará a ser la joya del mundo porque Jesús reinará desde el Templo del Monte. La ciudad se convertirá en el centro internacional de adoración y personas de todas partes del mundo harán peregrinaciones para adorar en el templo. Reyes, reinas, príncipes y presidentes vendrán a la Ciudad Santa para «que en el nombre de Jesús se doble toda rodilla, de los que están en los cielos y toda lengua confiese que Jesucristo es el Señor, para gloria de Dios el Padre» (Filipenses 2.10-11).

Del reino milenial, el profeta Isaías escribió:

Despierta, despierta, vístete de poder, oh Sion; vístete tu ropa hermosa, oh Jerusalén, ciudad santa; porque nunca más vendrá a ti incircunciso ni inmundo. (52.1)

El profeta Miqueas también escribió del reino milenial y lo poético de su verso ha inspirado a que muchos edificios públicos, incluso la sede de las Naciones Unidas, inscriban una porción de sus palabras. Pero Miqueas no estaba escribiendo sobre las Naciones

Unidas, Londres o Nueva York; el profeta estaba escribiendo sobre la capital milenial de Dios, Jerusalén:

> Acontecerá en los postreros tiempos que el monte de la casa de Jehová será establecido por cabecera de montes, y más alto que los collados, y correrán a él los pueblos. Vendrán muchas naciones, y dirán: Venid, y subamos al monte de Jehová, y a la casa del Dios de Jacob; y nos enseñará en sus caminos, y andaremos por sus veredas; porque de Sion saldrá la ley, y de Jerusalén la palabra de Jehová. Y él juzgará entre muchos pueblos, y corregirá a naciones poderosas hasta muy lejos; y martillarán sus espadas para azadones, y sus lanzas para hoces; no alzará espada nación contra nación, ni se ensayarán más para la guerra. (4.1-3)

La Santa Ciudad, ahora con seis millas de circunferencia, ocupará un sitio elevado y será llamada *Jehová-sama* que quiere decir «Jehová está presente» (Ezequiel 48.35), y *Jehová-tsidkenu*, que quiere decir «Jehová justicia nuestra». (Jeremías 33.16)

¿Puede imaginarse mil años de perfecta paz? ¡Cesarán las guerras sobre la tierra y el león se echará junto al cordero sin mostrar siquiera sus garras! Satanás será atado en el abismo insondable y los problemas terrenales desaparecerán.

Jesucristo gobernará Jerusalén

Dios prometió a Abraham: «Y te multiplicaré en gran manera, y haré naciones de ti, y reyes saldrán de ti» (Génesis 17.6). El Señor estaba revelando cómo gobernaría eventualmente sobre toda la tierra a través de un rey señalado por Él.

Al final del primer libro de Moisés, el patriarca Jacob llamó alrededor de su cama a sus doce hijos para darles su bendición final y dirigirles una palabra profética a cada uno de ellos. Su palabra sobre Judá fue especialmente provocativa:

> Judá, te alabarán tus hermanos;
> Tu mano en la cerviz de tus enemigos;
> Los hijos de tu padre se inclinarán a ti.
> Cachorro de león, Judá;
> De la presa subiste, hijo mío.
> Se encorvó, se echó como león,
> Así como león viejo: ¿quién lo despertará?
> No será quitado el cetro de Judá,
> Ni el legislador de entre sus pies,
> Hasta que venga Siloh;
> Y a él se congregarán los pueblos. (Génesis 49.8,10)

La palabra *Siloh* puede traducirse como «Aquel que tiene derecho de gobernar». Jacob profetizó que un hombre que tenía el derecho de ser rey vendría del linaje de Judá.

En 2 Samuel 7.16 Dios hizo esta promesa al rey David: «Y será afirmada tu casa y tu reino para siempre delante de tu rostro, y tu trono será estable eternamente». Hay tres palabras importantes en este versículo: *casa, reino* y *trono*. «Tu casa» designa a los descendientes de David que se sentarían en su trono. «Tu reino» representa el reino de Israel. «Tu trono» es la autoridad real de David, el derecho a gobernar como representante de Dios. Dios le asegura dos veces a David que su dinastía, su reino y su trono durarán *para siempre*.

El evangelio de Mateo comienza con Dios rompiendo un silencio de más de cuatrocientos años. Dios declaró a Israel el linaje real de Jesús diciendo: «Libro de la genealogía de Jesucristo, el Hijo de David, el Hijo de Abraham».

Si Jesús es el Hijo de Abraham, entonces es el Ungido a través del cual todas las familias de la tierra serían benditas (Génesis 12.3). Si Jesucristo es el Hijo de David, entonces es el único que tiene el derecho de gobernar. ¡Él es Siloh!

El ángel del Señor se apareció a la virgen María y le dijo:

> María, no temas, porque has hallado gracia delante de Dios. Y ahora, concebirás en tu vientre, y darás a luz un hijo, y llamarás su nombre JESÚS. Este será grande, y será llamado Hijo del Altísimo; y el Señor Dios le dará el trono de David su padre; y reinará sobre la casa de Jacob para siempre, y su reino no tendrá fin. (Lucas 1.30-33)

Jesucristo nació y vivió como un judío practicante y fue crucificado por el gobierno de Roma en una cruz romana. Cuando ascendió al cielo, Dios el Padre le dijo: «Siéntate a mi diestra hasta que ponga a tus enemigos como estrado de tus pies» (Mateo 22.44).

Jesucristo gobernará en el Milenio porque solo Él es digno de ello. Gobernará por herencia, por santo decreto, por designación divina.

¡Bendición, honor, gloria y poder a Él que se sentará en el trono de su padre, David!

Israel no ha sido olvidado

Seríamos negligentes si pensáramos que la era dorada de paz será solo un tiempo de celebración y descanso para los cristianos. En el Milenio, Israel y el pueblo judío gozarán de una era gloriosa y triunfante.

Ya hemos visto que Israel recibirá misericordia en gran medida durante el período de la Tribulación. ¿Cuándo darán los hijos de Israel la bienvenida a su Mesías?

Véase Romanos 11.25: «Porque no quiero, hermanos, que ignoréis este misterio, para que no seáis arrogantes en cuanto a vosotros mismos: que ha acontecido a Israel endurecimiento en parte, hasta que haya entrado la plenitud de los gentiles».

La palabra traducida por «plenitud» es la palabra griega *pleroma* y no se refiere a una capacidad numérica sino a un sentido de *realización*. «La realización de la misión a los gentiles resultará o llevará a la "plenitud" o "plena restauración" (Romanos 11.12), y a su "reconciliación" (Romanos 11.15)», escriben los expertos Walter C. Kaiser Jr., Peter H. Davis, F.F. Bruce y Manfred T. Brauch en *Hard Sayings of the Bible* [Dichos difíciles de la Biblia].

> Pablo declara este cumplimiento futuro de la intención de Dios como «un misterio». (Romanos 11.25) … El paralelo más cercano a este texto —que visualiza un injerto de gentiles y judíos en el mismo árbol de olivo— es Efesios 3.3-6, donde Pablo dice que el contenido del «misterio de Cristo» es la inclusión de los gentiles como coherederos de la promesa con Jesús en la nueva comunidad del cuerpo de Cristo.[3]

Los eruditos bíblicos concuerdan en que la declaración de Pablo de que «todo Israel será salvo», quiere decir Israel «en conjunto», no cada individuo en particular. Así como la frase «la plenitud de los gentiles» (Romanos 11.25) no significa que cada gentil individualmente aceptará a Jesús como Mesías, así tampoco cada niño en Israel necesariamente colocará su fe en Cristo. Pero cuando la «plenitud de los gentiles» haya venido y la era de la iglesia se termine, entonces Dios quitará la ceguera de los judíos (Romanos 11.10) con relación a la identidad del Mesías y «todo Israel será salvo» (Romanos 11.26).

«Lo que queda claro en todo el énfasis de la discusión de Romanos 9 al 11» —dicen los autores de *Hard Sayings of the Bible*— «es que el propósito de Dios para la salvación de Israel no se llevará a cabo en ninguna otra forma y por ningún otro medio que no sea la predicación del evangelio y la respuesta de fe»[4]. Israel, sin salvación al comienzo de la Tribulación, recibirá multitud de testigos y señales, de modo que los individuos experimentarán salvación por el período de siete años y la nación será salva al regreso de Jesús:

Y luego todo Israel será salvo, como está escrito: Vendrá de Sión el Libertador,

Que apartará de Jacob la impiedad. Y este será mi pacto con ellos, cuando yo quite sus pecados. (Romanos 11.26-27)

El Rey y su séquito

El Dr. Harold Willmington señala que aunque Jesucristo será el gobernante supremo durante la época dorada de paz, algunos pasajes proféticos sugieren que tendrá un ayudante en el mando: David, ¡el hombre conforme al corazón de Dios![5]
Examinemos las Escrituras:

Sino que servirán a Jehová su Dios y a David su rey, a quien yo les levantaré. (Jeremías 30.9)

Jeremías escribió cuatrocientos años después de la muerte de David, de modo que no podía haberse referido al reino terrenal de David.

Y levantaré sobre ellas a un pastor, y él las apacentará; a mi siervo David, él las apacentará, y él les será por pastor. Yo Jehová les seré por Dios, y mi siervo David príncipe en medio de ellos. (Ezequiel 34.23-24; véase también 37.24-25)

Después volverán los hijos de Israel, y buscarán a Jehová su Dios, y a David su rey; y temerán a Jehová y a su bondad en el fin de los días. (Oseas 3.5)

Pero el Rey David no será el único gobernante. Le asistirán los siguientes:

- La iglesia (1 Corintios. 6.3)

- Los apóstoles (Mateo 19.28)

- Nobles (Jeremías 30.21)

- Príncipes (Isaías 32.1; Ezequiel 45.8-9)

- Jueces (Zacarías 3.7; Isaías 1.26)

- Mártires de la Tribulación (Apocalipsis 20.4)

- Autoridades menores (Zacarías 3.7)[6]

Si alguna lección hay aquí para nosotros, la iglesia en espera, es que a aquellos que son fieles ahora se les dará mayor responsabilidad en el cielo. «Bien, buen siervo y fiel», le dijo Cristo al hombre que multiplicó los talentos que le había dado, «sobre poco has sido fiel, sobre mucho te pondré; entra en el gozo de tu señor» (Mateo 25.23).

La última prueba de paz

Millones de niños nacerán durante este período de mil años de paz y serán bebés como usted y yo una vez fuimos: propensos al pecado e inclinados hacia el mal. Si bien los padres cristianos que entren en el Milenio enseñarán a sus hijos a distinguir entre el bien y el mal, algunos de estos niños ejercerán su libre voluntad para escoger el mal.

Algunos de ellos, nos dice Zacarías, «no vendrán a Jerusalén a adorar al Rey, Jehová de los ejércitos», por lo cual «no vendrá sobre ellos lluvia» (14.17). Cristo tendrá que gobernar con «vara de hierro». (Apocalipsis 19.15)

El Dr. René Pache explica la situación:

A pesar de lo hermosa que es la era dorada de la paz, no será el cielo... El pecado será todavía posible durante mil años. Ciertas familias y naciones rehusarán ir a Jerusalén a adorar al Señor. Tal actitud será más inexcusable porque el tentador estará ausente y las revelaciones del Señor serán mayores».[7] El pecado aún tendrá arraigo en la creación y deberá erradicarse. Y al final del reinado de Cristo de mil años, tendrá lugar el conflicto entre Dios y Satanás.

Lamentablemente, así como los hombres fallaron en edades anteriores, la humanidad también fallará durante este período. Aunque muchos obedecerán a Cristo, otros se rebelarán contra Dios y su justicia. Al final de la era dorada de paz, Satanás saldrá de la prisión y miles de personas de todas las naciones de la tierra creerán sus mentiras y lo seguirán. Se reunirán alrededor de Jerusalén, ciudad capital de Cristo y librarán una gran batalla.

Cuando los mil años se cumplan, Satanás será suelto de su prisión, y saldrá a engañar a las naciones que están en los cuatro ángulos de la tierra, a Gog y a Magog, a fin de reunirlos para la batalla; el número de los cuales es como la arena del mar. Y subieron sobre la anchura de la tierra, y rodearon el campamento de los santos y la ciudad amada. (Apocalipsis 20.7-9)

¿Qué impulsará a esta gente a seguir a Satanás? ¿Quién puede entender lo que hace a los hombres pecar? Para quienes vivimos en cuerpos terrenales, la ley del pecado es como la de la gravedad. No importa cuánto deseemos elevarnos, ella nos hala hacia abajo. Solo mediante el poder de Cristo podemos elevarnos sobre el pecado.

El Milenio será un tiempo parecido al del jardín del Edén. En un ambiente perfecto creado por Dios, Adán y Eva escogieron pecar. Bajo circunstancias ideales —tierra abundante, ausencia de enfermedades y de guerras— el corazón humano demostrará que no cambiará a menos que sea regenerado por el poder de Cristo. Cuando Satanás esté suelto en la tierra, muchos darán la espalda al Dios que los ha sostenido y seguirán al malvado.

Nótese que Apocalipsis menciona a Gog y Magog en este pasaje que describe el conflicto final, pero no es la misma guerra de Gog-Magog descrita en Ezequiel 38-39. J. Vernon McGee creyó que «la rebelión de las fuerzas sin Dios procedentes del norte, habrán marcado de tal manera a la humanidad que después de mil años la última rebelión del hombre lleva el mismo membrete: Gog y Magog». Así como hemos denominado dos conflictos, la Primera Guerra Mundial y la Segunda Guerra Mundial, la gente puede llamar a esta gran batalla la Segunda Gog-Magog.

Esta gente organizará un ejército y avanzará contra Jerusalén, donde Jesús gobierna y reina desde el Templo del Monte. Allí conocerán que la rebelión siempre termina en destrucción. Para purgar la creación de los efectos dañinos del pecado de una vez y por todas, Dios destruirá la tierra con gran calor y fuego.

Pedro nos dice:

Pero el día del Señor vendrá como ladrón en la noche; en el cual los cielos pasarán con grande estruendo, y los elementos ardiendo serán deshechos, y la tierra y las obras que en ella hay serán quemadas… Pero nosotros esperamos, según sus promesas, cielos nuevos y tierra nueva, en los cuales mora la justicia. (2 Pedro 3.10, 13)

Y Juan escribió:

Y de Dios descendió fuego del cielo, y los consumió. Y el diablo que los engañaba fue lanzado en el lago de fuego y azufre, donde estaban la bestia y el falso profeta; y serán atormentados día y noche por los siglos de los siglos. (Apocalipsis 20. 9-10)

Nuestro enemigo, el que ha atormentado, tentado y probado a los cristianos por generaciones, será permanentemente eliminado. Entrará al infierno por primera vez, durante la era dorada de paz, fue encadenado en un abismo sin fondo y hoy día ronda por la tierra buscando a quien devorar con sus engaños. Pero al final del Milenio, Satanás, el destructor, recibirá la permanente justicia de Dios.

En cuanto al juicio por el pecado, fuego descenderá de los cielos y devorará la tierra milenial. Los rebeldes que escogieron seguir a Satanás serán destruidos. Dios pondrá fin a la rebelión mientras todos los humanos rebeldes e inmorales, enfrentarán juicios y estarán confinados al infierno eterno de tormento. Y entonces Dios creará un nuevo cielo y una nueva tierra que durarán por toda la eternidad.

Porque como los cielos nuevos y la nueva tierra que yo hago permanecerán delante de mí, dice Jehová, así permanecerá vuestra descendencia y vuestro nombre. Y de mes en mes, y de día de reposo en día de reposo, vendrán todos a adorar delante de mí, dijo Jehová. Y saldrán, y verán los cadáveres de los hombres que se rebelaron contra mí; porque su gusano nunca morirá, ni su fuego se apagará, y serán abominables a todo hombre. (Isaías 66.22-24)

Apoyo a Jerusalén

El futuro de la Santa Ciudad es el centro del plan de Dios para la historia. No se equivoque: Dios reordenará, restaurará, redoblará, redistribuirá, reclamará, removerá, renovará, reciclará, rehará y redimirá a Jerusalén hasta convertirla en ¡la joya de la corona de todas las ciudades del mundo!

Los judíos son el pueblo del pacto y permanecerán así hasta el final de los tiempos. Por acuerdo divino, Jerusalén fue instaurada como la ciudad permanente de Jehová. El Padre celestial nunca quiso que la Santa Ciudad fuera un municipio dividido. Cualquier individuo, grupo, raza o país que intente poner fin al control judío y altere las calles de Jerusalén, estará en oposición directa a la evidente voluntad de Dios.

Por consiguiente, los cristianos deben apoyar a Jerusalén a mantener una condición unificada. Nunca ha sido tan importante este principio como en esta hora de continuos ataques.

Desde los campos de muerte de Europa y desde los crematorios de Auschwitz, se oye el eco del grito: «¡Nunca más!» La nueva nación de Israel nació de esta convicción de fuego y sangre, le toca ahora al cristianismo insistir en el mismo mandato. Debemos resistir con todas nuestras fuerzas a cualquier esfuerzo por dividir la Santa Ciudad. Que nuestra intención se haga presente en los salones del Congreso, en los corredores de las Naciones Unidas y ante todo enemigo de Israel. ¡Que nunca más Jerusalén sea dividida!

Profecía en el Salmo Dos

Deseo terminar con una enseñanza que se encuentra en el Salmo 2, uno de los muchos escritos de David, el rey guerrero conforme al corazón de Dios. Este es un Salmo profético y mesiánico, y contiene claves para entender el futuro de Jerusalén.

Cuatro personas hablan en este Salmo:

- David habla en los versículos 1 al 3

- Dios el Padre habla en los versículos 4 al 8

- Dios el Hijo habla en los versículos 7 al 9

- Dios el Espíritu Santo habla en los versículos 10 al 12.

Observe los primeros tres versículos:

¿Por qué se amotinan las gentes,
Y los pueblos piensan cosas vanas?
Se levantarán los reyes de la tierra,
Y príncipes consultarán unidos
Contra Jehová y contra su ungido, diciendo:
Rompamos sus ligaduras,
Y echemos de nosotros sus cuerdas.

Las *gentes* son los gentiles o naciones no judías. La palabra *motín* implica un odio violento hacia Dios y las palabras *cosas vanas* se refieren a una batalla en la mente. El hombre devoto usa su mente para meditar en Dios, mientras que el ateo usa su mente para pensar cómo escapar de Dios. Esto nunca ha sido más evidente que en el mundo de hoy. Esta rebelión contra Dios es premeditada, es un plan concebido y realizado.

Cierto joven pastor en la Florida ayudaba en una reunión estudiantil de oración que se celebraba antes de clases. Un día observó a dos adultos en la clase, ellos no dijeron nada mientras los estudiantes escuchaban un video musical cristiano y después tomaron peticiones de oración. Los dos adultos, hombre y mujer, se quedaron sentados con rostros inexpresivos. La semana siguiente, aquel joven pastor se enteró que eran ¡brujos! Habían venido a la reunión para observar a los estudiantes y de inmediato regresaron a su casa a desarrollar un plan para acabar con la reunión de oración voluntaria antes de clases. Luego fueron donde el director de la escuela ¡a exigir que se les permitiera celebrar una reunión de brujos!

Estos son planes premeditados que tienen como meta el ateísmo. ¡Estamos rodeados de personas que menosprecian el evangelio!

Nótese, también, que el salmista escribió, «los reyes de la tierra se levantarán, y príncipes consultarán unidos». Los gobernantes se reúnen por cita previa. Se juntan en reuniones formales para debatir cómo pueden prescindir de Dios. En los meses venideros, mi amigo, observe detenidamente a las Naciones Unidas. Muy pronto escuchará una resolución de la ONU que le negará a Israel el derecho a su sagrada ciudad y capital.

¿Por qué se amotinan las gentes y los pueblos piensan cosas vanas? ¿Por qué los reyes de la tierra y los gobernantes se confabulan contra el Señor? Esta rebelión contra Dios no se está imponiendo sobre las masas, es un movimiento enraizado en todo el mundo.

¿Duda que la enemistad con Dios se haya arraigado en Norteamérica? ¡Mire a su alrededor! Observe los conciertos de rock donde millares de jóvenes hacen gestos satánicos, se visten de negro y entonan canciones de violencia y crueldad. Considere nuestras principales denominaciones, la mayoría de ellas niegan que la Biblia sea infalible, la inequívoca palabra de Dios. Considere a nuestro Tribunal Supremo, que sacó la oración pública de las escuelas. Considere nuestras escuelas y nuestros programas de televisión, que se deleitan en la inmoralidad y la decadencia.

Considere su vida: ¿ha intentado apartar a Dios de usted? Cuando no ora está viviendo sin Dios. Cuando ignora la lectura de su Palabra está viviendo apartado de su guía. Cuando peca voluntariamente está burlándose de sus santas normas de vida. Cuando acaricia y protege su pecado oculto está intentando separarse de Dios.

Observe que los que pelean contra Dios están contra Él y Jesucristo, diciendo: «Rompamos sus ligaduras y echemos de nosotros sus cuerdas».

Los hombres quieren deshacerse de las «ligaduras y cuerdas» de Dios y de las restricciones que la Biblia coloca en la sociedad. No queremos la moralidad de Dios, más bien deseamos crear nuestra propia moralidad. Le damos nuevos nombres a viejos pecados y cambiamos los *convenios* de amor por amor de *conveniencia*. Llamamos al aborto «una elección»; a la perversión homosexual «estilo de vida alternativo»; a la mentira «verdad fingida». Decimos que la inmoralidad es «asunto de la vida privada»; la fornicación es «amor libre», la eutanasia es «morir bien» y el infanticidio es «una alternativa para una pobre calidad de vida».

¡Qué el cielo tenga misericordia de nosotros por nuestra rebelión contra la autoridad de Dios! Nos hemos hecho adeptos de guardar nuestra ira para el pecado como *nosotros* lo definimos, no según la definición de Dios. Los teólogos liberales se mofan de la salvación por la sangre diciendo que es una «religión de matadero», cuando la Biblia dice claramente que sin derramamiento de sangre no hay remisión de pecados (Mateo 26.28; Hebreos 9.22). ¿Qué puede limpiar mi pecado? Nada sino la sangre de Jesús.

Considere la reacción de Dios a esos que se amotinan contra sus normas y sacrificios:

El que mora en los cielos se reirá;
El Señor se burlará de ellos.
Luego hablará a ellos en su furor,
Y los turbará con su ira.

Pero yo he puesto mi rey
Sobre Sion, mi santo monte. (Salmos 2. 4-6)

¡Dios se ríe! ¡Esa es su respuesta a la gente ignorante que ha jurado sacarlo de los asuntos del hombre!

Si puede eliminar a Dios, entonces también puede amarrar las estrellas a los cielos, bajar el sol ardiente de mediodía y ordenar que se calmen los vientos y las olas. Jesús ordenó sobre el viento y las olas y tiene control sobre el sol y las estrellas.

El hombre, aun con todos sus talentos, seguirá siendo solo un hombre. Dios es Dios eterno, todopoderoso e infalible. Él es omnisciente, omnipotente y santo, se sienta en la parte más alta del cielo y los ángeles le adoran y los hombres le reverencian. ¡No hay nadie como Él!

Cuando la última carcajada de Dios no se oiga más, vendrá una marejada de ira santa y terrible. Dios tratará, entonces, con el hombre desde un pozo de profundo desagrado y determinación. Él ha dicho: «Pero yo he puesto a mi rey sobre mi santo monte» —el Templo del Monte— «sobre Sion».

Nótese que aunque Dios habla de cosas por venir, usa el tiempo pasado. ¡En lo que a Él concierne la aparición de Jesús en el Templo del Monte es un hecho consumado!

Ahora habla el glorioso Hijo de Dios:

Yo publicaré el decreto;
Jehová me ha dicho: Mi hijo eres tú;
Yo te engendré hoy.
Pídeme, y te daré por herencia las naciones,
Y como posesión tuya los confines de la tierra.
Los quebrantarás con vara de hierro;
Como vasija de alfarero los desmenuzarás. (Salmos 2.7-9)

Si todavía existe alguna duda de que el «Hijo» es Jesús, las Escrituras aclaran todas las dudas. Juan se refirió a este Salmo en Apocalipsis 12.5, cuando escribió sobre una mujer, que representa a Israel, quien «dio a luz a un hijo varón, que regirá con vara de hierro a todas las naciones; y su hijo fue arrebatado para Dios y para su trono».

Nótese el *calibre* del Hijo de Dios. Si todos los ateos, humanistas, comunistas, miembros de la Nueva Era y personas que practican el satanismo ejercieran todo su poder en un momento dado, no tendrían el poder de cambiar este hecho: ¡Jesús es el Hijo de Dios! Pese a la inscripción en los muros del Domo de la Roca que dice: «Dios es Uno y nunca ha engendrado un hijo», ¡Jesús es el hijo de Dios!

Nótese la *soberanía* de Jesús. Dios ha prometido darle a Él todo lo que pida. En la tentación de Cristo, Satanás dijo: «Pídeme los reinos del mundo y yo te los daré», pero Jesús lo refutó con la palabra de Dios.

¿Qué le falta hoy? ¿A quién le está pidiendo que satisfaga sus necesidades?

Si le pide a Dios guía, liberación, sanidad, paz, salvación y perdón, él responderá. La Biblia dice: «No tenéis lo que deseáis, porque no pedís» (Santiago 4.2).

Finalmente, examine la *severidad* de Jesús. En un momento el anticristo estará pavoneándose dentro de Jerusalén; al siguiente, él y sus ejércitos serán derrotados con una vara de hierro y quedarán completamente aniquilados. ¡El anticristo será hecho pedazos como una pieza de alfarería en manos de un artífice!

Cuando Jesús reine en el Milenio, vendrá como el Hijo de Abraham y poseerá la tierra de Israel en el nombre de Dios y asumirá el trono de David. Se manifestará como el Hijo del hombre y como tal cumplirá su juicio tanto al comienzo del reino como durante el período de mil años. Será el Rey de justicia y Rey sobre toda la tierra.

Jesús se manifestará como Dios el Hijo, de modo que todos puedan decir: «el tabernáculo de Dios con los hombres» (Apocalipsis 21.3).

Él será el Redentor, el Juez, el Galardonador de los santos, Maestro, Rey, Profeta, Legislador y Pastor.[9]

En el reino de paz veremos la plena manifestación de la gloria de Jesucristo. Veremos la gloria de su *dominio* sobre la tierra física, reemplazando el dominio que Adán perdió cuando pecó. Veremos la gloria de Dios en el *gobierno*, reemplazando todo gobierno fallido que el mundo haya conocido. Veremos la gloria de Dios en lo *jurídico*, en el que Cristo, como vocero de Dios, anunciará la voluntad y el juicio de Dios a través del tiempo. Veremos la gloria de Dios en el *templo*, en el que Cristo reinará.[10]

Consideremos las palabras del Espíritu Santo de Dios:

Ahora, pues, oh reyes, sed prudentes;
Admitid amonestación, jueces de la tierra.
Servid a Jehová con temor,
Y alegraos con temblor.
Honrad al Hijo, para que no se enoje,
y perezcáis en el camino;
Pues se inflama de pronto su ira. (Salmos 2.10-12)

¡Estas no son palabras de un Espíritu falso! A reyes y jueces se les ordena servir al Señor con temor y profundo respeto. El temor de Jehová es el principio de la sabiduría.

El apóstol Juan caminó y habló con Jesús por más de tres años durante su ministerio terrenal. Jesús contó a Juan entre sus amigos más íntimos, pero cuando Juan vio a Jesús en la visión del Apocalipsis, «cayó sobre sus pies como muerto» (Apocalipsis 1.17).

Tengo problemas con los cristianos que «visitan al Señor» cada jueves por la noche y piden que Dios actúe en su favor. Tengo problemas con las personas que llegan tarde a la iglesia semana tras semana, como si la adoración a Dios fuera algo tan casual como ir al cine. También tengo problemas con las personas que se detienen a conversar en los pasillos mientras el coro está llamando a la adoración. Leamos el versículo 12. «Honrad al Hijo, para que no se enoje». Recuerde que Dios, el Hijo, es santo y poderoso y merece profundo respeto.

El amor y el enojo van juntos; de hecho, el enojo es la voz más clara del amor. Cuando usted le grita a un niño para que no salga a la calle o para que no ponga las manos sobre una estufa caliente, le grita para llamar su atención. Y cuando el niño desobedece deliberadamente y corre hacia la calle, su enojo se enciende y usted corre tras él porque lo ama.

El Espíritu termina con esta promesa: «Bienaventurado el hombre que puso en Jehová su confianza». ¡Escúcheme, amigo! Al mundo todavía le falta ver mucho de Jesús. ¡Él viene otra vez con poder y gran gloria! Jerusalén lo verá, el anticristo temblará ante su poder e Israel lo reconocerá como Mesías y Rey.

Hoy día, este mismo Jesús le ofrece paz y salvación. Abrácelo. Bésalo. Porque mañana vendrá la ira y el juicio.

No se me ocurre una manera mejor de terminar este libro que con la promesa pronunciada por el profeta Isaías:

Sobre tus muros, oh Jerusalén, he puesto guardas; todo el día y toda la noche no callarán jamás. Los que os acordáis de Jehová, no reposéis, ni le deis tregua, hasta que restablezca a Jerusalén, y la ponga por alabanza en la tierra.

¡Gloria y Aleluya! ¡Aun así, ven Señor Jesús!

Notas

Capítulo Uno

1. Sitio Web para Campaña pro familias que trabajan (http://campaignforfamilies.org/), accesado el 12 de septiembre, 2001.
2. Vance Havner, *Why Not Just Be Christians?* (Fleming H. Revel Co., 1964), 89
3. Howard Schneider y Lee Hockstader, «As Mideast Officials Offer Condolences, Some Arabs Rejoice,» *Washington Post,* 12 de semptiembre, 2001, 25A.
4. Ibid.
5. Dr. David R. Reagan, «Yaser Arafat: Man of Peace or an International Thug?» <http://www.lamblion.com/web08-02.htm>.
6. Ibid.
7. Ibid.
8. Ibid.

Capítulo Dos

1. John L. Lyons, «Jerusalem: Besieged by the Sacred», The World & I, 1ro. de marzo, 1997, 60.
2. «Mistrust Encases Jerusalem: Idea of Ancient City Touches Emotions», Dallas Morning News, 30 de julio, 2000, 40A.
3. Gershom Gorenberg, The End of Days, (New York: Free Press, 2000), 6.
4. Michael Hirsh, «The Lost Peace Plan», Newskeek, 25 de septiembre, 2000

5. Daniel Klaidman, «Walking Off a Cliff», Newsweek, 27 de noviembre, 2000, 53.
6. Lally Weymouth, «Ariel Sharon: Don't Blame Me», Moscow Times, 10 de octubre, 2000.
7. Resumen, «Chronology of Events Leading to the Temple Mount Riots» American Jewish Committee, New York, 6 de octubre, 2000.
8. Ibid.
9. «Growing Concern Over Probability of Temple Mount Unrest», IsraelWire, 28 de septiembre, 2000.
10. «Chronology of Events Leading to the Temple Mount Riots»
11. Ibid.
12. Ibid.
13. Ibid.
14. Ibid.
15. Ibid.
16. «Talking Points on Anti-Israel Violence», Anti-Defamation League, International Affairs Division, 10 de octubre, 2000.
17. William A. Orme Jr., «Clashes Kill 12, Hurt 500 Palestinian: Protesters'Battles with Israelis Among Bloodiest in Four Years», Dallas Morning News, 1º de octubre, 2000, 1A.
18. Nark Lavie, «Israel: Boy Likely Shot by Palestinians», Tampa Tribune, 28 de noviembre, 2000, A5.
19. Orme, «Clashes Kill 12», 1A
20. Ibid.
21. Staff, «Politics: U.N. to Hold Emergency Special Session on Palestine», InterPress Service English News Wire, 18 de octubre, 2000.
22. Judy Lash Balint, «First Person: The Pain-and Grace- of Lynching Victim's Family», Jewish Telegraphic Agency, Inc.
23. Steven Komarov, «Cole Probers Get Bomb Threat» USA Today, 27 de octubre, 2000, 20A.
24. Voice of America, «Cohen Warns Israeli-Palestinian Conflict Could Spread» Israel Fax, 20 de noviembre, 2000.
25. Sheikh Dr. Ahmad Abu Halabayah, miembro de la Autoridad Palestina, Concilio Consultivo Religioso, emisión de televisión palestina.
26. «Renewed Violence Disrupts Once-Peaceful Haifa: Signs Show

Leaders'Efforts to Restore Coexistence Starting to Work», Dallas Morning News, 24 de noviembre, 2000, 62.

27. Dan Ephron, «This Isn't Intifada. This Is War: Arafat, Peres Reach Agreement on Cease-fire», Washington Times, 2 de noviembre, 2000.

28. Thomas L. Friedman, «Arafat's War», New York Times, 13 de octubre, 2000.

29. Ibid.

30. Lee Hockstader, «Arab Uprising Spreads to Israel; Israeli Defends Visit to Contested Site», Washington Post, 2 de octubre, 2000.

31. Ibid.

32. Robert Fisk, «Bloodbatrh at the Dome of the Rock», Independent, 30 de septiembre, 2000

33. «Talking Points on Anti-Israel Violence», Anti-Defamation League, International Affairs Division, 10 de octubre, 2000.

34. Sandro Contenta, «Israelis Aim to Kill Us: Palestinians», Toronto Star, 5 de octubre, 2000.

35. Noah Adams and Linda Wertheimer, «Analysis: Ceasefire Between Israelis and Palestinians Fails to Stem Violence Raging Throughout Palestinian Territories», All Things Considered, National Public Radio, 3 de octubre, 2000.

36. Weymouth, «Ariel Sharon».

37. Christopher Dickey: «War on Two Fronts», Newsweek, 11 de diciembre, 2000, 51

38. Barbara Slavin, «Experts Fear No One Can End Latest Unrest in Mideast Quickly»,USA Today, 14 de noviembre, 2000, 22.

Capítulo Tres

1. Lyons, «Jerusalem: Besieged by the Sacred», 60.

2. Gorenberg, The End of Days, 61.

3. Daniel Klaidman y Jeffry Bartholet, «The Real Jerusalem», Newsweek, 24 de julio, 2000 18ff

4. A. B. Yehoshua citado en Special Dispatch no. 83, <http://memri.org/sd/SR8300.html>,

5. Joan Peters, From Time Immemorial (New York, Harper and Row, 1984), 391-412.

6. Yehoshua, Special Dispatch no.83.
7. Gorenberg, The End of Days, 112.
8. Midrash Tanchuma, Qedoshim, <http://www.templemount.org/>
9. Gorenberg, The End of Days, 14-15.
10. Randall Price: «Time for a Temple?»
    <http://www.foigm.org/IMG/timetemp.htm>
11. Ibid.
12. Ibid.
13. Ibid.
14. Jeremy Shere, «Holy Cow», Jerusalem Post, 23 de mayo, 1997.
15. Gorenberg, The End of Days, 17.
16. Shere, «Holy Cow»
17. Herb Keinon, «They've Got the Temple in Their Sights», Jerusa-
    lem Post, 6 de marzo, 1998.
18. Gorenberg, The End of Days, 150-51.
19. Ibid., 43
20. Ibid., 44
21. Ibid., 190.
22. «The Story of Sufyani», <http://alislam.org/mahdi/Chapt19,htm.>
23. Gorenberg, The End of Days, 194
24. Ibid., 44.
25. Gershom Gorenberg, «Jerusalem Dispatch», New Republic, 20 de
    noviembre, 2000.
26. Marvin J. Rosenthal, «Jerusalem Tunnel and the Temple Mount:
    Rioting, Bloodshed, and World Condemnation»,
    <http://www.zionshope,org/htnl/tunnel.html>
27. «Tunnels Under the Al-Aqsa Mosque»,
    httpp://www.stir.ac.uk?Departments/Arts/ReligiousStudies/afa/je-
    rusalem/News.htm
28. Andrea Levin, «Media Mute on the Temple Mount Desecrations»,
    On Camera, 14 de julio, 2000.
29. «Jew Arrested for Closing Eyes on Temple Mount»,
    <http://www.templemount.org/recent.html>
30. Gershon Salomon, «The Voice of the Temple Mount», Primavera
    1999, <httm://www.templemountfaithful.org/s5759.htm>
31. Price, «Time for a Temple?»
32. Ibid.

33. Grant Jeffrey, Final Warning (Toronto, Ontario: Frontier Research, 1995), 147.
34. Gorenberg, The End of Days, 65.

Capítulo Cuatro

1. Lyons, «Jerusalem: Besieged by the Sacred».
2. Ibid.
3. Ramon Bennet, Philistine: The Great Deception (Jerusalem: Arm of Salvation, 1995), 25.
4. Gorenbereg, The End of Days, 82.
5. Ibid, 83.
6. Nick Goldberg, «Setting the Stage for Conflict: A History of Palestine Under British Rule Shows How Little Has Changed in the Battle Between Arabs and Jews», Newsday, 18 de noviembre, 2000.
7. Bennet, Philistine: The Great Deception, 46-47.
8. Ibid. 48
9. Ibid. 44
10. Ibid. 55
11. Moris Farhi, The Last of Days (New York, Kensington Publishing Corporation, 1983), 201.
12. Ibrahim Sarbal, líder del movimiento islámico Jihad en Palestina - Al-Aqsa Brigades. La cita es suministrada por la Liga Antidifamatoria B'nai B'rith.
13. Bennet, Philistine: The Great Deception, 42, subrayado en el original.
14. Cita suministrada por la Liga Anti Difamatoria de B'nai B'rith Joseph Farah, «Myths of the Middle East»,WorldNetDaily.com
15. Ibid.
16. Ibid.
17. Ibid.
18. Bennet, Philistine: The Great Deception, 45.
19. Dr. Manfred R. Lehmann, «Recent Developments in the News Regarding the Temple Mount», 6 de octubre, 2000 <http://www.templemount.org/recenthtml>
20. Gorenberg, The End of Days, 70.

21. Ben Barber, «History Echoed in Crisis», Washington Times, 15 de octubre, 2000, C1.
22. Dan Ephron, «Palestinian "Day of Rage" Kills Nine and Wounds Dozens», Washington Times, 7 de octubre, 2000.
23. Ibid.
24. Ibid.
25. <http://www.abdnews.go.com/referece/bios/arafat.html>
26. John Laffin, The PLO Connections (Great Britain: Corgi Books, 1982), 19.
27. Ibid, 18
28. Ibid, 18-19
29. Ibid.
30. Ibid.
31. Ibid, 19.
32. <http://www.abcnews.go.com/reference/bios/arafat.html>
33. Douglas J. Feith, «Wye and the Road to War», Commentary (The American Jewwish Committee), 1º de enero, 1999, 43.
34. Martin Regg Cohn, «Decades-old Palestinian Charter Thorn in Mideast Peace Process», Toronto Star, 23, noviembre, 1998.
35. Cal Thomas, «Gingrich Insightful, Not Inciting», Kansas Citi Star, 29 de mayo, 1998.
36. Ibid.
37. Ibid.
38. «The Status of Jerusalem», 14 de marzo, 1999, informe del Consulado General de Israel.
39. Dr. David R. Reagan, «Yasser Arafat: Man of Oeace or an International Thug?» <http://www.lamblion.com/Web08-02.htm>
40. Ibid.
41. Ibid.
42. Ibid.
43. Ibid.
44. Hani Al-Hassan citado por Charkles Krauthammer, «Arafat's Strategy», Washington Post, 20 de octubre, 2000.
45. Golda Meir citada por Cal Thomas en «Piecemeal Destruction of Israel», Washington Times, 11 de octubre, 2000.
46, Krauthammer, «Arafat"s Strategy».
47. Ibid.

48. Louis Rene Beres, profesor de Derecho Internacional, «Oh Ye Who Are Jews… Long for Death», 6 de noviembre, 2000. <http://www.gamla.org.il/english/article/2000/nov/ ber2.htm>

49. Ibid.

50. Ibid.

51. Jonathan Torop, «Arafat and the Uses of Terror», Commentary, 1º de mayo, 1997, 30.

52. Ibid.

53. Ibid.

54. Ibid.

55. Thomas, «Piecemeal Destruction of Israel».

56. Torop, «Arafat and the Uses of Terror».

57. Cita de Arafat en el boletín de prensa emitido por la Oficina de Prensa del Gobierno de Israel, 2 de diciembre, 1998.

58. Torop, «Arafat and the Uses of Terror».

59. Ibid.

60. Beres, «Oh Ye Who Are Jews»

61. Torop, «Arafat and the Uses of Terror».

62. Cita de Arafat en el boletín de prensa emitido por la Oficina de Prensa del Gobierno de Israel, 2 de diciembre, 1998.

63. Nadav Shragai, «Refusal to Recognize Israel Widespread on Palestinianm TV», Ha'aretz News, 3 de septiembre, 1998.

64. Uzi Benziman, «Arafat Wants to Kill Israelis», Haáretz, 27 de noviembre, 2000.

65. Heidi Kingstone, «Interview: Binyamin Netanyahu», New Statesman, 10 de octubre, 1997, 10.

66. Ibid.

67. Binyamin Netanyahu, discurso «A Night to Honor Israel», San Antonio, Texas, 17 de noviembre, 2000.

68. Chris Hedges, «The Deathly Glamour of Martyrdom», The New York Times, 29 de octubre, 2000.

69. Michael Finkel, «Playing War», New York Times Magazine, 24 de diciembre, 2000, 50.

70. Ibid.

71. Golda Meir, citada por Sarah Braham, «Reminder to Yasser Arafat: That Nobel Prize You Received Was for Peace», Crisis in the Middle East, Jerusalem Center for Public Affairs.

72. Ibid.

Capítulo Cinco

1. Kingstone, «Interview: Binyamin Netanyahu».
2. Torop, «Arafat and the Uses of Terror».
3. Carol Clark, «The Israeli Elections: More Choices, Weaker Voices», <http://www,cnn.com/SPECIALS/1999/israerli.e;ections/stories/overview/>
4. George Will, «Israel Faces Greatest Risk of Its History: Nation's Multiplying Problems Include Western Media», Calgary Sun, 14 de octubre, 2000.
5. Ibid.
6. Ibid.
7. Norman Atkins, Jerusalem (Singapore: APA Publications,1999),59
8. Klaidman and Bartholet, «The Real Jerusalem», 18.
9. Atkins, Jerusalem, 61
10. Klaidman and Bartholet, «The Real Jerusalem».
11. Yoram Hazony, The Jewish State: The Struggle for Israel's Soul (New York: Basic Books, 2000), copia de contraportada.
12. Atkins, Jerusalem, 63.
13. Ibid, 65
14. Grant R. Jeffrey, Armageddon (Toronto: Frontier Research Publications, 1997), 140
15. Leo B. Roberts, «Traveling in the Highlands of Ethiopia», National Geographic, septiembre, 1935, 297.
16. Atkins, Jerusalem, 67.
17. Ibid, 68.
18. Ibid., 69.
19. Gorenberg, The End of Days, 163.
20. Michael S, Arnold, «Palestinian for Jesus?», Jerusalem Post, 8 de marzo, 2000.
21. Ibid.
22. Ibid.
23. Ibid.
24. Ibid.
25. Atkins, Jerusalem, 71.

26. Ibid.
27. Ibid.
28. "Renewed Violence Disrupts Once-Peaceful Haifa," 62
29. Ibid
30. Noah Adams, «Analysis: Israeli Jews Debate What Went Wrong to Reignite Violence Between Them and Arab Israelis», All Things Considered, National Public Radio, 22 de noviembre, 2000.
31. «Renewed Violence Disrupts Once-Peaceful Haifa», 62.
32. Atkins, Jerusalem, 73.
33. Ibid.
34. Ibid., 74
35. Alan Unterman, Dictionary of Jewish Love and Legend (London: Thames and Hudson, 1991), 203

Capítulo Seis

1. Klaidman and Bartholet, «The Real Jerusalem».
2. Gotenberg, The End of Days, 3.
3. Shelese Emmonds, «Russia Jewish Immigration and Its Effect of the State of Israel» estudio presentado a la Escuela de Derecho de la Universidad de Indiana, Bloomington, Indiana.
4. Gorenberg, The End of Days, 29
5. «Tell the Truth, Mr.Boies», Washington Time, 1ro. de diciembre, 2000
6. Unterman, Dictionary of Jewish Love and Legend, 72.
7. <http://www.infoplease.com/ipal/A0197837.html>
8. Jesus Film Project Web page, <http://www.jesusfilm.org/updates/statistics.html>
9. Special Dispatch no, 59, Egipto, 19 de noviembre, 1999, Middle East Media and Research Institute.
10. Ibid.
11. «Germ Warfare», Primetime Live, 29 de julio, 1998, transcripción.
12. Marc Peyser, «Gay All the Way», Newsweek, 27 de noviembre, 2000.
13. Caryn James, «In a Gay World Without the Usual Guides», New York Times, 3 de diciembre, 2000, AR27.
14. Peyser, «Gay All the Way», 78.

Capítulo Siete

1. Matthew Fisher, «America Fiddles While Israel Burns», Ottawa Sun, 24 de noviembre, 2000, 13.
2. Holger Jensen, «Despite New Cease-fire Bids, Oslo Peace Process is Dead», Denver Rocky Mountain News, 2 de noviembre, 2000, 36A.
3. John Maggs, «Economy Over a Barrel», National Journal, 4 de noviembre, 2000.
4. Ibid.
5. Ibid.
6. «Political, Economic. Social, Cultural, and Religious Trends in the Middle East and the Gulf and Their Impact on Energy Supply, Security and Pricing», Center for International Political Economy, Abril, 1997.
7. Maggs, «Economy: Over a Barrel».
8. Ibid.
9. Ibid.
10. «We May be Heading for Hard Economic Landing», Toronto Star, 19 de noviembre, 2000.
11. Ibid.
12. Ibid.
13. Staff, «Taxes: With Debt Still Loominm Large Tax Cut is Reckless», Atlanta Constitution, 5 de septiembre, 2000, A10.
14. «Concord Coalition».
15. Jeanny Hardy, «The Crash That "Didn't Happen" Yet», Country & Small Stock Journal, 1º de marzo, 1994, 62.
16. Ibid.
17. Eric Black, «A Glimmer Behind the Deficit Glaze», Minneapolis Star Tribune, 8 de febrero, 1998, 21A.
18. James C. Lawton, «The U.S. Debt Debacle», The World & I, 1º de enero, 1996, 96.
19. Ibid.
20. Alexander Tyler, citado por Ron Blue, Master Your Money (Nashville, TN: Thomas Nelson Publishers, 1986), 15.
21. William F. Lauber, «America's Failed War on Poverty», The World & I, 1º de septiembre, 1995, 28.

22. Ibid.
23. Ibid.

Capítulo Ocho

1. Thomas, «Piecemeal Destruction of Israel», A17.
2. Ibid.
3. «Our Say...Position on Jerusalem», Star (Jordania), 3 de agosto, 2000.
4. «Russia Backs European Plan for New Force», New York Times, 26 de noviembre, 2000, A22.
5. Ibid.
6. John Wesley White, Thinking the Unthinkable (Lake Mary, FL: Creation House, 1992), 150.
7. J. Verenon McGee, Ezekiel (Nashville, TN: Thomas Nelson Publishers, 1991), 187.
8. Encarta ® 99 Desk Encyclopedia, Copyright © 1998 Microsoft Corporation. Todos los derechos reservados.
9. Boletín de prensa de la Oficina de Prensa del Gobierno de Israel, 2 de diciembre, 1998
10. Ibid.
11. «Russia», Microsoft® Encarta®Encyclopedia 2000. © 1993-1999 Microsoft Corporation. Todos los derechos reservados.
12. Uri Dan and Dennis Eisenberg,,«Kremlin Lust for Oil», Jerusalem Post, 19 de diciembre, 1996.
13. Ibid.
14. Stephen Blank, «Russia Return to the Middle East», The World & I, 1º de noviembre, 1996.
15. Ibid.
16. Ibid.
17. Scott Peterson, «Israel Uses "Deliberate Ambiguity" in Nuclear Policy», Washington Times, 12 de agosto, 1998, A13.
18. Stran Goodenough, «A Narrowing of Choices», Jerusalem Post, 12 de abril,1995.
19. Ibid.
20. «Researcher Says Russian Have Nuclear Doomsday Device», All

Things Considered, National Public Radio, 8 de octubre, 1993, transcripción.
21. Howard Marlowe, «Coastal Dwellers Not to Blame», USA Today, 27 de julio, 2000, 16A
22. Tim Zimmermann, «Just When You Thought You Were Safe...», US News & World Report, 10 de noviembre, 1997, 38-40.
23. White, Thinking the Unthinkable, 145.
24. Tim LaHaye, The Beginning of the End (Wheaton, IL; Tyndale, 1988), 65.
25. Peter C. Craigie, Ezekiel (Philadelphia, PA: Westminster Press, 1983), 273.

Capítulo Nueve

1. Matthew Fisher, «Middle Esat Disturbs the World», Edmonton Sun, 24 de noviembre, 2000, 11.
2. Ephron, «This Isn't Intifada.This is War», A1.
3. «European Union Countries Pledge to Form 60.000-Member Military», Tampa Tribune, 21 de noviembre, 2000.
4. Debora Kovach Caldwell, «Apocalypse Soon? As New Millenium Rapidly Approaches, Interest in End of World Is at All-time High», Dallas Morning Newws, 24 de octubre, 1998, 1A.
5. J. Dwight Pentecost, Things to Come (Grand Rapids, MI: Zonderevan, 1964), 46.
6. R.B. Girdlestone citado en la obra de Pentecost Things to Come, 47.
7. Harold Willmington, Basic Stages in the Book of Ages (Lynchburg, VA: Thomas Road Bible Institute, 1975), 373,
8. Harold Willmington, Willmington's Bible Handbooh (Wheaton, IL: Tyndale, 1997), 437.
9. Peter S. Knobel, ed., Gates of the Season (New York: Central Conference of American Rabbis, 1983, 90.

Capítulo Diez

1. «Israel Insists on Claims to Jerusalem», Xinhua, China, 18 de septiembre, 2000.
2. Ibid.
3. Jeffry L. Sheler and Mike Tharp, «Dark Prophecies», US News & World Report, 15 de septiembre, 1997, 62.
4. David Nicholson-Lord, «What's Going to Get You First?», Independent on Sunday, 5 de enero, 1997, 4-5, 7.
5. J. Vernon McGee, Revelation, Chapters 6-13 (Nashville, TN: Thomas Nelson Publichers, 1991), 45.
6. Frank Holtman citado por McGee, Revelation, Chapters 6-13, 48.
7. Nicholson-Lord, «What's Going to Get You First?» 4-5, 7.
8. Ed Hindson, Is the Anticristi Alive and Well? (Eugene, OR: Harvest House, 1998), 19-21
9. Willmington, Bible Handbook, 801
10. McGee, Revelation, Chapters 6-13, 86
11. Ibid., 90
12. Nicholson-Lord, «What's Going to Get You First?» 4-5, 7.
13. Para foto, véase «The Euro: No Worries in Willmington», Newsweek, 19 de enero, 1999, 41
14. McGee, Revelation, Chapters 6-13, 106.
15. Harold Willmington, Willmington's Guide to the Bible (Wheaton, IL: Tyndale, 1997), 803.

Capítulo Once

1. Gorenberg, The End of Days, 27.
2. S. Franklin Logsdon, Profiles of Prophecy (Grand Rapids, MI: Zondervan, 1964), 81.
3. Walter C. Kaiser Jr., Peter H. Davids, F.F. Bruce, and Manfred T. Brauch, Hard Sayings of the Bible (Downers Grove, IL: Inter Varsity Press, 1966), 569-70.
4. Ibid., 570.
5. Harold Willmington, The King is Coming (Wheaton, IL: Tyndale, 1988), 250
6. Adaptado de Willmington, The King Is Coming, 250.

7. René Pache, The Return of Jesus Christ (Chicago, IL: Moody Press, 1955), 428.
8. J. Vernon McGee, Revelation, Capítulos 14-22, (Nashville, TN: Thomas Nelson Publishers, 1991), 152
9. J. Dwight Pentecost, Things to Come (Grand Rapids, MI: Zondervan, 1955), 480.
10. Ibid., 480-81.